La Route des Icebergs

Toute ma gratitude va à la Garde côtière canadienne qui m'a autorisée à vivre à bord de ses brise-glace deux étés consécutifs. Une si longue présence journalistique est à ma connaissance un privilège unique. Je souhaite que mon livre rende compte aussi précisément que possible de la vie de ces navires très particuliers et du décor dans lequel ils évoluent, l'été dans l'Arctique et l'hiver sur le Saint-Laurent, pour ce qui relève de la Région des Laurentides de la GCC.

Monique Pieri

Note de l'éditeur

Dans cet ouvrage, les noms propres (navires, lieux, institutions, etc.) ont été orthographiés selon les règles en usage en Suisse romande, règles qui peuvent différer des habitudes canadiennes anglophones ou francophones.

Photographie de couverture:
Le Norman-McLeod-Rogers *en patrouille sur le Saint-Laurent*
(tronçon Trois-Rivières-lac Saint-Pierre).

MONIQUE PIERI

LA ROUTE DES ICEBERGS

Cent jours en brise-glace

dans l'archipel arctique

canadien

Collection Visages sans frontières
ÉDITIONS 24 HEURES – LAUSANNE

Le Norman-McLeod-Rogers *à l'œuvre dans les glaces du Saint-Laurent.*

Pages suivantes:
A gauche en haut: Maintenir le chenal ouvert toute l'année afin de permettre aux navires de se rendre jusqu'à Montréal est un rôle dévolu aux brise-glace de la Garde côtière canadienne.

A gauche en bas: Le Rogers, *avec ses 13 600 CV, peut venir à bout d'une glace de 60 cm d'épaisseur et parfois davantage.*

A droite: A quai à Trois-Rivières au lever du jour...

© 1988 by Editions 24 Heures, Lausanne
Collection Visages sans frontières dirigée par Bertil Galland
Couverture et maquette: Katrin Pfister, Studiopizz, Lausanne
Composition: TransfoTexte SA, Lausanne
Photolithographie: CLG, Vérone
Impression: IRL Imprimeries Réunies Lausanne s.a.

ISBN 2-8265-1054-1

Toutes les photographies de cet ouvrage sont de l'auteur.

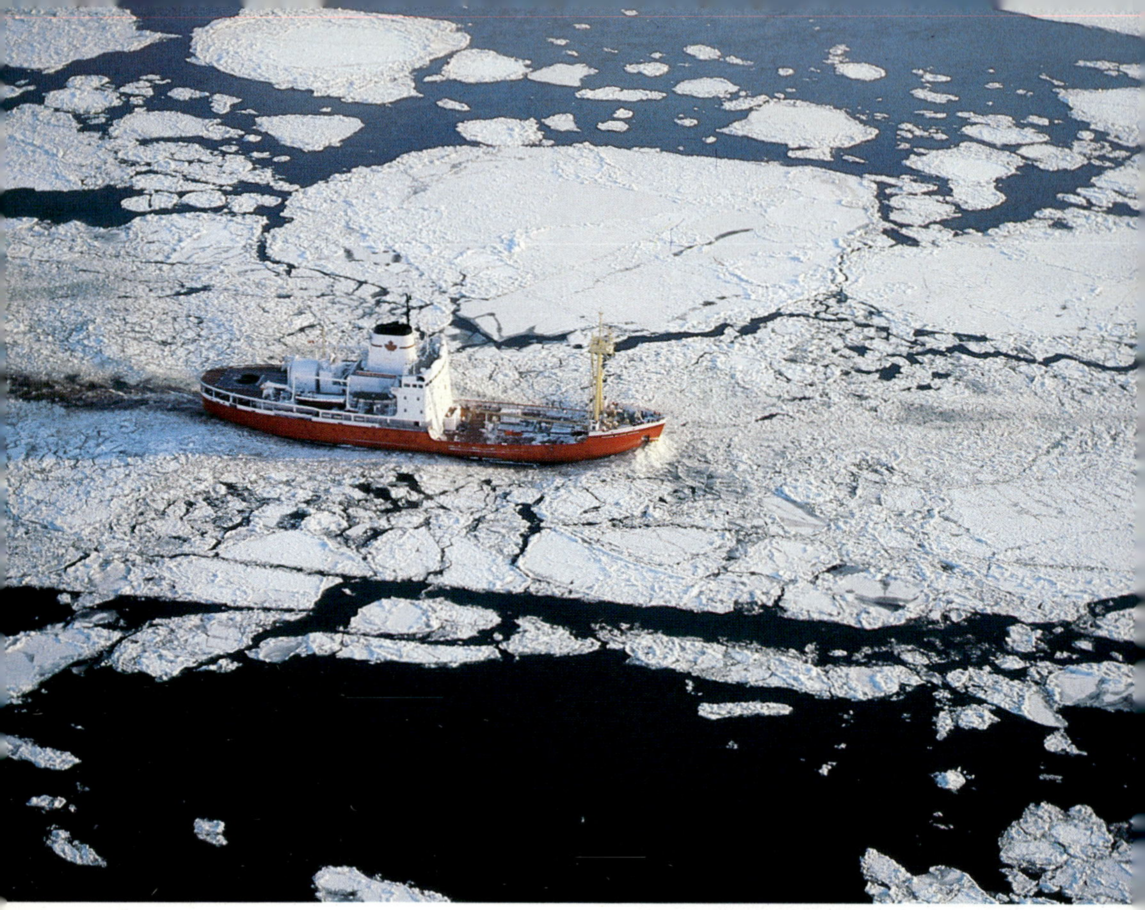

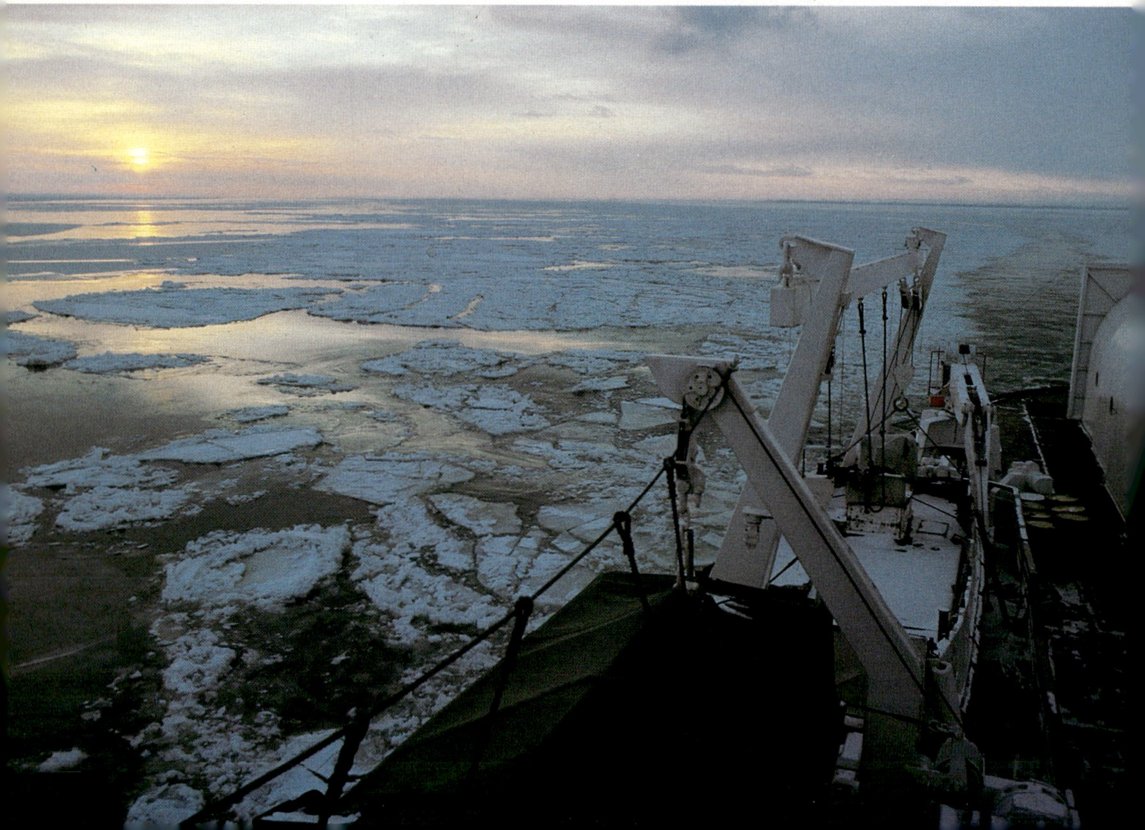

Avant-propos

Je vais vous entraîner dans un périple marin au voisinage du pôle Nord, dans les glaces de l'archipel arctique canadien, au-delà du 66ᵉ parallèle. Un tel voyage commence bien avant le départ et se termine longtemps après l'arrivée.

L'aventure que je vous propose dans ce livre est inédite. Aucun reporter n'a encore accompli le trajet complet que les brise-glace de la Garde côtière canadienne (GCC) effectuent chaque été dans les parages du pôle Nord. Cette région, avec quelques autres rares portions du globe, n'est pas encore à la portée de tout le monde. J'ai donc embarqué avec des professionnels de la mer et des glaces. Dans mes bagages, tout le matériel d'un reporter qui s'est mis en tête de ramener des articles, des photos et des émissions de radio et de télévision. Mieux vaut avoir plusieurs spécialités à son arc quand on opère en solo.

J'ai fait la connaissance des brise-glace sur le fleuve Saint-Laurent au cours de l'hiver 1977-1978. L'été suivant, je les ai accompagnés dans l'Arctique pour un premier périple. J'y suis retournée une seconde fois pour un voyage complet: cent jours à bord du Pierre-Radisson *et du* D'Iberville.

Ce livre est un hommage aux commandants et aux équipages des brise-glace de la Garde côtière canadienne. A part un ouvrage historique sur la marine de ce pays, il n'existait aucun livre sur ces navires spécialisés. Cette lacune m'a décidée à en faire un.

Monique Pieri

Une journée de patrouille pour surveiller la formation et le mouvement constant de la glace sur le fleuve Saint-Laurent s'achève. Le pont Laviolette, qui relie Trois-Rivières à la rive sud, est en vue.

*P*REMIER *V*OYAGE

Un hiver sur le Saint-Laurent à bord du *Rogers*

Je suis venue passer ce Noël 1976 en famille, au Québec. Comme je parcours un journal froissé, la photo d'un navire prisonnier des glaces attire mon attention. La légende explique que les brise-glace canadiens, qui passent la belle saison dans l'Arctique, travaillent sans relâche, l'hiver, sur le Saint-Laurent et son principal affluent, le Saguenay, afin de maintenir le chenal ouvert à la navigation entre le golfe du Saint-Laurent et Montréal, le plus grand port fluvial du monde accessible toute l'année.

Le 26 décembre, la radio annonce que le dernier navire a quitté la Voie maritime. Achevée en 1959 après de longues années de travaux, la Voie maritime est la partie du Saint-Laurent qui relie Montréal aux Grands-Lacs. Pour corriger les quelque 177 mètres de dénivellation entre

Montréal et le lac Supérieur, Canadiens et Américains ont aménagé canaux et écluses. Au plus fort de l'hiver, de la mi-décembre à mars, la Voie maritime est fermée, la glace empêchant le fonctionnement normal des écluses. La radio précise que ce dernier navire, le *Saint-Cergue*, bat pavillon suisse et qu'il est escorté par un brise-glace de la Garde côtière canadienne. Ce détail me décide. J'irai voir les brise-glace.

L'année suivante, à la même époque, une invitation me parvient au cœur de la campagne québécoise où je réside régulièrement: «Soyez lundi 2 janvier à 9 heures sur le quai de Trois-Rivières. Vous pourrez embarquer sur le *Norman-McLeod-Rogers*.»

Une violente tempête menace les Cantons de l'Est, et je me hâte de partir avant que toute circulation n'ait été rendue impossible. C'est à Montréal que je prendrai le car pour Québec, via Trois-Rivières. Ici, on voyage de préférence en autobus, car le train, au réseau moins ramifié, est principalement réservé aux marchandises.

A travers les vitres enneigées, je scrute le blanc laiteux de l'atmosphère qui se confond avec le blanc mat de la plaine. Le vent s'est levé et le moindre déplacement devient hasardeux. Mais tourmente ou pas, je compte bien être à l'heure sur le quai.

— Il faut combien de temps pour faire le trajet?

Ma question amuse visiblement le chauffeur qui surveille l'entassement des bagages dans le flanc du véhicule.

— En hiver, j'sais quand j'pars, pas quand j'arrive!

Trois-Rivières, l'un des plus grands centres manufacturiers de papier journal, borde la rive nord du Saint-Laurent à mi-chemin entre Montréal et Québec. C'est à partir de là que le *Rogers* ou l'un de ses semblables patrouille pour surveiller la formation et le mouvement constants de la glace sur un tronçon du fleuve, celui du lac Saint-Pierre.

Il faut montrer patte blanche à la guérite pour pouvoir pénétrer sur le quai. Pas un chat, pas un marin à l'horizon. Il fait trop froid. Le thermomètre indique -25 degrés Celsius. Le Canada vient d'abandonner l'échelle Fahrenheit, en même temps qu'il optait pour le système métrique. De telles conversions ne se font pas du jour au lendemain et entraînent pas mal de confusion.

La coque rouge vif du navire réchauffe le décor gelé. De chaque côté de la passerelle reliant le brise-glace au quai, un filet a été tendu. Est-ce à cause du sol glissant ou des rentrées nocturnes? La lampe baladeuse accrochée au montant est encore allumée. Avant de m'engager sur le pont gelé, je jette un regard au fleuve qui fume. Des volutes de brume traînent au-dessus des bancs de glace qui circulent à la vitesse du courant, rayant au passage la coque métallique. Sur le pont avant, personne pour m'ouvrir la porte étroite qui donne accès à l'intérieur. Mieux vaut que je garde mes gants; avec un froid pareil, ma main pourrait rester collée à la poignée de fer. L'expérience de plusieurs hivers canadiens m'a rendue prudente. Il faut lever haut les jambes pour franchir le seuil. Et comme chaque fois que je commence un reportage, j'ai un moment d'hésitation. La plupart des marins — il n'y a aucune femme à bord — rentrent de congé et un air de fête imprègne encore l'atmosphère.

— Bienvenue à bord, me jette un homme. Je suis le commissaire. Le commandant vous attend.

Il me précède dans les escaliers qui mènent à la timonerie. Au passage, je souris à une sirène qu'un artiste mécanicien a peinte dans les glaces. En tenue d'Eve, par ce froid, c'est miracle si elle n'attrape pas une fluxion de poitrine! Le crépitement musical du morse s'échappe de la chambre radio. En bruit de fond ronronnent les turbines qu'on réchauffe. La timonerie est un secteur feutré. On y parle bas. C'est un lieu de concentration. Chacun est à son poste, accaparé par l'imminence de la manœuvre.

Le commandant m'explique que nous allons appareiller en direction du lac Saint-Pierre, en amont. Simple patrouille d'inspection dans un secteur où se forment régulièrement des embâcles qu'il convient de briser pour que l'eau et la glace poursuivent leur route vers le golfe (le détroit de Cabot) et l'Atlantique, où la glace fondra sous l'action conjuguée des vents et des courants — ce qui n'est guère possible sur le fleuve puisque l'eau y est au-dessous du point de congélation.

— Monique, voici Ralph, l'observateur de glace.

A peine arrivée, on m'appelle déjà par mon prénom. Simplification nord-américaine à laquelle je ne suis pas encore totalement habituée. Je navigue entre le vous et le tu, selon les personnages que j'ai en face de moi.

Spécialiste de la glace, l'observateur de glace est en outre chargé des relevés météorologiques. C'est lui qui part en éclaireur avec l'hélicoptère du bord.

L'opérateur radio vient d'entrer et tend les cartes météo reçues par bélino à l'officier de quart, qui commente à mon intention:

— Tempête au large de Terre-Neuve.

Nous avons tous une pensée pour ceux qui ont pris la mer et sont en train de se faire méchamment bercer. Recherche et sauvetage font partie des missions des brise-glace, dont tout le travail relève du service public.

Au siècle dernier, lorsque les brise-glace n'existaient pas encore, les rives du Saint-Laurent étaient souvent ravagées au moment du dégel par les eaux en furie. Les embâcles qui s'étaient formés sur le fleuve cédaient et les eaux retenues tout l'hiver par les glaces déferlaient d'un seul coup en un flot impétueux que rien ne pouvait arrêter et qui causait d'énormes dégâts chez les riverains. Depuis l'apparition de ces navires spécialisés, le printemps a cessé d'être une catastrophe (c.f. Annexe I).

— Larguez les amarres!

L'ordre enfin lancé, nous quittons le quai en douceur. Un coup de sirène, et la masse puissante glisse avec la légèreté, l'aisance d'une plume de cygne. De la passerelle (timonerie), on a une large vue sur l'eau. J'aperçois des cargos qui semblent immobiles, tant ils progressent avec prudence, leur coque n'étant pas ou peu renforcée. Le brise-glace, lui, évolue à son aise, encore que l'étroitesse du chenal n'autorise guère de distraction. Sa largeur est de 244 m (800 pieds). A 15-16 nœuds, il faut être très sûr de soi, sinon le navire s'échoue. Quant à la profondeur, elle doit être au minimum de 10 m 50 (35 pieds).

Je sors sur le pont pour entendre craquer la glace qui se venge aussitôt en raclant durement la coque. Des lézardes noires courent sur la surface gelée. Craquements, grincements et, dans notre sillage, une mosaïque de cristaux. Dans la brume matinale, le soleil n'est encore qu'une lueur imprécise. A bâbord, les hautes falaises de la rive sud, badigeonnées de neige, sont piquées de clochers qui indiquent l'emplacement des paroisses.

— Le commandant vous expliquera mieux que moi comment tout cela fonctionne.

Modeste, Gilles, le chef mécanicien, me confie qu'il aurait préféré travailler à la timonerie plutôt que dans la salle des machines, d'où on ne voit rien. Ma visite aux engins, comme on appelle ici les machines, se termine devant un impressionnant tableau électronique qui coordonne toutes les opérations mécaniques. Peu à peu, de nouveaux brise-glace viennent remplacer les anciens, plus fonctionnels, d'entretien moins coûteux. Technique et rationalisation réduisent sensiblement les équipages. Celui du *Rogers* comprend cinquante-huit membres, dont un tiers d'officiers, répartis en trois secteurs: pont, machines et approvisionnement.

Autrefois, un équipage était rattaché à un navire et s'identifiait à lui.

Aujourd'hui, les hommes passent d'un brise-glace à l'autre; on les veut interchangeables. Mais chacun d'eux garde une préférence pour tel ou tel bâtiment :

— Pour moi, dit Gilles, c'est le *Rogers*; c'est lui que je connais le mieux. C'est moi qui l'ai sorti du chantier.

Il m'aurait dit: «C'est moi qui l'ai mis au monde», je n'aurais pas été autrement surprise. Les premiers pas d'un navire, ça compte. On se sent vite propriétaire, on s'attache, et il doit être en effet bien difficile d'abandonner périodiquement «son» bateau.

C'est l'heure du repas. Les gradés mangent à part. Le menu du jour est typiquement canadien: steak haché, oignons frits, fèves jaunes et patates bouillies avec des *beignes* (pâtisserie en forme d'anneau, glacée tantôt au miel, au chocolat ou au sucre d'érable) pour le dessert. Pas d'alcool, mais de l'eau et du café. Le chef propose chaque jour trois plats de résistance à chacun des repas et trois ou quatre desserts — au choix.

— Si vous voulez de la crème glacée, je crois qu'il m'en reste au frigidaire.

Roland, le commissaire de bord, me rejoint.

— Ça vous a plu?

Habitudes et goûts alimentaires sont quelque peu différents de ceux d'Europe, mais le fait est qu'à bord des brise-glace, on mange mieux que dans bien des restaurants.

— Un peu trop de sauces, peut-être... suggère un marin soucieux de sa ligne.

Je reprends du café et Roland me parle de son travail. La paperasserie administrative augmente sans cesse. Avec l'aide d'un commis, il s'acquitte de toutes les écritures et, avec ses garçons de table, il veille à l'entretien intérieur du navire. Le commissaire supervise aussi l'activité de la cuisine et les commandes de vivres. Lors des voyages dans l'Arctique, l'été, c'est lui qui est chargé d'animer les soirées à bord.

Julien, le chef cuisinier, nous rejoint. Le cook est un personnage important.

— C'est nous qui soignons le moral de l'équipage, m'explique-t-il, et des fois qu'on aurait le cafard, faut pas le laisser voir, les gars aimeraient pas ça!

Je m'étonne de la variété des menus.

— C'est bien rare que le même menu revienne deux fois dans le mois. Le lundi, par exemple, c'est un sandwich grillé au fromage, le mardi des patates sautées avec du *bologna* rôti, le mercredi un toast doré arrosé de sirop d'érable, le jeudi des crêpes maison, le vendredi des fèves au lard, le samedi des crêpes Tante Jémina et le dimanche des patates sautées et du jambon rôti. A part ça, des jus de fruits, des fruits, des céréales, des œufs frits, brouillés, pochés ou bouillis, comme vous voulez.

Julien tient à préciser que si les officiers mangent à part, la nourriture est la même pour tous, que ce soit à la salle à manger ou à la cafétéria. La différence entre les deux étages est que celui des officiers a des nappes blanches et que le service y est assuré par des garçons.

Et l'alcool? Il est toléré à bord mais seulement en dehors des heures de travail. La drogue, elle, fait l'objet d'un contrôle sévère. Celui qui se fait prendre est congédié.

J'accompagne Julien à la cuisine. Tous les accessoires sont fixés en prévision d'une tempête.

— Y a des fois qu'on vient avec 38-40 degrés de pente, faut pas qu'ça grouille!

— Comment faites-vous pour cuisiner par gros temps?

— Ça va moins vite, mais on réussit quand même à servir à l'heure.

Il jette un regard à sa montre:

— Faut que j'retourne à mes fourneaux. Qui dois-tu voir encore?

— Le maître d'équipage.

— On va te l'appeler.

La demande passe par la timonerie et se répand bientôt dans tout le navire par l'interphone: «Le bosun est demandé à la cuisine.» *Bosun* est l'abréviation de *boatswain*, le terme anglais pour désigner le maître d'équipage. En français, on dit le bosco. Jean-Marie est le trait d'union entre l'état-major et les matelots. C'est le bras droit du chef officier. Avec ses hommes, le maître d'équipage est chargé de la maintenance, du chargement des marchandises, des amarres aussi.

On s'installe au réfectoire et Jean-Marie retire ses gros gants.

— Le principal problème du marin, m'explique-t-il, c'est la solitude. Surtout quand on est en mer pendant de longs mois...

— Comment faites-vous?

— On lit, on jase avec les copains, on écoute la radio...

Quand je lui demande s'il y a souvent des bagarres, Jean-Marie sourit.

— Des prises de bec, peut-être, mais pas plus. Des bagarres, y en a quasiment pas. On essaie de les éviter.

Jean-Marie a été élevé sur le bord du fleuve, à 50 miles à l'est de Québec.

— J'aimais ça, l'eau. Je voyais passer les bateaux; je me disais: «Ils ont de la chance, ceux qui travaillent là-dessus!»

— Avez-vous une vie en dehors du navire?

— Oh! oui. Une femme et deux p'tites filles. Elles trouvent ça dur que

je navigue. Pour nous, c'est pas trop un problème, on aime le large.
— Mais quand vous partez pour trois ou quatre mois dans l'Arctique, privé de celle qui vous est chère...
— Ben... on a tous le même problème sur ce plan-là. On essaie de pas trop y penser.

Jean-Marie s'est tu et je n'ai plus envie de lui poser de questions. Le soleil est maintenant haut sur le fleuve et le pilote de l'hélicoptère me réitère son invitation du matin:
— Si vous voulez m'accompagner pour faire des photos, je décolle dans cinq minutes!

Sur le pont d'envol, à l'arrière du brise-glace, il est formellement interdit de fumer: le JP 4 qu'on utilise pour le Jet Ranger est un carburant des plus explosifs.
— Baissez la tête et ne passez jamais derrière l'appareil! On ne voit pas l'hélice de la queue quand elle tourne, mais elle peut vous hacher la tête!

Je grimpe et je m'attache.
— Il faut que vous mettiez le gilet de sauvetage!

Moi qui me sentais déjà engoncée dans mes vêtements d'hiver, me voilà complètement coincée. Mais les ordres sont les ordres. L'oiseau de métal s'envole en souplesse au-dessus de la cheminée qui boucane. Mes appareils sont prêts. Espérons qu'ils tiendront le coup par ce froid.
— Je peux ouvrir? criai-je à Simon, le pilote.

C'est bruyant là-dedans, et en plus il a un casque sur les oreilles. L'hélicoptère tourne autour du *Rogers*, virevolte. Clic, clac, je lui tire le portrait. C'est surtout le choc de l'étrave dans la glace que j'aimerais saisir. Simon se place face au navire qui avance vers nous en croquant ses bonbons glacés. Le pilote calque sa vitesse en marche arrière sur l'avance du *Rogers*, ce qui me donne un peu de temps pour passer de la photo couleur au noir et blanc, puis au film caméra. Il me faut encore prendre du son pour le film. Un froid piquant s'engouffre par la vitre ouverte et me coupe le souffle. Impossible de garder mes gants, trop épais pour actionner mes appareils. J'enlève tout, mais mes mains ne tardent pas à devenir raides et douloureuses. Je n'ai guère le loisir d'apprécier la vue remarquable sur le fleuve.

Soudain, on prend de l'altitude et, après quelques circonvolutions acrobatiques, Simon me dépose sur le pont. Il doit aller à terre chercher la paie. A son retour, nous reprenons notre conversation.
— On a décidé d'aller chercher la paie parce que nous ne l'avons pas reçue comme prévu avant Noël. En plus, les postes ont des problèmes en ce moment.

— Après votre départ, les gars ont plaisanté. S'il ne revient pas, disaient-ils, il y a deux hypothèses : ou il est parti au soleil dans le Sud avec l'argent, ou l'hélicoptère est tombé !

— Aucun risque, rétorque Simon, amusé, la machine est fiable et le pilote aussi !

L'hélicoptère est indissociable du brise-glace. Il a son garage et son pont d'envol. Il fait en une heure ce qui demanderait une journée au navire — d'où un appréciable gain de temps et d'argent. C'est lui qui emmène l'observateur de glace. Lorsqu'un embâcle se forme sur le fleuve, il prévient le brise-glace. Le commandant alerte le centre de gestion du trafic maritime (GMT) à Montréal, qui informe à son tour tous les autres navires. Ce système a été institué en 1959 pour la Voie maritime et dès 1966 pour le Saint-Laurent tout entier. Depuis, de nombreuses régions ont été dotées de tels systèmes, et notamment l'Arctique (NORDREG) en 1977. Les communications se font généralement en anglais, sauf dans le Saint-Laurent où les capitaines ont le choix entre l'anglais et le français. Les Québécois défendent farouchement leur langue.

Outre le transport du courrier ou d'occasionnels visiteurs, l'hélicoptère assure l'évacuation des malades ou des blessés, va chercher des pièces de rechange en cas de panne, etc. Dans l'Arctique, quand le navire est loin de tout, il constitue un facteur de sécurité pour l'équipage.

Un Jet Ranger (quatre passagers en plus du pilote) coûte un quart de million de dollars. Il convient parfaitement à ce type d'opérations et a remplacé avantageusement son prédécesseur, le Bell 47.

Jusqu'ici je n'ai rencontré que des responsables, des officiers.

Je pars à la recherche d'un matelot, le dernier poste sur la liste des sans-grade. Gérard est délégué de l'Union, un syndicat censé représenter les membres d'équipage non gradés — mais tel n'est pas tout à fait l'avis de mon interlocuteur :

— On n'a pas obtenu grand-chose à bord des navires avec l'Union, m'explique-t-il. Je crois même qu'on y a plutôt perdu. C'est bête à dire, mais c'est vrai. Il me semble qu'avant, l'entente était meilleure entre l'administration et les équipages. Maintenant avec le syndicat, tout ce qui n'est pas dans la convention collective ne compte pas. D'ailleurs, j'ai l'impression que les gars ont de moins en moins confiance dans leur syndicat. Moi le premier. L'Union ne nous défend pas comme elle le devrait. L'opinion générale est que c'est un syndicat à la solde de l'employeur.

Il suffit de naviguer depuis six mois pour être automatiquement incorporé dans l'Union. Gérard sert d'intermédiaire entre le commandant et les membres de l'équipage qui auraient une demande à formuler.

— Qu'est-ce qu'il y aurait à améliorer?
— D'abord la considération de l'employeur pour l'employé. Ce n'est pas qu'on soit mal traités, mais on a un peu tendance à nous oublier. Le fait qu'on navigue nous éloigne des centres de discussion et de décision. A bord, en revanche, les commandants ont changé. Il y a encore quelques années, ils restaient dans leur coin et ne se gênaient pas d'être durs. Pour aller leur parler, il fallait une permission. Aujourd'hui, ils essaient de régler au mieux le problème, mais j'ai l'impression qu'ils ne sont pas aidés par leurs supérieurs. Ces jours-ci, par exemple, il a fallu de nombreuses démarches du commandant pour qu'on soit payés — et encore avec huit jours de retard. Au moment des Fêtes, les postes sont débordées. Si ça n'arrive pas, tant pis. Si une personnalité doit venir à bord, on envoie aussitôt l'hélicoptère, mais pour la paie, tout le monde s'en fiche. On a pourtant une famille à faire vivre, des obligations à remplir. On ne peut pas attendre après notre argent.
— Qui sont les gars qui travaillent avec vous?
— Certains ont fait des études, d'autres pas. L'ouvrage est assez rare en ce moment, et il y en a qui viennent à cause de ça, mais la plupart sont ici parce qu'ils le veulent. Beaucoup ont une famille. S'ils n'aimaient pas ce qu'ils font, ils ne seraient pas ici. Pour naviguer, faut aimer ça!

En quittant Gérard, je passe à l'infirmerie.

— Sur le fleuve, on se débrouille seuls, m'explique un officier qui s'y trouve, mais dans l'Arctique, une infirmière nous accompagne. Il y a encore quelques années, c'était un médecin.

A mesure que je me rapproche de la timonerie, les couloirs s'emplissent des sonorités interstellaires du morse. André, l'opérateur radio, est en communication. Tous les messages qui partent du navire ou qui y parviennent passent par André, qui est au courant de tout. Il transmet régulièrement les rapports de glace, de météo, toutes les communications utiles à la marche du navire.

— Il y a des journées normales, où rien de bien important ne se passe, m'explique André, et d'autres où on est appelé pour un «recherche et sauvetage», et alors là, ça n'arrête pas de la journée. Parfois aussi, on reçoit des messages privés, une naissance, un décès. C'est le commandant qui est chargé d'annoncer la nouvelle à celui qu'elle concerne.

L'appareil se remet à crépiter et je quitte André. Il est temps de rejoindre la timonerie si je veux assister aux manœuvres d'accostage, car pendant que je conversais avec ses occupants, le brise-glace, après avoir inspecté le secteur délicat du lac Saint-Pierre, a fait demi-tour. Le pont Laviolette, qui relie Trois-Rivières à la rive sud, est en vue.

Impressionnante arche de métal ceignant le fleuve comme un diadème.

On est en hiver et le soleil se couche de bonne heure, colorant pour quelques instants encore le ciel, l'eau, la glace. Seuls les pays froids peuvent offrir des pastels aussi purs. Mille miroirs renvoient à l'astre ses feux verts et orangés, parure crépusculaire qui enjoint le silence.

Le brise-glace s'allonge en douceur contre le quai pour y passer la nuit. Je reste seule avec le commandant dans la timonerie où ne sont plus éclairés que les cartes et le livre de bord.

— Tout va bien sur le Saint-Laurent?

— Oui, mais le gros de l'hiver, janvier et surtout février, n'est pas passé. En mars, les journées sont plus douces; les battures se détachent et il faut casser les gros morceaux. Certains hivers, la glace peut atteindre 24 pouces avec 12 pouces de neige dessus, ça fait 36 pouces (91,44 cm). Un navire marchand doit être déjà assez fort pour passer à travers. Mais comme le brise-glace a plus d'expérience, c'est lui qui fait le travail pour eux.

— A quelle période de l'hiver le fleuve est-il le plus fréquenté?

— Au mois de décembre, au moment de la fermeture de la Voie maritime. Les navires qui viennent de la tête des Grands-Lacs redescendent vers l'Atlantique, pour gagner l'Europe ou le Japon. Et puis aussi au mois de mars, au début de la saison de navigation dans la Voie. En hiver, c'est plus tranquille, car ça coûte plus cher aux armateurs d'envoyer leurs navires dans la glace plutôt qu'en eau libre, et les navires peuvent être retardés. Pour les débardeurs aussi, l'hiver rend les choses plus complexes. Un homme qui travaille au-dessous de zéro n'est pas aussi agile

En haut: Québec: en dessous de la Citadelle et du château Frontenac, le quai de la Reine auquel sont amarrés les brise-glace avant leur départ pour l'Arctique.

En bas: Les cimetières des rives du Saint-Laurent sont peuplés de marins, de pêcheurs. Tous ne sont pas morts sur terre...

Pages suivantes:
A gauche: Tempête au large du Groenland: un vent de 60 nœuds et des creux de dix mètres.

A droite en haut: Sur le D'Iberville, la manœuvre de l'ancre en présence du charpentier, du bosco et du chef officier.

A droite en bas: A bord, il n'y a que les bleus pour s'amuser des exercices de sauvetage. L'expérience de la mer contraint à les prendre au sérieux.

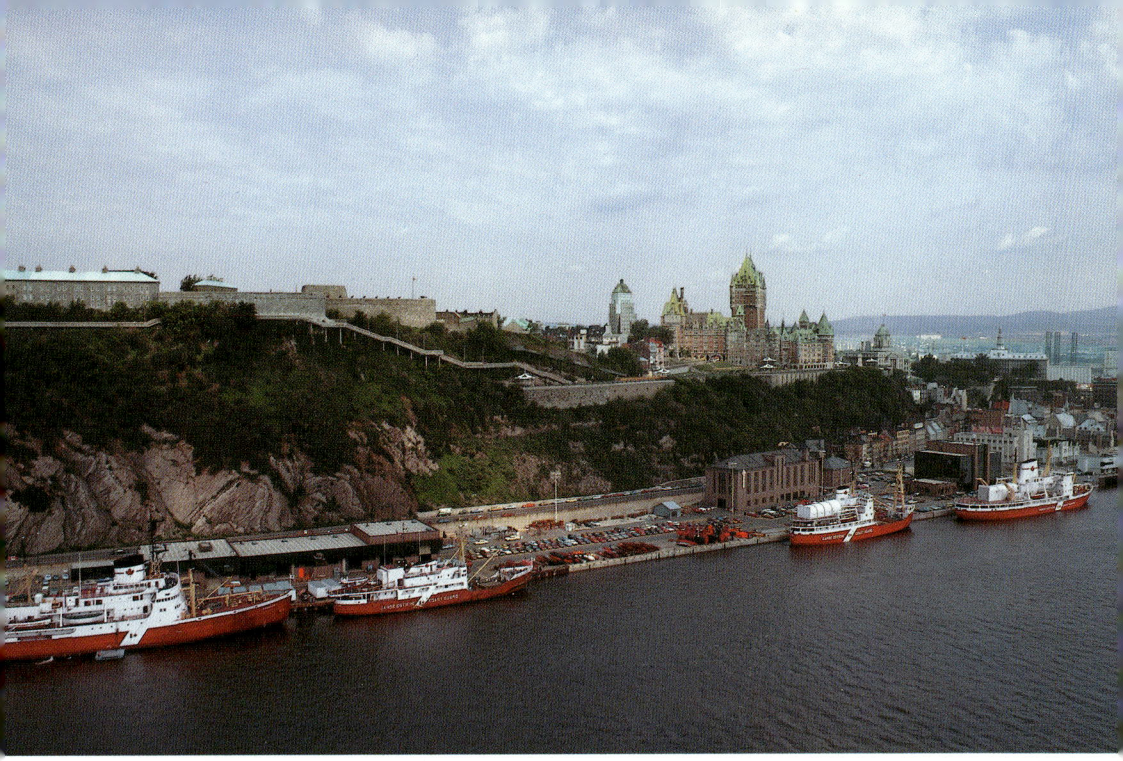

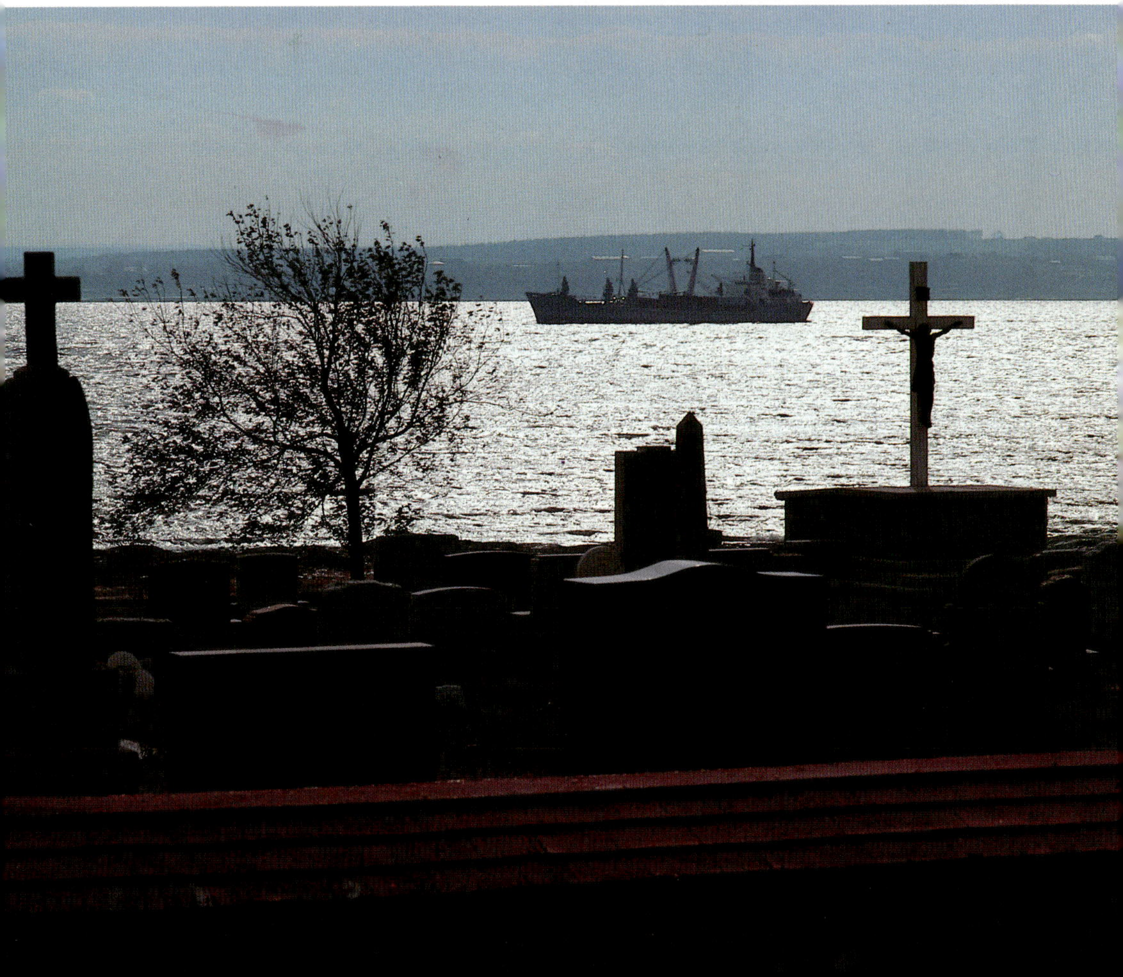

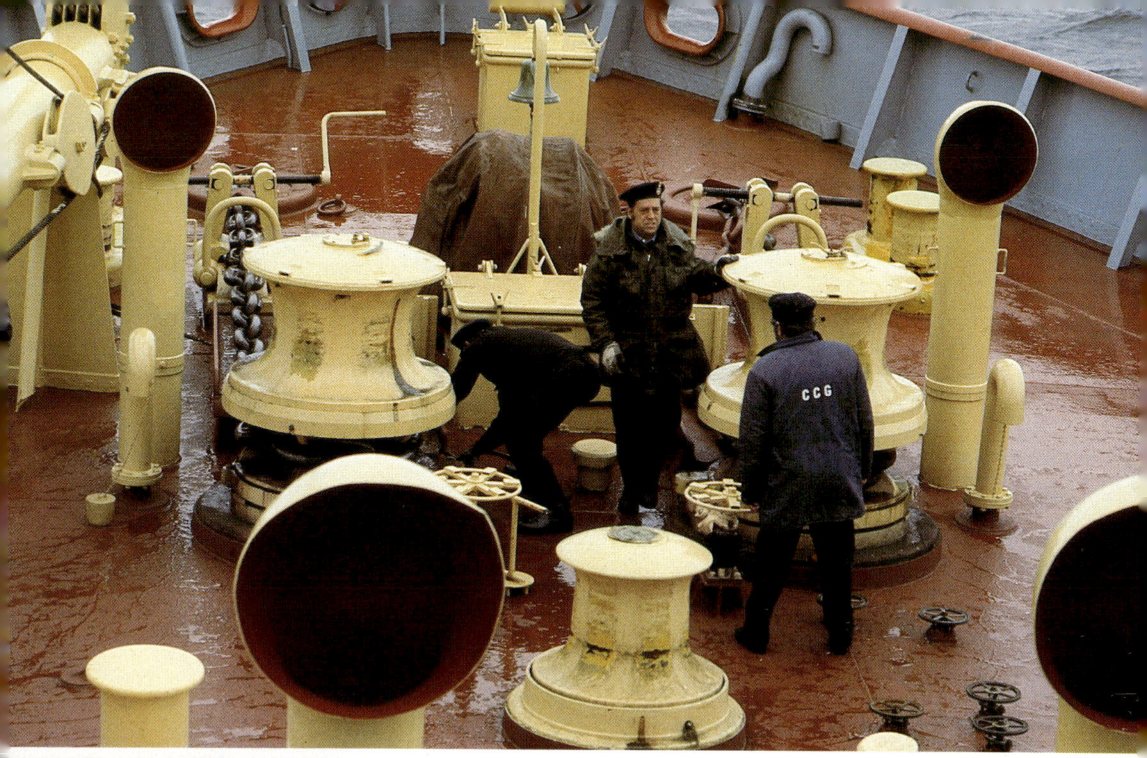
CCG

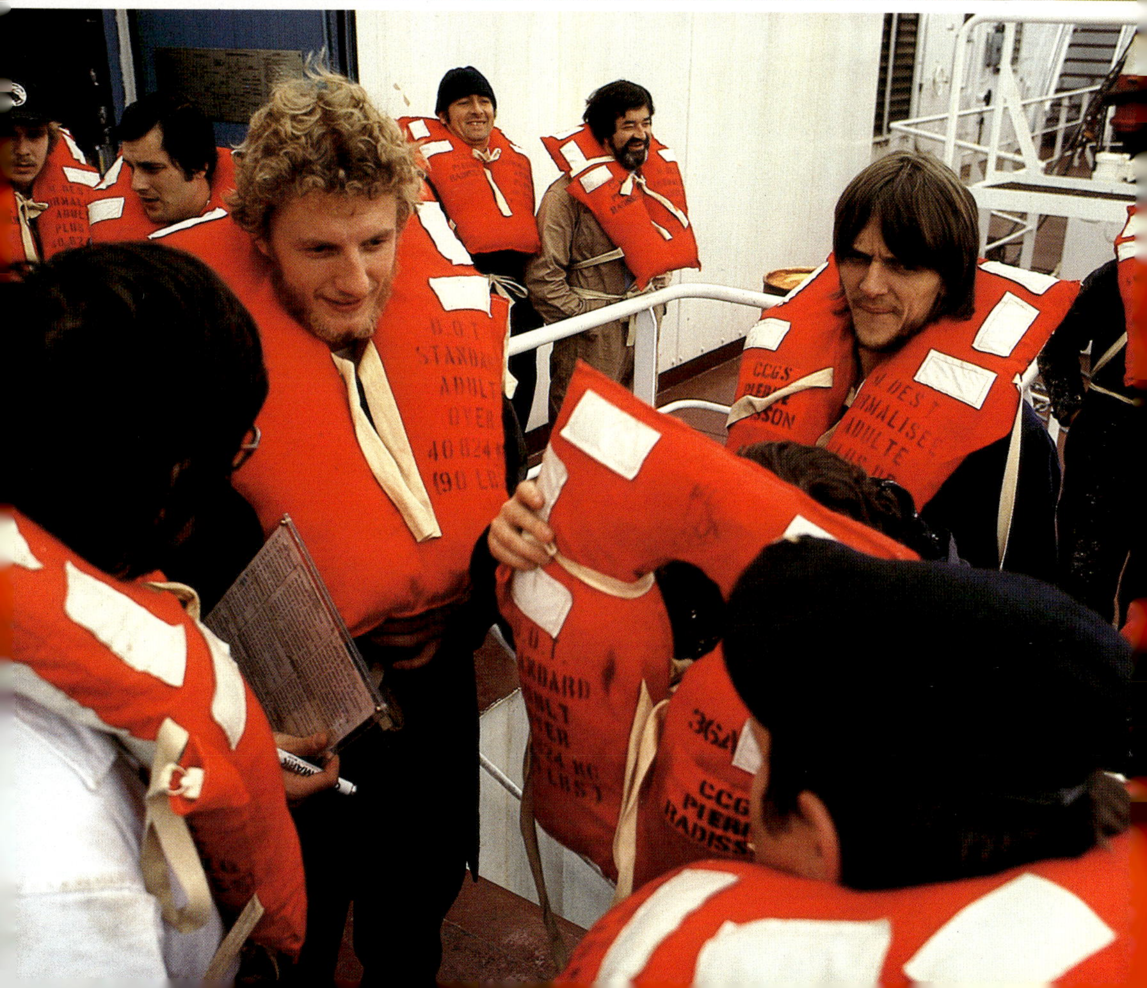

qu'un homme qui travaille à une température normale. Et il y a la question de la marchandise elle-même. On ne peut pas transporter des fruits dans un navire qui n'est pas chauffé.

— Un brise-glace n'est ni militaire ni marchand?

— Nous nous apparentons davantage à la marine marchande qu'à la marine de guerre, dans la mesure où nous ne sommes pas équipés pour nous battre. Ce qui n'empêche pas que nous devons être assez disciplinés. Quand on évoque la Garde côtière, on pense tout de suite aux Américains avec leurs uniformes, leurs galons et le revolver dans la poche de côté. Nous, on n'a qu'un p'tit livre de bord et une plume! On est loin de la marine américaine et de ses flonflons.

— Vous vous occupez personnellement de la discipline à bord?

— Oui, ça fait partie de mes fonctions de veiller à ce que l'équipage soit heureux. D'ailleurs, il y a beaucoup moins de problèmes qu'autrefois. Les commandants ont changé, les conditions de travail aussi. Chacun est régi par un contrat de travail. Il y a encore quelques années, il n'y avait aucune communication entre les gradés et l'équipage. Ils ne se parlaient même pas, n'avaient pas accès aux mêmes locaux.

— Il y a des femmes à bord à présent. Est-ce que ça change quelque chose?

— L'été dernier, j'avais une fille qui était troisième officier. Elle s'est très bien acquittée de sa tâche.

Il esquive, j'insiste.

— Est-ce qu'on verra un jour une femme commander un brise-glace?

— Pourquoi pas... puisqu'elles sont acceptées au collège de la Garde côtière, à Sydney, depuis 1973. La glace sera peut-être dure à briser, mais il faut un commencement à tout. Ça changera un peu l'atmosphère, bien sûr. Une femme, ça n'a pas le même langage qu'un homme.

Nous revenons au sujet qui lui tient à cœur: la navigation.

— La glace, reprend le commandant, on apprend à la connaître avec l'expérience. Sa consistance n'est pas partout la même dans le fleuve. Mais de toute façon, elle est plus facile à travailler que celle de l'Arctique, qui peut atteindre 6 mètres (20 pieds) d'épaisseur et parfois plus. Comme il n'y a pas d'oxygène dedans, la glace polaire est cristallisée; on dit même

La plaie des marins, la brume, qui vous tombe dessus sans prévenir. Le radar n'est pas toujours capable d'identifier certains fragments d'icebergs redoutables, les growlers.

qu'elle est plus dure que la pierre. Sur le lac Saint-Pierre, seuls les embâcles peuvent nous arrêter. Alors, il faut reculer et harponner la glace. En 1976, l'embâcle avait duré pratiquement un mois. La glace n'arrêtait pas de se reformer. Le navire opérait vingt-quatre heures sur vingt-quatre pour se frayer un passage. Nos moteurs nous permettent d'aller aussi bien en avant qu'en arrière et d'inverser notre marche très rapidement. Ce qui fait la force de notre reculons, ce sont nos deux hélices. Grâce à elles, nous pouvons nous tenir beaucoup plus droit, plus parallèle au chenal qu'un navire conventionnel, alors qu'un navire qui ne possède qu'une hélice a toujours tendance à aller vers la droite. Et puis, le gouvernail est protégé; il dépasse beaucoup moins de la coque que celui d'un navire ordinaire. Le déplacement d'eau créé par les deux hélices contribue aussi à briser la glace, sans parler de la coque, très renforcée et dont le profil joue également un rôle.

— J'ai entendu dire que le *N.-B.-McLean* allait prendre sa retraite et que vous attendiez un nouveau navire pour bientôt.

— Oui, le *Pierre-Radisson*, qui est encore à Vancouver, mais qui devrait être à Québec cet automne. Il doit s'en venir par le Nord, par l'Arctique.

— Vous passez en moyenne trois mois par an sur le Saint-Laurent et trois à quatre mois dans l'Arctique, qu'est-ce que vous préférez?

— Ce sera mon vingt-troisième voyage dans l'Arctique. J'aime le Nord. Chaque année, j'y découvre quelque chose de nouveau. A certains endroits, les conditions de glace s'améliorent et on se pose des questions. Comment se fait-il que la glace circule plus vite, qu'il y en ait moins que d'habitude, qu'elle se disperse plus rapidement? J'aime en parler avec d'autres marins. Depuis cinq ans, c'est nous qui choisissons de faire ou non le voyage du Nord au complet, car les autorités arrivent avec un plan de relève au bout de six semaines. Personnellement, j'aime mieux faire le voyage en entier. S'il y a changement d'équipage, avec les nouvelles têtes, ça pose toujours quelques petits problèmes internes. Peut-être que si la période était plus longue, j'envisagerais de me faire remplacer, mais pour l'instant, non.

Le Saint-Laurent, m'explique encore le commandant, offre certains attraits non négligeables. On va assez souvent à terre, on reste proche de son milieu familial, on peut rendre des visites ou en recevoir. C'est une vie plus normale que celle qui consiste à rester à l'ancre quelque part dans le Nord, face aux montagnes de pierre ou à un poste isolé.

— Et la famille d'un marin, comment réagit-elle à ses absences?

— Il faut s'être connus avant de naviguer, pour que les caractères aient eu la chance de s'adapter. C'est la femme qui gère le ménage, qui traite les affaires. C'est plus difficile pour elle, parce qu'elle est seule à prendre les décisions. Les enfants se fient à elle. D'un autre côté, chaque retour est comme une nouvelle lune de miel... Et puis, nous gardons le contact grâce au radioamateur. Il y a même des endroits de l'Arctique d'où nous pouvons téléphoner.

Pendant que nous parlions, le soir est tombé sur le fleuve. La glace reflète à présent la lueur mate de la lune. C'est à regret que je quitte l'atmosphère chaleureuse du *Rogers* pour me plonger dans la nuit glaciale de Trois-Rivières. J'ignorais à ce moment-là que je réembarquerais six mois plus tard. Et cette fois, pour l'Arctique.

Deuxième Voyage

Un été dans l'Arctique à bord du *D'Iberville*

De retour en Suisse, tout en rédigeant mon reportage, je ne peux m'empêcher de rêver à cette longue migration des brise-glace chaque été, vers l'Arctique, terre gelée inaccessible au commun des mortels. Et comme le virus est bel et bien en train d'opérer, je me décide à adresser une demande aux autorités concernées. Ai-je la moindre chance d'être acceptée, moi qui suis à la fois étrangère, femme et jeune reporter?

La réponse me parvient au milieu du printemps, positive: «Vous pourrez embarquer sur le *D'Iberville*, qui quittera Québec vers la mi-juillet.»

Je décide de ne pas entamer ma curiosité par la lecture. Je veux découvrir cet univers d'un œil neuf. Le seul livre à m'en avoir parlé jusqu'ici était suffisamment de nature à renforcer mon goût pour ce voyage. Il s'agissait des *Aventures du Capitaine Hatteras*, l'un des titres les moins connus de Jules Verne. C'est le périple d'un bateau anglais au pôle Nord. Cinq cents pages de navigation entre le réel et l'imaginaire.

Larguez les amarres!

Quai de la Reine, 21 juillet 1978, 9 h 30. Le départ est imminent. Je vis à bord depuis deux jours. Québec transpire par 35° et 90% d'humidité.

L'interphone du bord demande aux familles de quitter le navire et aux hommes de monter à bord. On s'apprête à retirer la passerelle.

Un marin malade, que le médecin du Ministère de la santé n'a pas autorisé à embarquer, a de la peine à descendre. Ce célibataire qui s'essuie les yeux avec du papier hygiénique a perdu sa mère alors qu'il était au large. Le navire, aujourd'hui, c'est toute sa famille. Ce que représente, pour le marin, cet instant du départ est difficilement racontable.

— Quatre mois dans le Nord, c'est comme huit mois dans le Sud, m'explique Gaston. La solitude est extrême, on accoste rarement, si bien qu'on devient vite partie intégrante du navire. Dans le Sud, on va à quai, faire la foire; dans le Nord, c'est à l'intérieur du navire qu'il faut se distraire. Les femmes, qu'elles s'inquiètent pas, leurs maris font pas grand mal. Il n'y a pas une fille dans chaque port, mais de la glace partout. Vous n'imaginez pas ce que peut signifier une lettre, dans ces conditions. Certains étés, je recevais du courrier, d'autres fois rien du tout. Comme je suis célibataire, ça dépendait des circonstances.

J'ai hâte qu'on soit au large, et je ne suis pas la seule. L'émotion de ceux qui m'entourent m'oppresse. Ce moment n'est agréable pour personne. Certains mettent plusieurs jours à l'oublier. Une femme me prend le bras pour me dire combien j'ai de la chance d'aller où elle n'est jamais allée, de voir où le mari de chacune d'elles travaille. Les enfants s'accrochent à leur père.

— Mon mari me téléphone trois fois au cours du voyage, me dit Adeline. A Frobisher, à Fort-Chimo et puis d'un autre endroit dont j'ai oublié le nom. Les premiers temps, je pleurais pendant trois minutes. Ça coûtait 6 dollars. Maintenant, je ne pleure plus, parce que je ne veux pas perdre mon argent ni mon plaisir. Alors je prends le temps de parler, et je pleure après. Il faut attendre trois semaines pour recevoir la première lettre. Ensuite, ça arrive régulièrement.

Et comme pour se faire pardonner son émotion, Adeline ajoute:

— On ne s'habitue jamais au départ. Au retour non plus, d'ailleurs. Le retour est aussi triste que le départ. Maintenant, je vais rire pour ne pas pleurer, mais quand je remonterai dans mon auto, je ne partirai pas tout de suite. J'ai une belle maison, une cage en or, mais il manque l'oiseau!

Pour ses enfants, Line et Marc, ce n'est pas facile non plus.

— En fin de compte, dit la fillette, mon père, je ne peux pas dire que je le connais. Je ne le vois pas assez souvent. C'est un beau métier, mais moi, j'aime pas ça. Chaque voyage m'arrache mon père.

Marc, lui, qui a 16 ans, est fier de son père.

— Je serai pilote d'hélicoptère sur un bateau comme ça, dit-il. Mais moi, je ne me marierai pas.

Pour la dernière fois, l'interphone prie les familles de quitter le navire. Embrassades, recommandations, derniers regards où passe toujours un peu d'angoisse. On envie presque ceux qui n'ont pas de famille. Certains rient trop fort, d'autres ne parviennent plus à dire un mot. Et cette chaleur moite qui rend le pont brûlant augmente encore la nervosité.

Enfin, la passerelle est ramenée sur le pont. Trois coups de sifflet et déjà le sol oscille sous nos pieds.

Le capitaine hâte la manœuvre. Le brise-glace s'écarte rapidement du quai multicolore. Les bras se tendent au milieu d'un véritable concert de sirènes. Les autres brise-glace, accrochés au quai, le *Tracy*, le *Fraser*, le *Bernier* qui prendra notre sillage dans quelques jours, ainsi que les traversiers de Lévis répondent à celui qui s'éloigne. Symphonie nautique, cris de bateaux, dont les hautes falaises du cap Diamant répercutent l'écho, remplacent les mots qui ne passent plus. Très émue, je me tourne vers le large. Le cri d'un navire fait toujours vibrer une fibre profondément enfouie, celle du nomade peut-être.

Déjà, le quai n'est plus qu'une ligne qui se confond avec la rive.

Nous glissons silencieusement sous l'imposante silhouette du château Frontenac. Lauzon, sur l'autre rive, offre le spectacle familier du chantier maritime d'où le *D'Iberville* est sorti en 1953.

Surgit le maître d'équipage qui répartit habilement ses hommes. L'hélicoptère est remisé dans son hangar. Ne trouvant rien de mieux à faire pour l'instant, je rejoins ma cabine à l'avant. Par l'un des hublots, j'aperçois l'île d'Orléans, havre du poète et chanteur québécois Félix Leclerc. Nous la longeons par le chenal sud, croisant les cargos qui remontent le fleuve. L'air est bon, l'eau bleue; le ciel a la limpidité de l'été.

Je ne connais pas encore bien l'horaire du bord, mais mon estomac me dit que le repas de midi ne doit pas être loin. Toutefois, je sens qu'il ne faut pas que je me montre trop. Les gars sont encore sous le coup de la séparation; ma présence pourrait leur déplaire. D'autant qu'à bord, les femmes se comptent sur les doigts d'une main (4 pour 84 hommes). Le phénomène est récent et tous ne l'acceptent pas encore très bien. L'infirmière, elle, a un rôle précis — et même un grade officiel à bord: officier de santé; les deux cadettes du collège de la GCC aussi. Je suis l'unique passagère, le seul corps étranger au navire. Ce n'est pas une situation facile. Je décide donc de me montrer discrète (c.f. Annexe III).

Ce qui me console un peu, c'est qu'un tiers des hommes en sont, comme moi, à leur premier voyage. Les autres ont déjà fait dix, vingt voyages ou plus. Quant au *D'Iberville*, c'est la vingt-sixième fois qu'il retourne dans l'Arctique. Lorsque le *N.-B.-McLean* aura pris sa retraite, le *D'Iberville* sera le doyen de la flotte. Le bâtiment a fière allure et on le reconnaît de loin. Sa silhouette ne ressemble à aucune autre. Cheminée et superstructure blanches surmontent une coque rouge barrée de blanc, signe distinctif des navires de la GCC. La cheminée, cerclée de rouge, arbore la feuille d'érable, emblème du Canada.

L'utilisation du rouge répond à des critères de visibilité et d'identification. Autrefois, les couleurs utilisées étaient le noir, le blanc et le jaune. Pour l'heure, notre pont est plutôt verdâtre, mais dans quelques jours il sera repeint.

La descente du Saint-Laurent

Nous filons quatorze nœuds, dont quatre dus à la poussée du courant. 11 h 30, l'heure du premier repas. Chez les officiers, des tables de quatre créent une ambiance familiale. A l'étage au-dessous, un réfectoire jouxtant la cuisine réunit l'équipage. Les habitués prennent possession de leurs places, les autres se répartissent comme ils peuvent. Le commandant et le chef mécanicien ont une table réservée, où ne vont s'asseoir que ceux qui y sont dûment conviés. Les deux hommes mangent face à face en s'entretenant de la marche du navire. Par les hublots grands ouverts nous parvient le bruissement ourlé de l'eau.

Les garçons de table remplissent nos verres d'une eau fraîche dans laquelle flottent des glaçons. Sauf à l'occasion de certains anniversaires, ce sera l'unique boisson. Il fait lourd malgré l'air du large, et les gros ventilateurs ronronnent. Toute la vaisselle en faïence blanche porte l'emblème de la Garde côtière, peint en bleu. Chacun vient manger quand il le veut, à l'intérieur des horaires: 7 h 30 à 8 h 30 pour le petit déjeuner, 11 h 30 à 12 h 30 pour le dîner et 17 à 18 heures pour le souper. Le reste du temps, le chef laisse toujours quelque nourriture (fruits, gâteaux, œufs dans le vinaigre, fromages) dans la *pantry* (cuisinette).

Une nourriture abondante et variée est un facteur important pour le moral de la troupe — ce qui suffit à faire du chef cuisinier un personnage de première importance. Les mets canadiens — tourtière, soupe aux pois, boulettes de viande, steak haché — ont généralement la préférence. Si les gars n'y veillent pas, ils prennent facilement de l'embonpoint durant le voyage. Au départ, ils s'imposent du mouvement, mais rares sont ceux qui se tiennent à cette discipline. Les brise-glace disposent pourtant d'une salle de gymnastique bien équipée. Ce que les hommes font encore le plus facilement, c'est le tour du navire, au pas ou à la course. Le jogging du marin! Cinq tours font environ un kilomètre.

Après le dîner, comme je me sens encore un peu mal à l'aise, je grimpe à la timonerie. J'y serai plus tranquille et, de là, on a vue sur tout le fleuve.

Le premier officier, Paul Toussaint, me propose de feuilleter les cartes marines. Je les étale par terre, dans la petite aile à bâbord. A genoux, puis à plat ventre, j'inventorie le chapelet d'îles et d'îlots qui émergent du Saint-Laurent. Naufrages, légendes, progression des explorateurs, installation des colonies — toute l'histoire du pays s'inscrit là. Les deux rives du fleuve ont accouché de générations de marins. La plupart des hommes qui se trouvent à bord y sont nés, et ils m'enseignent leur histoire et leur géographie. Nous venons de croiser l'île Madame, vendue et revendue maintes fois au cours des siècles. Nous avons aussi dépassé l'Ile-aux-Ruaux, Grosse-Ile, baptisée île de la Quarantaine, et qu'on aurait tout aussi bien pu appeler l'île Macabre! Dès 1832 et pendant cent cinq ans, elle a été le lazaret de la province de Québec. C'est à l'occasion d'une épidémie de choléra asiatique qu'une loi introduisit la quarantaine à Grosse-Ile: le fléau surgissait à bord des navires pendant la traversée de l'océan.

L'île ne tarda pas à se transformer en cimetière marin. Après le choléra, ce fut le typhus. Chaque fois, les Irlandais payèrent un lourd tribut à l'émigration. Qui s'en souvient, aujourd'hui, sous le soleil éclatant de juillet? Et pourtant, les marins sont porteurs d'une étonnante mémoire collective. Ceux du Saint-Laurent comme ceux d'ailleurs, bien que, là aussi, la tradition ait tendance à se perdre.

L'Ile-aux-Grues, l'Ile-aux-Oies, comme leur nom l'indique, ont une réputation giboyeuse. Après l'île d'Orléans, le *D'Iberville* a emprunté le chenal nord, plus large, plus profond et moins fréquenté que le chenal sud. Les navires marchands longent plus volontiers la rive méridionale. Au large de Baie-Saint-Paul mouille l'Ile-aux-Coudres. «C'est chez moi ici», me dit en souriant Paul Toussaint. Des armadas de goélettes en bois y ont été construites, qui servaient au transport du bois à papier.

— C'est sur l'une d'elles que j'ai appris le métier, reprend-il. Dans ma famille, on est marin de père en fils. Mon plus jeune fils navigue actuellement sur un brise-glace.

Comme je m'étonne qu'ils ne soient pas ensemble, il ajoute:
— Les marins n'y tiennent pas.

Je remarque que l'eau du fleuve a changé depuis notre départ de Québec. Elle est plus limpide, moins polluée. La marée laisse des traînées blanches sur son passage.

Je ne déchiffre pas encore tous les signes conventionnels, toutes les abréviations des cartes Mercator, si détaillées, mais les noms qui jaillissent des rives comme autant de paliers franchis me charment: Saint-Jean-Port-Joli, Kamouraska, Rivière-du-Loup, Trois-Pistoles sur la rive sud et, en face, la Malbaie, Tadoussac, les Escoumins. L'Ile-aux-Lièvres s'étire au beau milieu du fleuve. On raconte que des expéditions scandinaves y auraient séjourné vers l'an mille, bien avant Jacques Cartier et Champlain, pendant tout un hiver.

Un peu en aval, face à l'embouchure du Saguenay qui conduit au lac Saint-Jean, haut lieu touristique, l'île Verte, autrefois territoire des Indiens Maléchites, se profile près de la rive sud. Le nez plongé dans les cartes, j'ai failli manquer l'heure du souper. Je sais bien qu'il ne s'agit pas d'un voyage de plaisance, mais ça va trop vite. Comment assimiler des siècles d'histoire, des centaines de milles de côtes à la vitesse de 14 nœuds!

— On ne vous a pas encore vue dans la salle des machines!

C'est Victor, le chef mécanicien, qui m'adresse ce reproche voilé. C'est vrai, je n'ai pas encore osé m'aventurer de ce côté. Un huileur m'a dit qu'au départ de Québec, la température en bas était intenable. A mesure que les heures passent, ça se rafraîchit, mais il ne faut pas espérer que ça descende au-dessous de 30 degrés.

Après le souper, l'attraction du paysage aidant, je sors sur le pont. Je ne suis pas seule; d'autres marins prennent le frais et la conversation s'engage.

La langue marine est l'anglais. Avec le parler québécois, ça fait un curieux mélange! Il m'arrive de demander plusieurs fois de suite: «Pardon?» si bien que certains m'imitent déjà pour me faire marcher. Comme ils ne me comprennent pas toujours non plus, les choses s'équilibrent. Nous sommes pourtant censés parler la même langue!

Adossés au garage de l'hélico, nous contemplons le couchant. J'ai le sentiment d'avoir tout à apprendre. Tous ces hommes ont pas mal roulé leur bosse. L'un d'eux me parle de l'Allemagne, où il a vécu dans une base militaire en 1952. Les uns ont voyagé avec l'armée, les autres avec la marine marchande, et ça fait des masses de souvenirs. On ne s'ennuie pas pendant les veillées. La nuit tombe vers 21 heures.

Nous venons de passer près de l'île du Bic. Entre elle et la rivière Saguenay, les navires (pas le nôtre, bien sûr) doivent prendre un pilote à leur bord. Cette pratique remonte au XVIIe siècle. C'est qu'il faut être né sur le fleuve pour en connaître tous les périls: marée, brume, courants diagonaux, hauts-fonds, étroitesse du chenal à certains endroits, sans parler des glaces qui le congestionnent en hiver, exigeant une vigilance de tous les instants. L'Administration de pilotage des Laurentides a rendu celui-ci obligatoire entre les Escoumins et Montréal, ainsi que sur la rivière Saguenay. Quelques 250 pilotes brevetés assurent ainsi la sécurité de la navigation. Ils se relaient à Québec, Trois-Rivières et Montréal. A hauteur du Saguenay, son principal affluent, le Saint-Laurent s'élargit progressivement jusqu'au golfe, prenant déjà des allures d'océan.

Sur le pont, les marins me questionnent:

— Vous travaillez pour quel journal au juste? Ah! la Suisse, c'est où ça, la Suisse? Près de la France?

Ma présence intrigue.

— La plupart des Québécois nous ignorent, m'explique un marin, et toi, t'es venue de l'autre bord pour nous accompagner!

Comment leur faire comprendre, à eux qui ne connaissent pas les frontières de leur pays, que l'exiguïté du mien propulse les Suisses aux quatre coins du globe?

— Y a du nouveau, les gars! Demain, on stoppe à Sept-Iles.

Les nouvelles vont vite à bord. Elles sont véhiculées par les timoniers qui font la navette entre la passerelle où ils travaillent et l'étage des matelots où ils habitent. J'obtiens des détails au bar des officiers. Cet arrêt imprévu servira à réparer une fissure dans le réservoir d'eau qui alimente les chaudières.

Vingt-cinq cents le Coca! Ça, c'est pour moi, car les gars boivent plutôt du dry gin, du rhum, du cognac, de la vodka ou du scotch. C'est selon. L'once d'alcool — détaxé, comme les cigarettes — revient moins cher que ma limonade! 20 cents pour la ration de «fort» contre 25 pour le Coca-Cola, le Seven-Up ou autre désaltérant gazeux. A vous décourager d'être sobre. Mais si les officiers ont droit à l'alcool tous les jours, l'équipage doit attendre que le commandant décrète une «soirée libre» *(happy hour)*. C'est souvent le samedi, mais avec certains commandants, seulement une fois par mois. Les gars se consolent avec la bière...

Vers 22 heures, n'arrivant pas à dormir, je remonte sur le pont, où je trouve des cadets. On joue à deviner à quelle paroisse appartiennent les lumières qu'on aperçoit sur la rive nord. La côte de Gaspésie reste invisible, très loin au sud. Le local radio ferme, il est minuit. C'est l'heure du changement de quart à la timonerie. Le navire ne s'endort qu'à moitié. La nuit, il est plus désert, plus tranquille que le jour, mais nous poursuivons notre route vingt-quatre heures sur vingt-quatre. Presque tous les hublots se sont éteints quand je regagne ma cabine.

A l'aube du deuxième jour, nous nous trouvons au large de Pointe-des-Monts, qui marque en quelque sorte la frontière entre le fleuve et le golfe. L'interphone m'appelle sur le pont de l'hélico. On va survoler Sept-Iles, métropole de la Côte-Nord, pour voir si le port est encombré.

Sept-Iles? Je n'en compte que six! Le commandant me fait remarquer que la septième est immergée à marée haute. Décidément, je suis bien une bleue et je n'ai pas fini d'amuser la galerie à mes dépens...

Nous nous glissons dans la baie, et la première île que nous longeons, celle du Corossol, donne envie de se retirer du monde. Trois maisonnettes, un phare et un héliport. Les goélands nous font une escorte bruyante. Ils nous suivront sans relâche jusque dans l'Arctique. Je ne me lasse pas d'observer leur vol souple et frondeur. Ils savent très bien de quel côté donnent les hublots des cuisines.

De gros pneus noirs accrochés au quai protègent les coques au moment de l'accostage. Les marins suivent la manœuvre avec attention, puis nous passons à la douane à cause des marchandises, alcools et cigarettes, et de notre privilège de détaxe. Pas question de débarquer quoi que ce soit.

Après le repas de midi, ceux qui le peuvent vont à terre faire un tour en ville. Je m'étonne du peu d'animation dans les rues. Le journal du jour m'en fournit l'explication. Le travail vient tout juste de reprendre après une grève de plusieurs mois dans les mines de fer. Le port, où aboutit toute la production avoisinante, n'a pas encore retrouvé toute son activité. Près des bateaux de pêche, un couple répare ses filets. Une famille décortique des crevettes en rejetant les carapaces à la mer. On fait provision de journaux. L'infirmière s'achète un costume de bain qu'elle n'aura jamais l'occasion de porter. Pour encourager les achats, les boutiques consentent des rabais allant jusqu'à moitié prix.

Bien avant l'heure de rentrée, nous rejoignons notre maison flottante. Elle me manque déjà.

Le couchant colore la baie en rose saumon. En notre absence, des ombres de navires ont surgi dans le port. Chacun attend son tour de chargement.

J'aime me tenir au sommet du navire, sur le *sun deck* où l'observateur de glace a son local. Peter est le seul anglophone à bord. Il parle peu et sourit souvent. Ses principaux interlocuteurs sont le pilote de l'hélico et le mécanicien, avec qui il mange régulièrement. Ici, on est au calme et on domine tout le navire. Comme il fait beau, l'officier en faction a laissé la porte de la timonerie ouverte. J'entends l'horloge qui marque les quarts d'un tintement très fin. En mer, il y a toujours des gens qui travaillent et des gens qui dorment. La rotation s'effectue toutes les quatre heures. Les quarts portent ainsi le nom de leurs heures: le 4-8, le 8-12 et le 12-4. Seul le 8-12 permet une nuit convenable de huit heures aux bonnes heures. Les autres imposent de dormir et de manger comme on peut, en essayant tant bien que mal de faire coïncider nécessités du travail et vie à bord.

Après le souper, de nombreux marins sont ressortis. Les occasions d'aller à terre sont rares dans les voyages du Nord, et les gars en profitent pour téléphoner à leur famille, poster leur courrier, parler à d'autres gens ou simplement se dégourdir les jambes et respirer un autre air. Le commandant a fixé l'heure de rentrée à 2 heures du matin. Il n'attendra pas les retardataires.

Après minuit, les rentrées s'échelonnent. Il appartient à la vigie de consigner allées et venues sur une feuille. Les uns rentrent à pied, d'autres en taxi. Assise sur une passerelle, j'attends et j'observe. La nuit est douce, et le grincement ininterrompu du tapis roulant qui charge les navires me tient compagnie.

Le dernier gars franchit la passerelle à 2 heures pile et nous quittons aussitôt Sept-Iles endormie. La lune ressemble à une balle de base-ball dispersant ses reflets d'argent entre les masses sombres des îles, rochers nus ou îlots de végétation. La fatigue d'une veillée prolongée rend tout cela plus irréel encore. Le navire se glisse doucement hors de la baie noyée d'ombre par le chenal est, au nord de Petite-Boule. Trente minutes plus tard, l'image est saisissante. A tribord, c'est encore la lune qui éclaire le ciel, tandis qu'à bâbord le soleil colore déjà l'horizon. Rencontre du jour et de la nuit. Cette fois, je vais me coucher. Le lendemain matin, à l'heure du petit déjeuner, la pointe ouest d'Anticosti est en vue. Nous longeons l'île en empruntant le détroit Jacques-Cartier qui la sépare de la Côte-Nord. Le ciel est morose.

Sur la carte, Anticosti fait penser à un gros cétacé échoué. Le nombre effrayant de naufrages qu'on a enregistrés dans les parages leur ont valu l'épithète de «cimetière du golfe».

L'infirmière me demande de l'aider à mettre de l'ordre dans la bibliothèque du bord, assez sommaire il faut bien le dire. Elle a choisi des volumes qui correspondent, selon elle, à la vie et aux soucis des marins: Brigitte Bardot, la drogue. Aucun roman: «Ça pourrait leur donner des idées», me dit-elle. Je n'aurais sûrement pas fait le même choix, et je me contente d'aligner les volumes par genre. N'ayant dormi que deux heures, je suis d'une humeur aussi terne que le ciel.

Dans la brume de l'après-midi, le commandant ordonne un exercice de sauvetage. «C'est comme ça chaque dimanche», grogne un marin. Le temps que j'enfile mon gilet, que je parcoure la notice m'indiquant l'emplacement exact que je dois rejoindre, l'exercice a déjà commencé. J'espère qu'il ne consiste pas à se jeter à l'eau! Deux chaloupes sont mises à la mer, la 1 et la 4. Par bonheur, je suis affectée à la 3. Je peux donc tranquillement prendre quelques photos. Les gars ont bien des misères avec leur mécanique. J'ai peine à conserver mon sérieux. Il a fallu une bonne demi-heure pour descendre la première embarcation à la mer et, dans la seconde, on a repéré une voie d'eau...

Le navire, il est vrai, n'est pas tout neuf. «On serait plus en sécurité sur le dos d'une baleine!» murmure Jean-René, le maître d'équipage. Mais ces exercices sont prévus par le règlement car, bien que très sûr, un brise-glace n'est jamais à l'abri d'une collision avec un iceberg, d'une explosion ou d'un incendie. On ne plaisante donc pas avec les règles de sécurité, je m'en suis vite aperçue. Mais ce qui m'étonne le plus, c'est de découvrir qu'un grand nombre de marins ne savent pas nager.

Dans la soirée, le commandant fait sa première apparition au bar. Quelques onces d'alcool et un flot de souvenirs animent la veillée. On évoque l'époque où les tout premiers brise-glace étaient des navires-hôpitaux, et même de véritables arches de Noé, transportant toutes sortes d'animaux, y compris les poules qui pondaient l'œuf coque du commandant. Les Esquimaux montaient à bord pour se faire soigner. Quelques hommes ici ont vécu l'époque du *C.-D.-Howe*, dans les années cinquante.

Sans calendrier, on perd vite le fil des jours, et il faut se référer au livre de bord. Lundi 24 juillet, pluie fine. Le réveil est accompagné de curieux mouvements imprimés au navire par une innocente petite houle. Il y a du mal de mer dans l'air, et contrairement à ce que j'imaginais, une bonne partie de l'équipage y est sensible. L'infirmière paraît sereine, mais le tango marin de tantôt va l'affecter elle aussi, la forçant même à s'aliter. Il n'y a pas de quoi sourire; on ne sait jamais de quoi la mer est capable. Le large, mieux que la chapelle, vous enseigne l'humilité.

En cas de houle, mieux vaut ne pas avaler trop de liquide. C'est le garçon de table du matin qui me met gentiment en garde. Après le jus d'orange et les toasts beurrés, il me propose des œufs à ma convenance: brouillés, pochés ou durs. On peut aussi opter pour le bacon ou des crêpes arrosées de sirop d'érable. Le tout accompagné de thé ou de café. Mon voisin d'aujourd'hui, un gars des engins, engouffre sous mes yeux un demi-pamplemousse enduit... d'une copieuse couche de moutarde de Dijon. En matière de cuisine exotique, j'en ai déjà pas mal vu, mais là, j'en reste bouche bée. A dater de ce jour, Jean-Marie, surnommé Pee-Wee, hérite d'un nouveau sobriquet: Pamplemousse.

La pleine mer

Rivière-aux-Graines, Rivière-au-Tonnerre, Rivière-Romaine... c'est incroyable, le nombre de rivières qui se jettent dans le golfe du Saint-Laurent. A bâbord, les îles de Mingan, refuge des oiseaux de mer et de grève, constituent un véritable paradis pour la faune. Juste avant notre départ de Québec, la télévision canadienne a diffusé un documentaire sur cet archipel menacé, comme tant d'autres, par l'imbécillité humaine.

Nous nous dirigeons maintenant vers le détroit de Belle-Isle, porte de l'Atlantique, Havre-Saint-Pierre, Natashquan — rendue célèbre par le chanteur-poète Gilles Vigneault. Encore invisible à tribord, la côte terre-neuvienne se rapproche. Je traîne sur le pont.

— Tu t'ennuies? me demande soudain Iréné, le charpentier.

Quand il n'est pas dans son atelier, Iréné répare, ajuste, cloue, dévisse toujours quelque chose. Il est aussi chargé du maniement de l'ancre. Son fort accent gaspésien ne facilite pas la compréhension de ses propos. Iréné n'est plus tout jeune.

— Y a plus de bois sur les nouveaux bateaux, soupire-t-il avec amertume. Les matières synthétiques, c'est moins d'entretien, d'accord, mais c'est moins chaud et moins beau.

»Je suis l'homme à tout faire, ici, reprend-il après un silence. J'ai commencé à 16 ans. Ça fait trente-sept ans que je navigue pour le gouvernement. En 1953, j'étais à bord quand le *D'Iberville* est allé au couronnement de la reine. Il a plu toute la journée, on était trempés comme des poules. Après, on a passé deux semaines en France, au Havre. On est sortis, on s'est amusés. C'était not' langue, c'était des Français comme nous autres. Ils me disaient que j'avais l'accent breton et me comprenaient mieux que les Québécois!»

— C'est un salon, ici, ou un atelier?

Roger, l'électricien, a sa boutique juste à côté. C'est un grand sec qui soigne sa moustache et adore plaisanter. Entre les ampoules et les fils électriques, il conserve soigneusement quelques trésors rapportés des terres froides: bois d'orignal — l'élan d'Amérique — vertèbres de baleine...

Nous atteignons l'entrée du détroit. La côte est jalonnée d'îles. La seule dont je retienne le nom est Greenly Island, à laquelle on a conservé son appellation anglaise pour la différencier de l'île Verte, proche de Rimouski. Le Québec finit ici, à Blanc-Sablon, relié à Terre-Neuve, de l'autre côté du détroit, par un traversier.

Rattaché administrativement à Terre-Neuve en 1809 — Terre-Neuve elle-même n'entra dans le Canada qu'en 1949 — le Labrador possède un sous-sol riche et un important secteur hydroélectrique. Québec l'a souvent revendiqué. Il est vrai que cette frontière, comme beaucoup d'autres, est parfaitement artificielle.

Les Terre-Neuviens sont un constant objet de risée pour les Québécois. Les plaisanteries les plus odieuses courent sur le compte de ceux qu'on appelle ici les «Newfies», (de Newfoundland — Terre-Neuve). L'île est une terre de pêche historique, et les hommes qui l'habitent ont été façonnés par un relief, un climat et un niveau de vie exceptionnellement rudes.

Pointe-Amour marque l'entrée et Belle-Isle la sortie du détroit qui sépare le Labrador de Terre-Neuve et dont les eaux sont généralement agitées. Nous atteignons Belle-Isle en fin d'après-midi. Sa position de senti-

Grâce à sa proue renforcée et à sa coque étudiée spécialement, le brise-glace peut se frayer un passage et permettre au cargo qui le suit d'atteindre son but. Le passage se referme peu de temps après.

Page suivante: La pire des situations: une glace totale de 10/10es emprisonne littéralement le cargo terre-neuvien. Sans brise-glace, il serait le jouet de la mer gelée.

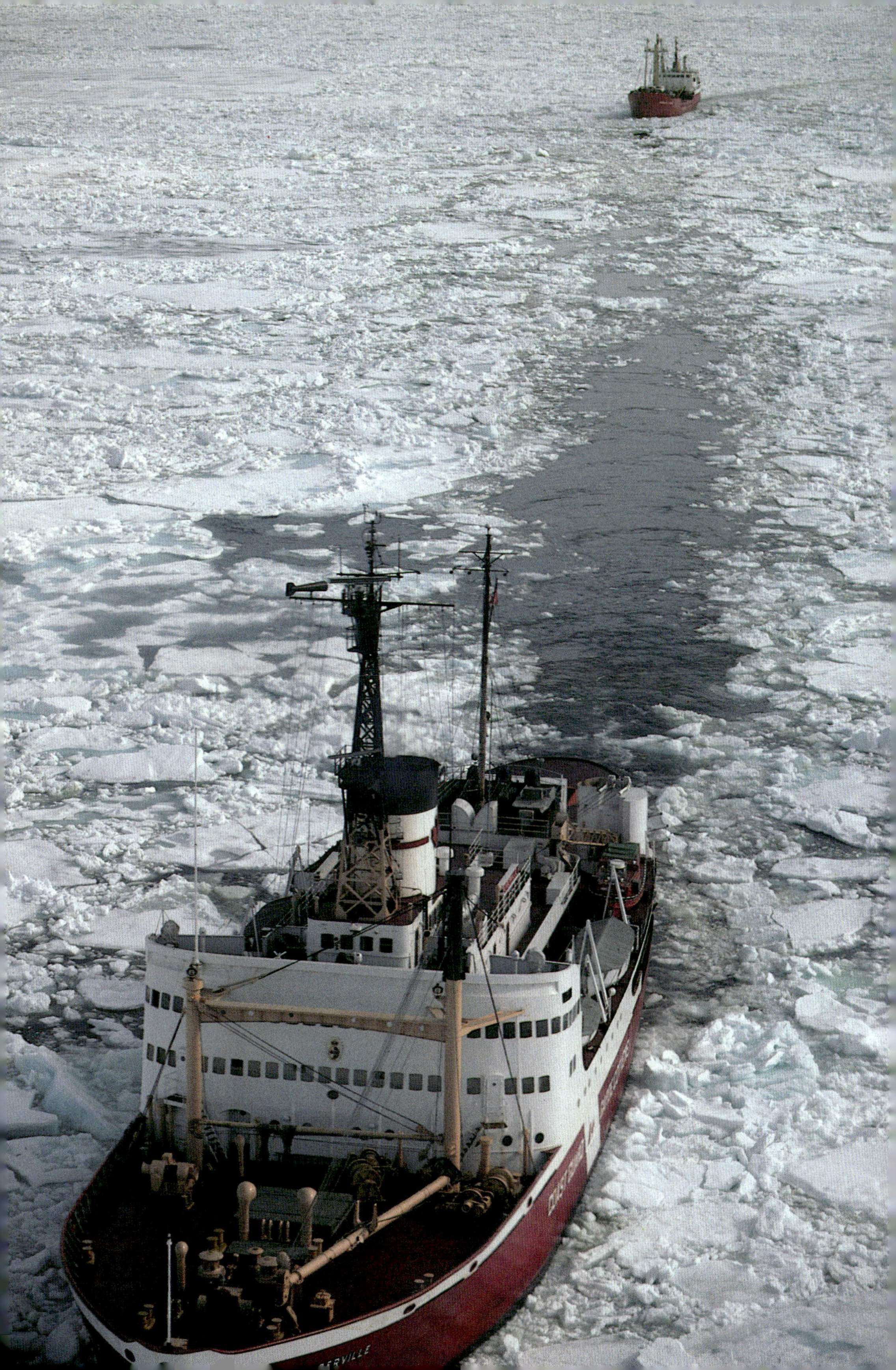

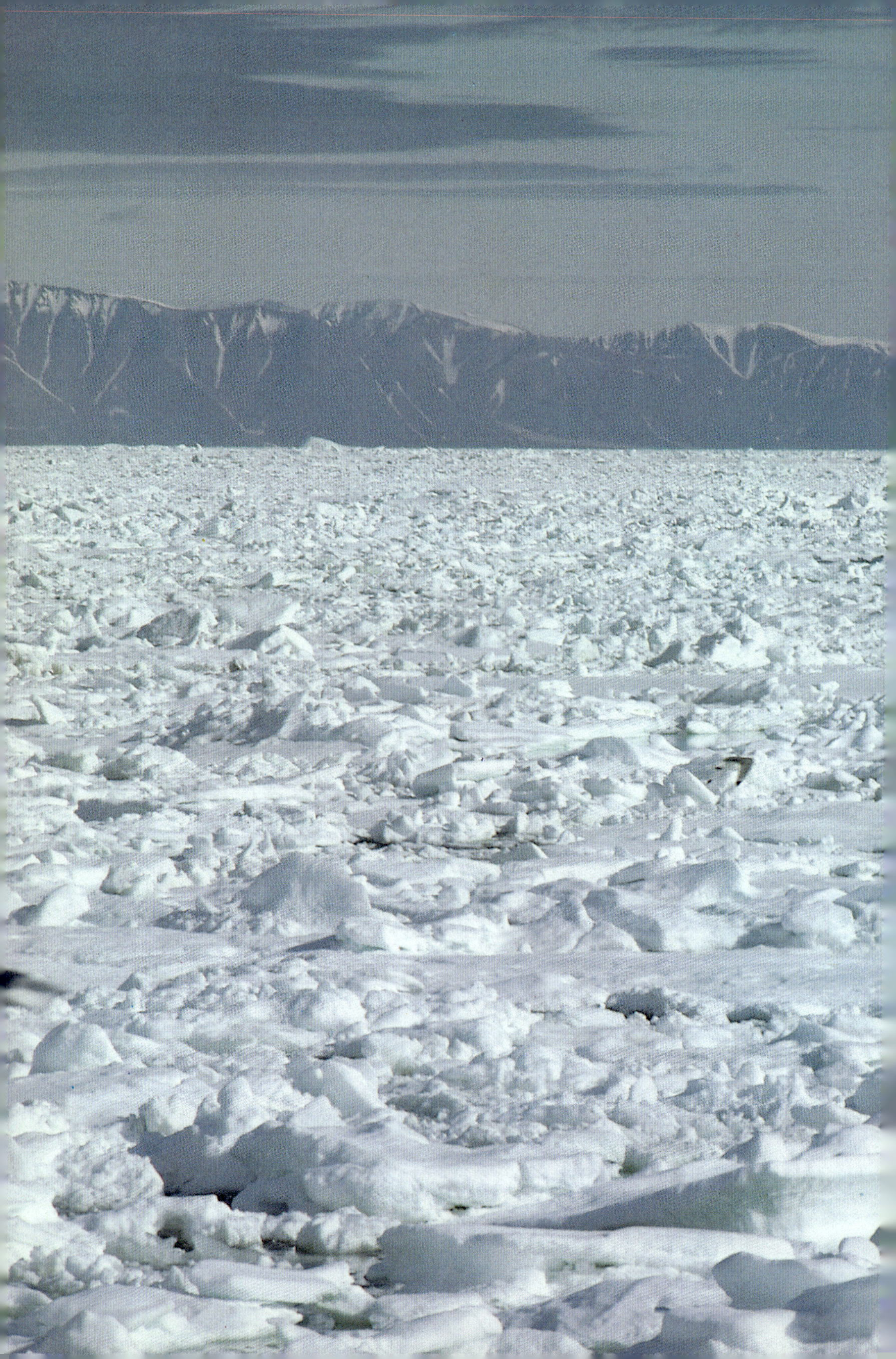

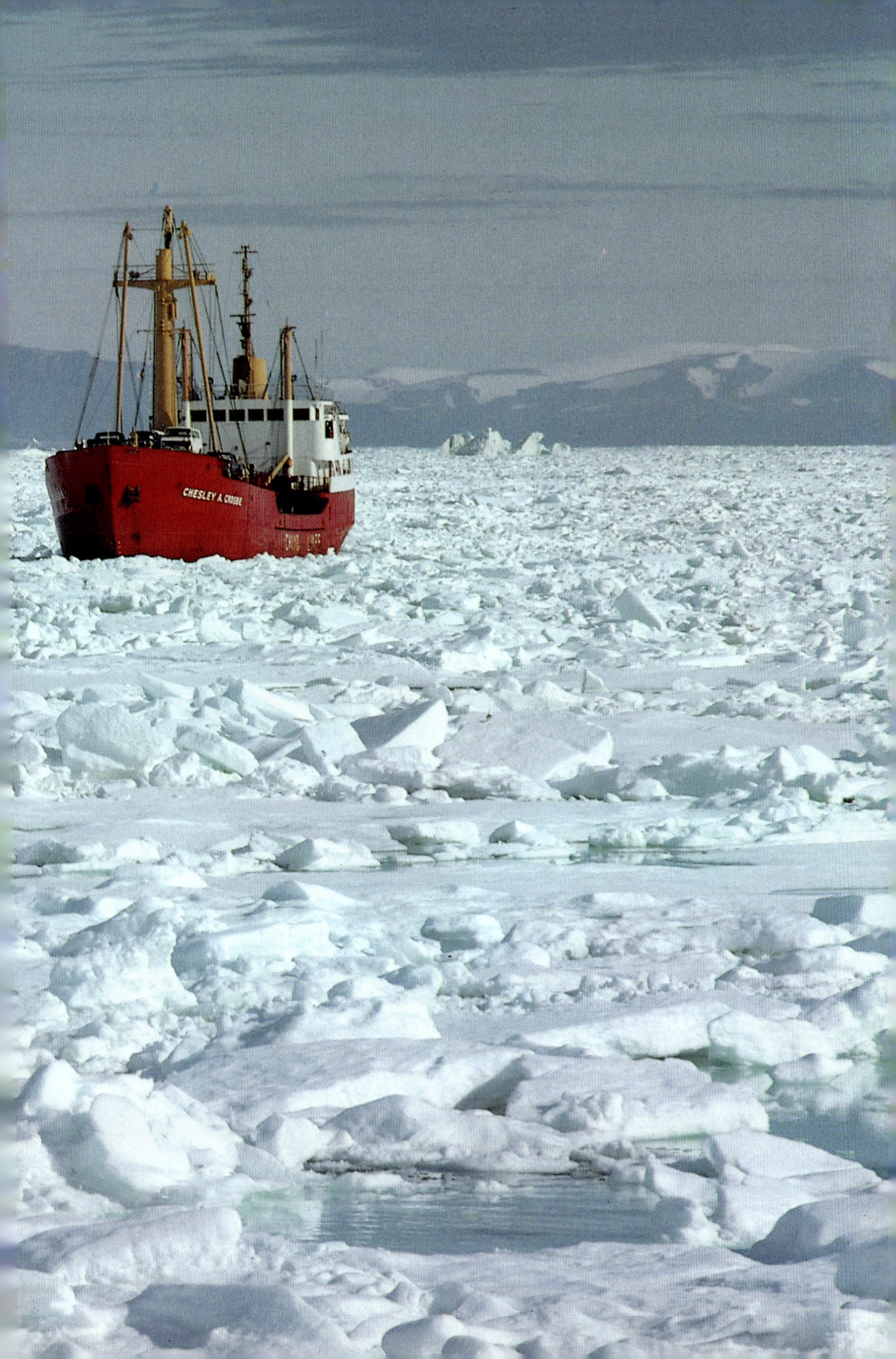
CHESLEY A. CROSBIE

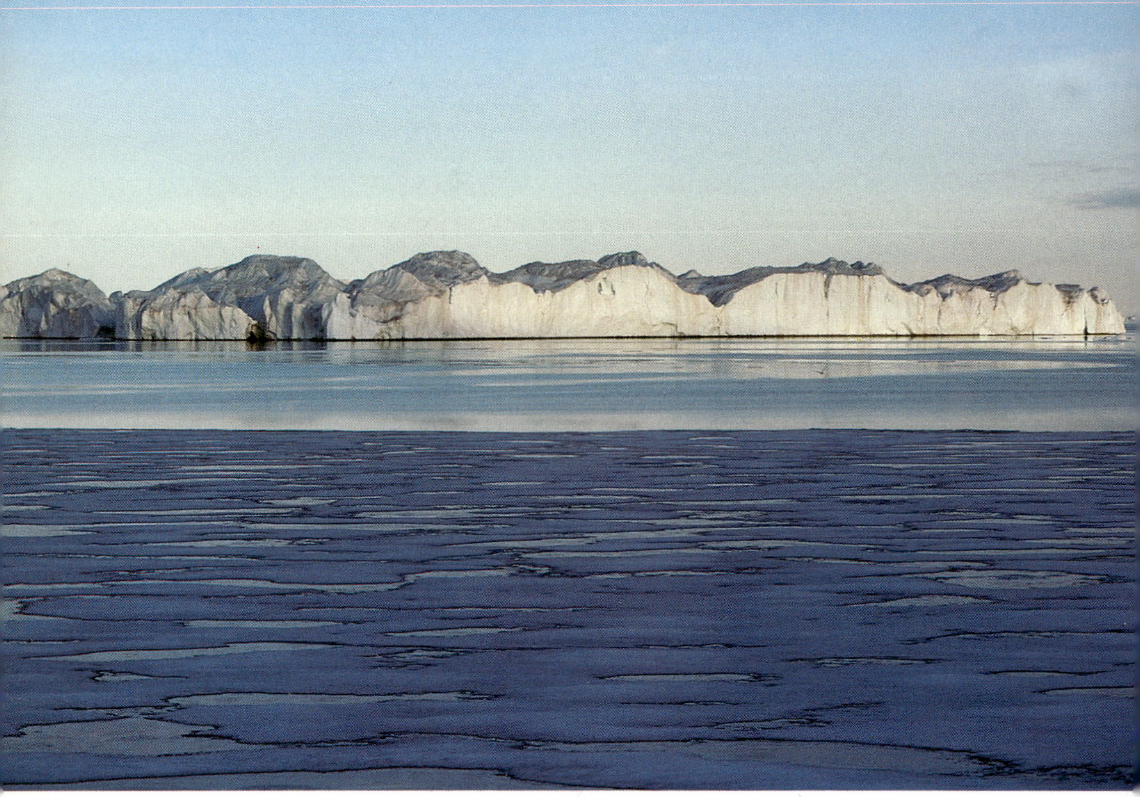

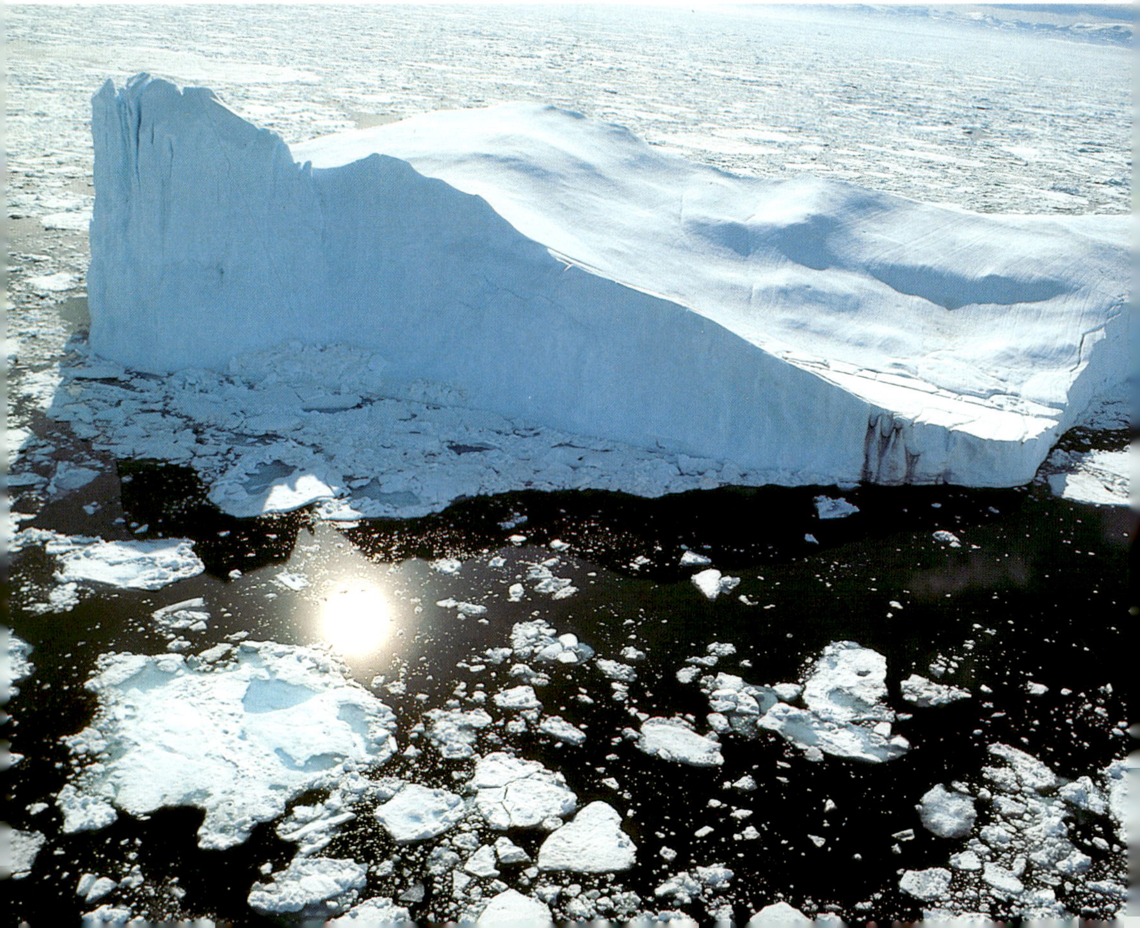

nelle fait de l'île la gardienne naturelle du détroit du même nom. On raconte qu'un caribou y passa tout l'été au siècle dernier. Il y serait venu en marchant sur la glace.

La houle se lève au moment où nous virons pour longer la côte déchiquetée du Labrador. Tangage, puis roulis. La mer du Labrador ne veut pas faire mentir sa réputation. Et comme par hasard, c'est l'heure du souper.

— Ça *swell*, dit un matelot.

Les tables sont loin d'être complètes. L'infirmière n'est pas là.

— Rendue à ct'âge-là, lance un marin qui encaisse mal la présence de femmes à bord, une célibataire peut avoir des désordres glandulaires. Le centre de gravité est trop haut. Il s'ensuit fatalement des pertes d'équilibre.

Plaisanterie accueillie par des rires gênés, en raison des quelques présences féminines dans le réfectoire.

Par les hublots, on voit défiler les nuages de bas en haut, puis de haut en bas. Dans les assiettes, la sauce se demande si elle va verser à bâbord ou à tribord. L'horizon se balance dans les verres. Les boiseries, les fauteuils grincent. Les tables, elles, sont solidement boulonnées au plancher et les nappes ont été mouillées pour mieux adhérer. Avant de se lancer dans la traversée de la salle à manger, le garçon attend une vague moins marquée. Il évite de justesse l'unique pilier du mess. Le fou rire me prend. On se croirait dans un film de Charlot. A tout hasard, je m'informe de l'emplacement du lavabo le plus proche. Le chef a eu la bonne idée de prévoir des spaghettis. Ça cale. Pluie soudaine de débris en provenance de l'office. C'est une lignée de verres qui vient de payer son tribut à la houle.

Les premiers icebergs se profilent dans la brume, contours encore flous mais qui n'échappent pas à l'œil perçant des marins. Dans un concert de grincements, de glissements, de sifflements, de cliquetis en tout genre, je regagne ma cabine. Tout est bien amarré, mais il y a de l'animation dans les placards. J'ai peine à garder l'équilibre sur ma couchette. «Cale-toi avec le gilet de sauvetage», me conseille une cadette. Glissé sous le matelas, il maintient le corps coincé entre la paroi et le lit.

En haut: Les icebergs prennent les formes les plus surprenantes.
Celui-ci a l'apparence d'une muraille. Sa teinte gris-brun atteste son grand âge.

En bas: Blancheur immaculée pour cet autre iceberg dont la véritable masse
échappe à la vision par hélicoptère. De près et en comparaison,
le brise-glace paraît minuscule.

Sauna dans la salle des machines

A l'aube du cinquième jour, les gars commencent à se demander si je les snobe! La vérité est que j'ai le trac à l'idée de descendre aux enfers. Le *bosun*, bon type, me prête une combinaison de mécano. Je flotte dedans, et c'est pourtant le plus petit modèle.

Depuis notre départ, la chaleur a baissé au fond de la coque, mais ce sont encore 33 à 35 degrés que doivent supporter les mécaniciens et les huileurs-chauffeurs, qui surveillent constamment le niveau d'eau des chaudières.

C'est vrai, j'aurais dû venir ici bien avant, mais je redoutais ce moment. C'est peut-être cela la différence entre *un* journaliste et *une* journaliste. Un homme se serait sûrement rendu dare-dare aux machines. Moi, j'ai d'abord appris le nom des îles.

C'est Hervé, l'assistant discret et dévoué du chef mécanicien, qui me sert de guide. Il doit parler haut pour couvrir le bruit des chaudières.

— Tu veux des gants?
— Non, merci.

Tout de même, je ne vais pas faire la mijaurée! De toute façon, je ressortirai de là tachée de suie et de graisse.

Je croise Pamplemousse, qui a le grade de premier mécanicien.

— Alors, me demande-t-il, comment trouves-tu ça?
— Impressionnant.

L'équipe de la salle des machines, quand elle est au complet, compte trente-trois personnes, plus qu'il n'y en a sur le pont. Quand le navire va dix nœuds, il marche sur quatre chaudières. Sa vitesse maximale est de dix-huit nœuds.

Les trois génératrices couchées de tout leur long ressemblent à de grosses bêtes bleues. Ça vit, une machine, et les hommes y sont attachés. Ils en connaissent toutes les humeurs.

La tradition veut qu'on chicane un peu le bleu à sa première descente aux machines. Jet d'eau ou graisse sur la rampe. Comme je suis bardée d'appareils photo, on m'a épargné la douche, mais je n'ai pas coupé à la graisse. Je m'y attendais un peu. Les passerelles étant assez raides, mieux vaut prendre ses précautions. Je comprends mieux maintenant l'offre des gants! Mais il faut jouer le jeu, sinon les gars seraient déçus.

Victor, le chef mécanicien, m'explique ses relations avec les hommes des machines.

— Ce sont des rapports de camaraderie, affirme-t-il, surtout quand on a commencé soi-même au bas de l'échelle. J'ai été chauffeur au charbon, à la pelle, ensuite à l'huile. J'ai été huileur, puis quatrième mécanicien, troisième, etc. J'ai passé mes certificats tout en naviguant. Aujourd'hui, les cadets obtiennent les leurs sans avoir fait tous ces métiers-là. De mon temps, il y avait bien un collège à Rimouski, mais il fallait payer pour y aller, et je n'avais pas les moyens. J'y suis allé plus tard, pour apprendre les termes techniques et passer mon certificat. Mais on y restait le moins longtemps possible, on n'avait ni le temps ni l'argent...

A midi, je déjeune au réfectoire. Il m'a fallu la permission du commandant, car je suis censée manger au mess. Et l'après-midi, je retrouve le soleil et l'air du large en compagnie des cadets qui sont de corvée de peinture avec les matelots.

— T'as pas vu nos cabines, me dit l'un d'eux.

Si les officiers logent au-dessus de l'eau, chacun dans une cabine, les marins dorment à deux, dans des lits superposés. La meilleure place est celle du bas, pas besoin de grimper. C'est le plus ancien qui choisit. Ici, pas de hublot, donc pas d'aération. Eclairées artificiellement, les cabines sont petites, sombres, surchauffées. Quelques photos de famille ou de pin-up s'efforcent de leur donner l'air habité. Ceux d'en haut sont tous d'accord pour dire qu'ils ne vivraient pas dans ces conditions. Travaillant tout le jour dans la chaleur, la graisse et l'obscurité, les hommes des machines auraient bien besoin, à l'heure de la pause, de pouvoir se reposer à l'air et à la lumière, mais c'est ainsi. Et tandis que les cabines des officiers sont nettoyées par les garçons de table, les matelots et les sans-grade font leur ménage eux-mêmes. En revanche, chacun s'occupe personnellement de son linge. Seul le linge appartenant à la Garde côtière est nettoyé par le buandier. La lessive est d'ailleurs une autre occasion de faire des farces aux nouveaux. On avait ainsi recommandé à l'un d'eux d'attacher ses vêtements à une corde et de les laisser traîner dans le sillage du navire. Quand il retira ses affaires, elles étaient en lambeaux, rongées par le sel.

Des machines à laver sont installées dans les lavabos/W.-C. Il n'est pas rare non plus qu'un farceur de passage remette plusieurs fois le cycle automatique à zéro. A ce compte-là, les jeans perdent vite de leur couleur.

Périodiquement — et toujours par surprise — le commandant inspecte le navire à la tête d'une délégation que j'ai surnommée la Croix-Rouge. Moutons sous le matelas, désordre et saleté provoquent un rappel à l'ordre. Le *D'Iberville* doit être toujours impeccable si l'on veut qu'il constitue une demeure vivable et respectée.

Après une petite semaine de navigation, je découvre encore de nouvelles têtes. Au reste, cela n'a rien d'étonnant. Il paraît qu'en fonction du secteur et des heures où ils travaillent, certains matelots peuvent faire le voyage entier sans rencontrer le reste de l'équipage — surtout s'ils ne se mêlent pas aux promenades sur le pont.

La première brume, dense, cotonneuse, surgit aux alentours de Man O'War Peak. L'eau est calme, mais les messages météo prévoient du vent et une mer plus brassante. On aura juste eu le temps de retrouver un peu l'équilibre.

Guy, le commissaire, chargé des loisirs de l'équipage, a attendu jusqu'à aujourd'hui pour sortir le projecteur. Avant, chacun était suffisamment occupé à organiser sa vie à bord. Il y a une séance de cinéma à peu près tous les deux soirs et on repasse le film l'après-midi pour ceux qui étaient de quart la veille. Je monte au salon où se déroule la projection. Hurlements de Cheyennes sur fond de winchester dans les couloirs. A cette latitude et dans ces circonstances, c'est plutôt comique. Je revois avec plaisir *Little Big Man*, la fresque où Arthur Penn dénonce le génocide des Peaux-Rouges par les Visages-Pâles.

Avant le souper, je fais un saut à la timonerie. Le livre de bord indique: «Visibilité réduite, position *stand by* (en attente). Reçu l'ordre d'Ottawa (centre des opérations dans l'Arctique) de fournir assistance aux navires *Chesley-A.-Crosbie* et *Gulf-Star* quand ils se présenteront.» Le commandant n'a guère quitté la passerelle depuis que la brume a fait son apparition. Dans la glace, même avec des instruments perfectionnés, on risque toujours d'avoir des surprises.

Passage du cercle

Dans l'après-midi du septième jour, le *D'Iberville* oblique en direction du Grœnland. Nous traversons le détroit de Davis en laissant à bâbord la terre de Baffin.

Le radar nous annonce qu'un champ fait de mini-icebergs s'apprête à nous barrer la route. On diminue la vitesse. Les premiers blocs sont en vue. La tension monte d'un cran à la timonerie. Le commandant a l'œil rivé sur l'eau; ce n'est pas le moment de lui adresser la parole. Avec ou sans jumelles, tous sont aux aguets. Cette première vraie glace marque les retrouvailles entre les hommes et le continent blanc. L'ennemi est là, tapi à fleur d'eau. On ralentit encore. Je monte sur le pont pour assister au premier choc. On glisse sur *slow*. 15 h 25 : le *D'Iberville* heurte les blocs de glace. Une brume laiteuse, aveuglante, enveloppe le navire, contraignant les marins à garder leurs lunettes noires. La coque rouge a laissé la trace de son baiser métallique sur le premier bloc. Même ceux qui en sont à leur dixième voyage sont venus voir. Personne n'est blasé.

Autour de nous, la mer ressemble à un cimetière flottant. Débris gelés en provenance des côtes avoisinantes. Un loup de mer se prélasse sur un des socles dérivants. Il attend la dernière minute pour disparaître dans l'eau. Nous ne l'effrayons guère. Des chapelets de petits icebergs s'égrènent ainsi tout le long du Grœnland. Le brise-glace, pourtant dans son élément, slalome avec respect. A partir d'aujourd'hui, la glace sera notre souci constant. Nous en verrons de toutes les formes, de toutes les couleurs.

Pour l'heure, nous nous préparons à franchir le cercle arctique. Une cérémonie doit initier les bleus et les cadets qui en sont à leur premier voyage. Toute la matinée, on s'est ingénié à semer l'angoisse dans nos esprits.

Une nacelle pend au bout d'une grue, au-dessus de l'eau. Va-t-on nous y plonger? On imagine le pire. Pas moyen de se renseigner; rien ne filtre, si ce n'est des menaces. Des photos circulent. Lors de précédents passages, des gars enduits de colle ont été roulés dans les plumes! Certains parlent de nous couper les cheveux. Je commence à m'inquiéter sérieusement. Vers la fin du souper, l'interphone annonce à la ronde que nous venons de franchir le cercle. Un vent de gaieté souffle sur le navire. En attendant les événements, je vais prendre une douche. A peine épongée, on frappe à ma porte. La silhouette du maître d'équipage obstrue le couloir. Derrière lui, des têtes hideuses de bourreaux masqués, matraque au poing. Ils m'attrapent et me traînent dans une petite cabine où les cadettes et l'infirmière ne tardent pas à me rejoindre.

Mains liées derrière le dos, yeux bandés, ils nous conduisent au mess où l'équipage est rassemblé. Rires, plaisanteries, sarcasmes fusent de toutes parts. Nous devons nous agenouiller. Dans ces moments-là, mieux vaut ne pas se demander de quoi on a l'air. C'est à la fois drôle et pas.

Pour nous, femmes fragiles, le jeu s'arrête là. Ils n'osent pas trop nous bousculer, d'autant que nous ne nous connaissons pas encore très bien. Les gars ont été un peu plus charriés. L'un d'eux a effectivement été descendu au ras de l'eau et on lui a fait croire qu'on allait l'y tremper. Avec une mer à quatre ou cinq degrés, il y a tout de même de quoi avoir des frissons. Le commandant, descendu de son perchoir, nous adresse quelques mots bien sentis avant de porter un toast à la santé du *D'Iberville*, à la mer qui nous porte et à ceux qui nous sont chers. Un buffet gigantesque et un punch relevé apportent réconfort et chaleur et, peu avant 22 heures, nous nous préparons à jeter l'ancre au large d'Holsteinborg. La poignée du télégraphe est sur «stop». Les machines s'arrêtent. Un silence s'abat sur le navire.

La côte est à 13 milles, et les montagnes grœnlandaises viennent s'encastrer dans les fenêtres grandes ouvertes de la timonerie. Nous attendrons, à l'ancre, les cargos annoncés.

Iréné est à la manœuvre. La chaîne de l'ancre en se déroulant à toute vitesse distille une poussière de rouille. Toutes les quinze brasses, le charpentier actionne la cloche à l'intention de la passerelle, qui sait ainsi quelle longueur de chaîne vient d'être lâchée. En règle générale, on en dévide trois fois plus qu'il n'y a de fond. L'ancre pèse 5 tonnes. Quand les conditions l'exigent, on jette les deux. Le courant fait encore pivoter le navire qui s'installe pour la nuit. Les gars sortent leur attirail de pêche et les morues commencent à affluer sur le pont. De belles prises — 5 kilos et plus. Bientôt, le cuisinier prévient les pêcheurs par l'interphone que les frigos sont pleins.

Le corps couvert de verrues, un crapaud de mer agonise dans un coin. Les gars ne tuent pas leur poisson; ils le laissent mourir. Cela me choque, et je le leur dis. Ils ont l'air surpris. L'envie me démange de rejeter les morues à l'eau. Je leur tourne le dos.

Bien que le soleil se cache encore quelques heures à l'horizon, nous allons vers le soleil de minuit. Bientôt, plus d'obscurité; ce sera le jour total. Je ne dors déjà pas beaucoup maintenant, qu'est-ce que ça va être! Au mess, la fête bat son plein. J'éprouve quelque peine à m'arracher à la douceur des teintes crépusculaires pour m'y joindre à nouveau.

Ça discute ferme dans un coin: injustices salariales, conditions de travail. Certains veulent me prendre à témoin. Un marin qui fait intégralement le voyage du Nord ne reçoit aucune compensation, alors que celui qui opte pour une durée de six semaines voit son voyage de retour dans le Sud payé. Même chose pour son remplaçant. Le trajet en avion Québec-Montréal-Resolute (où se font généralement les échanges) revient au moins à 300 dollars, alors que ceux qui restent à bord ne coûtent rien à la compagnie. Bien sûr, il y a les heures supplémentaires, mais celles-ci diminuent de plus en plus du fait de l'augmentation du nombre des navires chargés du ravitaillement de l'Arctique. L'alcool commence à échauffer les esprits. Je m'en vais. Nous reparlerons de tout ça demain.

En passant devant le local radio, je m'informe des messages reçus. Rien de bien passionnant. C'est l'attente. Les marins n'aiment pas beaucoup que l'ancrage se prolonge. Les moteurs ne fonctionnent plus, mais on maintient une certaine température dans les chaudières afin de pouvoir repartir rapidement en cas de nécessité. Si on les arrêtait complètement, il faudrait quarante-huit heures pour disposer à nouveau de la vapeur suffisante.

A la timonerie, les quarts se poursuivent. Il convient de surveiller l'ancre, qui peut traîner au lieu de s'accrocher. Je regagne ma cabine. Un des gars qui pêchaient tout à l'heure vient me dire qu'il est assez d'accord pour tuer le poisson.

Baptême de mer

Le soleil s'est levé à 2 heures. Au petit déjeuner, bien des tables sont à moitié vides et, parmi ceux qui sont présents, certains affichent une sérieuse gueule de bois.

Vers 8 heures, je fais un tour en hélicoptère au-dessus des montagnes grœnlandaises. Difficile d'évaluer la hauteur des sommets, mais ça vaut bien les Alpes. Roche brune tachetée de neige. On rentre en survolant la bourgade danoise d'Holsteinborg. Danoise... ou grœnlandaise, puisque le Grœnland aspire à son indépendance. Il est d'ailleurs assez paradoxal de voir cet immense territoire géré par un aussi petit pays, séparé de lui par un océan, sans parler de l'océan mental qui sépare Esquimaux et Danois. Les petites maisons de couleur — jaune, bleu, rouge-brun, vert — ressemblent à celles qu'on voit aux mêmes latitudes dans les pays scandinaves.

Vu d'en haut, le *D'Iberville* n'est qu'un point minuscule dans l'immensité du détroit.

Les heures à l'ancre paraissent plus longues, et il faut bien les occuper. Je m'efforce de saisir le vol des goélands au téléobjectif. Leur œil vif est très mobile. Ils amerrissent les pattes tendues en avant et se laissent porter par la vague. Dix fois dans la journée, je grimpe à la passerelle pour demander combien de temps encore il nous faudra attendre les cargos venant du Sud. J'aime assister au changement de quart. Ceux qui se lèvent échangent avec ceux qui vont se coucher les informations nécessaires à la marche des opérations. On note la position sur la carte et sur le livre de bord. On se raconte de petits incidents, les derniers potins, les messages transmis par l'opérateur radio. La tradition veut qu'au milieu de chaque quart un des hommes de roue aille faire le café, toujours accompagné de biscuits ou de quelques fruits. La nuit, ça permet de se tenir éveillé.

A l'ancre, le quart exige moins d'attention; le risque de s'endormir est plus grand et la *pantry* devient un véritable lieu de perdition pour les gros mangeurs. Un fruit par-ci, une tranche de jambon par-là. L'infirmière a proposé aux gars de se peser régulièrement; ils en rigolent.

On reparle de la fameuse tempête qui devrait nous atteindre ce soir ou demain. Raison de plus pour bien manger aujourd'hui.

C'est jour de nettoyage. A la timonerie, les gars astiquent cuivres et laitons, tandis que sur le pont les marins repeignent les chaloupes, rafraîchissent les inscriptions. Je me cale dans la petite barque orange destinée aux travaux des hydrographes qui nous rejoindront plus haut et je rêve, les yeux au ciel.

«Attachez tout», nous a-t-on recommandé ce matin. Le ciel est clair, mais le baromètre baisse. Dans l'après-midi, exercice de feu. Sirènes, grand branle-bas. On teste les bouches à eau, les masques. De jour comme de nuit, un timonier fait une ronde de sécurité sur tout le navire.

Comme toujours à l'heure du repas, ça commence à balancer. Le ciel se couvre. La tempête ne sera cependant pas pour aujourd'hui.

Dimanche, dès le lever du jour, chacun sent bien que la mer s'est levée du pied gauche.

Ordres et contrordres se succèdent. Le *Gulf-Star* a une panne de moteur. Il doit attendre lundi pour réparer. Le *Chesley* a déchargé du fret à Frobisher (Baffin). Il arrive. La tempête le précédera.

11 heures. Le livre de bord précise: «Houle allant en augmentant.» A midi pile, le navire est secoué par un violent coup de roulis. Tout ce qui se trouve sur les tables est brusquement projeté à terre. Les fauteuils et leurs occupants partent en longues glissades. Dans un grand fracas de faïence, steaks et crème glacée se mélangent. On s'accroche aux tables boulonnées au plancher pour ne pas aller heurter la paroi. Les hommes se précipitent, qui aux engins, qui à la timonerie. Quelques secondes à peine après le choc, l'interphone appelle le charpentier, le maître d'équipage et le chef officier pour la manœuvre de l'ancre. Il faut la remonter en vitesse. Dans ma cabine, c'est le chaos. Je sors en courant sur le pont. Le vent a pris du souffle et la vague est rageuse. Je ne tiens pas debout. Jules, le chef officier, me crie de rentrer.

— Pas question. Et mes photos?
— Reste en arrière!
Je fais la sourde oreille. Il me *faut* ces photos. En montant à bord, on m'a fait signer une décharge me rendant seule responsable de ce qui pourrait m'arriver, même en cas de négligence de la part d'autrui, alors...

Plus compréhensif, le maître d'équipage va chercher une corde et m'attache à une cheminée d'aération. «Autour du cou!» crie le commandant, du haut de la passerelle. Ça détend l'atmosphère. Mais travailler attachée! L'électricien filme la scène. Pendant ce temps, la mer grossit. Cette fois, je n'échappe pas au baptême. Ma tête et mon estomac complotent contre moi.

Le navire coupe la vague perpendiculairement. Sa proue pointe vers le ciel, puis plonge aussitôt. La mer embarque sur le pont, gifle le château jusqu'en haut, inonde le *sun deck*.

— Tu veux monter?
— J'aimerais bien, mais...

Jean-René m'attrape par le bras, et nous voilà pendus aux passerelles pour prendre des clichés de la mer en furie. C'est une véritable chaîne de montagnes en mouvement, avec des creux de neuf à dix mètres. Il paraît que ce n'est pas encore la très grosse mer, mais c'est déjà impressionnant. Le commandant doit prendre une décision. Ou monter vers les glaces ou faire face à la tempête dont nous ne subissons encore que le bord. En progressant à une allure qui nous permette juste de contrer la poussée du vent et de la vague, nous ne nous éloignerons pas de notre point d'ancrage. Il faut attendre le *Chesley*.

Quant à rejoindre le *Gulf-Star* à Holsteinborg, c'est impossible. Le port n'a pas assez de profondeur pour le *D'Iberville*.

Un bon tiers de l'équipage souffre des effets de la tempête, mais il s'en trouve toujours quelques-uns pour en rire. Un chant s'élève dans le couloir désert: «Bercés par la vague...»

Ayant découvert qu'on est moins malade assis que debout, je m'installe dans les escaliers pour les écouter. Périodiquement, mine de rien, je vais prendre l'air; ça aide à tenir le coup.

Décidément, mon repas ne passera pas. Le mal est dans la place. Surpris de me voir encore circuler, les gars me dévisagent. J'arrive à donner le change, mais pour combien de temps? La figure pâlit à mesure que l'estomac se vide. Le pire, c'est de remanger. Et pourtant, il le faut absolument, car la tempête peut durer et il est impossible de tenir sans nourriture.

A la cuisine, ils sont tous à genoux. Le chef était en train de préparer ses salades. En un clin d'œil, elles se sont mélangées au point de ne plus ressembler à rien. Il a fallu tout recommencer. Le sol est jonché de nourriture. On compte les œufs cassés. Un bon repas en perspective pour les goélands.

Pamplemousse raconte d'étranges histoires. Une fois, sur un bateau de pêche, un gars avait débarqué avec la première vague et réembarqué avec la suivante. Un miracle! Ils ont tous vécu des situations tragi-comiques. Souvent tragiques, comme ce matelot qui avait absolument voulu s'asseoir sur les barils, à l'arrière. Au plus fort de la tempête, les barils s'étaient détachés et le gars avait eu la boîte crânienne ouverte.

Quand la tempête est vraiment forte, on ferme toutes les issues et il est interdit de sortir. Le *D'Iberville* n'est pas équipé de ces fameux réservoirs qui corrigent les effets du tangage et du roulis comme les navires plus modernes, si bien qu'il brasse beaucoup. Pas autant que le *McLean*, cependant, dont nous entendrons parler toute la journée. Il inclinait jusqu'à 52 degrés! «Il roulait au quai», dit un gars.

A l'heure du souper, un mot, affiché sur la porte du mess, nous précise qu'exceptionnellement il n'y aura pas de repas servi ce soir et que tous doivent manger au réfectoire.

La tempête rapproche les gradés de l'équipage en les obligeant à manger ensemble, officiers et matelots, tous égaux devant la mer en colère.

— Oh le beau petit visage pâle! s'écrie-t-on quand j'arrive.

Je suis debout; c'est déjà pas mal, non? La plupart des gars sont gentils. L'un deux me propose de m'apporter mon assiette.

— Va t'asseoir, me dit-il, devinant mes hésitations.

La tranche de jambon a du mal à passer. La patate bouillie non épluchée descend mieux. Chacun compare ses trucs. Il faut manger de préférence des biscuits-soda, des patates cuites à l'eau, du pain, du beurre, des spaghettis. Des choses qui calent. Jamais de sucré. Peu de boissons. Du thé fort. Au reste, chacun se débrouille, et il n'y a pas deux estomacs pareils.

Le commandant mange seul. Il paraît curieusement solitaire ce soir, le dos voûté, plongé dans je ne sais quelles pensées.

Dès son entrée, l'attitude des gars s'est imperceptiblement modifiée. Personne ne hausse le ton. Les marins ne s'adressent à lui qu'indirectement, comme ce garçon de table qui ponctue toutes ses réflexions par un «N'est-ce pas, capitaine?»

Le «Bonhomme» répond, sourit, complice, mais les gars conservent leurs distances. En se levant, le commandant salue le charpentier qui est le doyen du bord.

— Il est bien gentil, dit un matelot.

Est-ce qu'il est vraiment gentil, ou est-ce un air qu'il se donne pour mieux mener les hommes?

Le commandant m'explique qu'il a peu de rapports avec ceux qui font bien leur ouvrage. Il les complimente en passant, c'est tout. Ce sont les autres qui l'intéressent et qu'il connaît le mieux — ceux qui lui posent des problèmes. Par exemple, en ce moment, à la cuisine, un des gars a de la peine à s'intégrer dans l'équipe. Il n'est pas accepté par les autres. Il va falloir changer ses horaires et, si ça ne s'arrange pas, le transférer sur un autre navire.

Ce soir, pas de cinéma: l'image ne tient pas en place sur l'écran. Il n'y a rien d'autre à faire que d'aller se coucher. Le mal de mer s'efface comme par miracle quand on est allongé. La tempête va probablement durer toute la nuit, et je m'endors dans les craquements et les gémissements du navire.

A l'aube, la mer est encore assez brassante et il n'est pas facile d'avaler son café sans se tacher. Des noms manquent à l'appel. Les plaisanteries vont bon train. Que deviendrions-nous sans cet humour insubmersible?

Le livre de bord me raconte la tempête en chiffres: un vent de 60 nœuds, des vagues de 10 mètres. La tempête venait du sud. Inclinaison: 30 degrés. Pas de quoi marcher sur les parois, mais quand même... Au chapitre des dégâts, on relève que l'antenne radio a été arrachée et qu'au plus fort du mauvais temps, le maître d'équipage et son adjoint ont dû monter au mât pour installer une antenne d'urgence afin de rétablir le contact avec les stations côtières.

Une tempête de cet ordre est rare à cette saison. C'est plutôt l'automne, en descendant la côte du Labrador, qu'on doit faire face à la tourmente: l'eau est plus froide, plus lourde, donc plus dure. Vibrations et sifflements continuent. L'eau s'écrase contre la coque. On dirait à chaque fois que le bateau va se coucher et sombrer, tant il est ballotté par les vagues. Il roule, frappé, se rétablit, replonge, repart, harponne la mer, l'écume jaillit sur le pont et la cheminée boucane.

Je me décide à prendre un bain bien chaud tout en faisant attention à ne pas trop remplir la baignoire qui risquerait de déborder.

La vague s'apaise lentement. J'ai besoin d'air. Le charpentier a vissé si fort mes hublots que je dois faire appel à lui pour les rouvrir. Il est vrai que je dors à l'avant et que je risquais de voir ma cabine inondée.

Dans la matinée, on range un peu le désordre. La bibliothèque s'est entièrement renversée. On entoure les rayonnages improvisés de cordelettes.

J'ai rendez-vous avec le *cook* (c.f. Annexe II).

— Alors, ces dégâts, réparés?

— Il n'y paraît plus.
Yvon ne montre aucun signe de fatigue.
Il est increvable, cet homme-là.
— A la cuisine, dit-il, vous ne pouvez pas vous permettre d'avoir le mal de mer. C'est un des métiers les plus durs à bord, et par mauvaise mer, la tâche est double. Ça m'est arrivé une fois d'être malade. Pour le moment, ça va. Mais on peut rester des années sans rien ressentir, et tout à coup ça recommence.

C'est un «débalancement» dans le système auditif qui provoque le mal de mer. Et pour ceux qui doivent travailler, il n'y a pas de remède. Aux machines, un gars qui prendrait des pilules risque de somnoler et de devenir aussi dangereux que s'il était malade.

Escorte dans la glace

Le film du soir est mièvre au possible. Si ce n'était la sensation agréable d'être tous réunis, je quitterais le salon. Seuls les commentaires de Roger nous aident à supporter *Baby Blue Marine* jusqu'au bout. Le film doit dater de la Première Guerre mondiale; c'est tellement idiot que ç'en est comique. En allant me coucher, je croise Jacot, un personnage à part, fantomatique. Il n'est pas rare qu'on l'aperçoive à 2 heures du matin, l'aspirateur à la main. Je n'ai pas encore réussi à comprendre quel était son rôle exact à bord. Jacot bougonne tout le temps. Un soir, pour lui être agréable, j'ai vidé tous les cendriers. En guise de remerciement, je n'ai eu droit qu'à un: «Ce n'est pas votre travail», et je n'ai plus recommencé.

La tempête n'est déjà plus qu'un souvenir. La mer a repris son calme et le ciel sa sérénité. Le *Chesley-A.-Crosbie* est arrivé dans la nuit. Notre tâche est de l'escorter jusqu'à la mine de Nanisivik, près d'Arctic Bay, au nord-ouest de la terre de Baffin, sur la péninsule de Borden. Le capitaine, un Terre-Neuvien, n'est pas très *fair-play*. Ni bonjour ni merci en arrivant. On s'est pourtant fait brasser pour lui, hier. Comme le *Chesley* n'est pas aussi bien renforcé que nous pour la glace, nous allons lui ouvrir la route. Bientôt, nous quitterons le détroit de Davis, du nom de son découvreur anglais, John Davis, pour entrer dans la mer de Baffin, ainsi appelée en souvenir d'un autre navigateur anglais, William Baffin, qui s'y aventura le premier. En attendant, et comme tous les quatre mois, nous avons changé le livre de bord ce matin.

C'est le 1er Août, et chacun me souhaite ma fête!

Pas la mienne, à vrai dire — mais la fête nationale suisse. Les gars ont décidé de me fêter ce jour-là.

Il faut que je raconte en détail l'histoire du drapeau. Il y a quelques jours, l'un des officiers de pont m'a demandé quelles étaient les couleurs du drapeau suédois, ajoutant aussitôt après:

— T'es bien Suédoise?

— Moi? Pas du tout, je suis Suisse.

— Et ton drapeau, comment est-il?

— Rouge avec une croix blanche. L'inverse de celui de la Croix-Rouge.

Et voilà que ce matin un drapeau inconnu n'ayant jamais figuré sur la liste des pavillons de marine flotte au mât d'honneur du *D'Iberville*. Un drapeau rose vif à croix blanche!

— Elle est bien pâle, l'Helvétie, dis-je en riant.

— J'avais pas de peinture rouge à bord, alors j'ai pris celle des bouées, m'explique l'officier. Un beau rose fluorescent.

Sur le livre de bord, quelqu'un a noté: «1er Août, fête nationale suisse. Hissé le drapeau suisse au mât.»

Le commandant du cargo terre-neuvien nous a demandé quel était ce pavillon. Et une note affichée au babillard — le tableau d'affichage — dit en substance: «Aujourd'hui, vous êtes priés de sourire à Monique.» Vaste offensive diplomatique!

La matinée est belle. Le *Chesley* s'est rangé derrière nous et y restera jusqu'à ce qu'il soit arrivé à destination. Quand un navire demande l'escorte d'un brise-glace, il doit se soumettre entièrement à celui-ci. Nous filons 10-11 nœuds, mais un champ de glace est en vue. Une légère brume noie l'horizon. Dans l'après-midi, nous croisons notre première vraie montagne de glace, un iceberg d'une soixantaine de mètres au-dessus de l'eau et dont les sept huitièmes sont immergés.

C'est de la glace de glacier, très dure. Ces icebergs se détachent des glaciers de la côte ouest du Grœnland et sont poussés ensuite par vents et courants. Mieux vaut les éviter. Contrairement aux plates-formes de forage, les navires le peuvent. La cérémonie du 1er Août a lieu en soirée. Ça commence par un apéritif dans la cabine du chef officier en présence des autorités du bord. Un souper spécial nous réunit au mess et j'ai encore droit à une carte de vœux et à un superbe gâteau orné de la croix blanche sur fond de sucre rose, le tout illuminé par soixante bougies.

— On ne savait pas au juste combien il en fallait... me dit-on avec un sourire narquois.

Le repas se termine par un café espagnol, sorte d'*irish coffee*. Soirée enjouée, mais bientôt chacun retourne à son poste.

Le premier officier, qui était de garde tout à l'heure, nous rejoint au salon. Pamplemousse joue aux cartes avec un cadet. Roger fait le barman. L'opérateur radio s'isole dans ses souvenirs. Une table de quatre joue au toc, un jeu de société assez prisé à bord — sorte de hâte-toi lentement, mais avec de petites boules qui viennent se nicher dans les creux d'une planche en bois. C'est sans doute le «toc» qu'elles font en s'y logeant qui a donné son nom au jeu.

Vers minuit, je regagne ma cabine. Il fait grand jour. Le drapeau suisse, qui a flotté tout ce temps, est redescendu. On m'en fait cadeau.

Le soleil ne prend pas beaucoup de repos à cette latitude. Couché après nous et levé avant. On s'épuise à lui tenir compagnie.

La météo prévoit de la brume pour aujourd'hui et la carte de l'observateur de glace du travail pour le *D'Iberville*. J'ai déniché un petit tabouret et je m'installe sur le pont pour écrire. J'attends le spectacle, car ç'en est un de voir le navire à l'œuvre.

Le premiers ronds de glace apparaissent vers 14 heures sur l'eau bleue. Peu à peu, la mer prend des allures d'étang géant où flottent des nénuphars étincelants. C'est une jeune glace de mer de faible épaisseur, trente centimètres maximum, qui se laisse encore briser par la vague.

Le *Chesley* nous signale par radiotéléphone que les petites lumières rouges ne sont plus visibles au mât. Dans la glace, le *D'Iberville* tire plus fort sur ses machines et la cheminée boucane. La suie qui noircit tout sur son passage masque les feux d'escorte. Entre le brise-glace et le cargo, la communication est tantôt sonore, tantôt visuelle. Un code a été institué pour la manœuvre en duo: Le P signifie «Ralentissez», le N «Stoppez vos machines», le H «Faites machine arrière», le WO «Aide par brise-glace terminée, faites route».

Vers 16 heures, nous croisons un cargo danois, l'*Irland*. La conversation s'engage entre les deux commandants par radiotéléphone. Les rencontres sont rares par ici, et elles prennent tout de suite figure d'événement. Nous poursuivons notre route en longeant, à distance respectable, la côte grœnlandaise, grande productrice d'icebergs. Thulé n'est pas loin, à 35 milles seulement. Les gars aimeraient bien y débarquer, ne fût-ce qu'un instant, mais nous n'avons rien à y faire.

Dans la nuit, nous découvrons un iceberg étonnant, sorte de longue muraille basse, veinée de gris, de vert sombre et de traces de terre. Il ne doit pas être frais. On dirait un rocher flottant.

Contrairement à ceux de l'Antarctique (pôle Sud) qui ont des formes plus régulières, les icebergs de l'Arctique (pôle Nord) prennent les allures les plus biscornues. Ils sont plus instables aussi, donc plus dangereux. Tantôt c'est un animal tapi, ou un attaquant aux dimensions mythologiques.

Je ne me suis même pas aperçue que j'étais restée debout toute la nuit, et ce n'est qu'au retour des gars du 4-8 que je réalise qu'un autre jour vient de se lever. On s'y perd, avec ces nuits qui n'en sont pas... Nous allons bientôt devoir virer en direction du détroit de Lancaster, le fameux passage du Nord-Ouest dont la découverte a coûté tant de vies humaines. Une île, une montagne, un détroit, une baie portent à présent le nom de ces navigateurs intrépides. Aujourd'hui encore, très peu de navires franchissent ce passage dans sa totalité.

Pour l'heure, nous nous trouvons par 76° N. Nous traversons une large baie endormie que se disputent l'orange et le mauve. Les montagnes de la côte se confondent avec les icebergs à contre-jour. Silence absolu, formes étranges. On dirait le jardin flottant d'un sculpteur fou qui n'aurait rien achevé. Les mots ne peuvent suffire à dire une telle beauté. D'ailleurs, personne ne parle.

Vers 8 heures, la brume devient si épaisse, si aveuglante, que je décide d'aller me coucher. Il n'y a plus rien à voir. J'ai la tête pleine de soleil. Un bref regard à la carte m'apprend que la baie orange est la baie de Melville.

J'éprouve toujours une réticence à aller dormir, parce que j'imagine que les choses les plus intéressantes se passent en mon absence. J'ai fait promettre à plusieurs gars de venir me réveiller au moindre événement. J'ai déjà raté les baleines que certains ont aperçues l'autre jour. J'étais furieuse.

C'est plus fort que moi, trois heures de sommeil à peine, et hop! debout. Quoi de neuf?

A l'horizon, une ligne blanche continue, signe distinctif qu'une banquise barre notre route. Pack lâche ou serré? Le rapport entre la glace et la surface d'eau libre s'exprime en dixièmes. De la glace de 1 à 3/10es est un pack assez lâche, de 4 à 6/10es un pack lâche. Un pack serré, c'est de la glace de 7 à 8/10es; et un pack très serré 9/10es. Au-delà, c'est le pack dense (10/10)^{es}; il peut même être entièrement soudé. L'observateur de glace, en préparant ses cartes à l'intention du navigateur, y met des couleurs. Du rouge pour la glace 10/10es, du rose pour le pack dense où la glace de plusieurs années prédomine. Quant au plus redoutable, le pack soudé, c'est-à-dire la glace 10/10es fixe, il la colorie en gris. Il y a de même tout un glossaire pour la glace: banquise, bergy-bit, bourguignon, crête de glace, embâcle, floe, glace hummockée, glace pourrie, glace sous pression, shuga, sorbet, etc. La navigation polaire a ses lois, ses codes, ses techniques et sa tradition. Elle ne s'improvise pas. Pour affronter la glace, la ruse est plus importante que la force. Quand un navire reste prisonnier d'un pack dense, qu'il faut manœuvrer à quelques mètres seulement du cargo qui suit, la tension est grande. Mais le fait est que les navires escortés ne peuvent pas se permettre de rester à distance du brise-glace, sous peine de rester coincés, obligeant alors le brise-glace à faire marche arrière pour aller les dégager. Cela peut durer des heures, voire une journée entière.

Quand je me décide enfin à aller dormir, la chaîne de montagnes qui borde l'île de Bylot, rosie par le soleil, est en vue, à l'angle nord-est de Baffin. En face, l'île de Devon sera bientôt visible à son tour. A elles deux, elles gardent l'entrée du détroit de Lancaster.

A midi, je suis réveillée par les chocs répétés du *D'Iberville* qui s'attaque au pack. Le navire frémit, vibre, heurte la glace de toute sa masse.

— Maudite pierre! s'exclame le commandant à l'adresse de la glace qui maltraite son navire.

Je ne sais pas pour combien de temps encore je suis à bord. En principe, je dois débarquer à Resolute, sur l'île de Cornwallis, en plein cœur du passage du Nord-Ouest, où je trouverai un avion pour me ramener dans le Sud. Mais quand y serons-nous? Personne ne peut répondre avec précision. Dans trois jours, cinq, dix? Nous sommes à la merci de tellement de choses... En tout cas, mieux vaut ne pas courir de risques, et terminer toutes mes interviews (c.f. Annexes II et III).

Pour l'heure, tout est calme à la timonerie. Il faut que j'en profite, car à partir de maintenant, nous n'aurons plus guère de détente. Nous allons rencontrer la vraie glace en approchant du détroit de Lancaster.

La pizza était délicieuse à midi, et comme je croise le *cook*, je le lui dis.

Sur le pont de l'hélicoptère, notre place publique, il y a toujours un rêveur, un promeneur solitaire. Pour l'instant, c'est un garçon de table qui jette des morceaux de toast aux goélands. Ailleurs, un marin photographe immortalise le *Chesley*.

Les oiseaux font la navette entre les deux navires. Dans un jour ou deux, nous jetterons l'ancre au large de Nanisivik, la mine installée dans Strathcona Sound, destination du cargo. La mer est calme et je me dis que c'est le bon moment pour aborder le commandant.

Quelques coups frappés timidement à la porte de la timonerie. Deux chauffeurs entrent. Le capitaine les reçoit aimablement. Il leur montre sur la carte où nous sommes et où nous allons, et les deux gars des machines repartent en remerciant. «Revenez quand vous voudrez!» leur dit le commandant. «Volontiers», répondent les gars. Pourtant ceux d'en bas ne montent pas souvent jusqu'ici.

— 200! ordonne l'officier à l'homme de roue qui répète. Le gyro-compas cliquette en s'orientant sur le nouveau cap. Quelques minutes d'agitation pendant le changement de quart, puis la timonerie redevient l'endroit feutré qu'elle est la plupart du temps. Tout paraît en ordre et le commandant m'invite à le suivre dans sa cabine. (C.f. Annexe II.)

Les fleurs de Nanisivik

Le «pont des singes», ainsi nommé parce qu'il est haut perché, est le royaume de l'observateur de glace. Il y flotte, ce matin, un parfum curieux, agréable, que j'attribue à la pureté de l'air. «After-shave», m'explique laconiquement Peter, parfait pince-sans-rire anglo-saxon, en se passant la main sur la barbe. Il vient de se raser et c'est lui qui embaume.

Les hydrographes nous envoient un message. Ils auront du retard à cause d'un ralentissement du travail dans l'aviation. Ils arrivent par Edmonton et je devrai débarquer à Resolute, où ils embarqueront. C'est d'ailleurs ma cabine qu'ils occuperont. Ça me laisse un sursis.

A vrai dire, je n'ai pas tellement envie de descendre; j'ai encore tant de choses à voir. Jean-René m'a assuré à plusieurs reprises que ces trois premières semaines étaient la partie la plus facile du voyage. C'est le deuxième, le troisième mois que les choses sérieuses se produisent, et la vie à bord s'en ressent.

— Tu vois que le plus beau. Reste avec nous jusqu'au bout!

Je voudrais bien, mais ce n'est pas prévu. Pourtant, Jean-René a raison. Si je veux apporter un vrai témoignage, je dois faire le voyage entier. Je vais y réfléchir et, du même coup, je suis moins triste que celui-ci s'achève déjà. Quand je pense qu'ils vont aller jusqu'à Eureka, par 80° N, j'enrage (c.f. Annexe II).

Dans leurs jumelles, les gars viennent d'apercevoir un ours polaire. Fondu dans l'immense masse blanche, il est invisible à l'œil nu.

L'hélicoptère se prépare pour une patrouille. J'embarque.

— Fais-moi quelques photos avec mon appareil, me demande Jean-Paul, le pilote.

On survole un iceberg géant dont nous faisons trois fois le tour, mais il n'y a pas d'ours en vue, et les yeux commencent à souffrir de tant de blancheur. Quand l'hélicoptère arrive juste au-dessus de la paroi verticale de l'iceberg, le spectacle est à vous couper le souffle. Cent mètres de haut, un gros cube. Le *D'Iberville* paraît soudain bien vulnérable, environné de cette mer de glace. Il suffirait que les courants le décident pour qu'il se retrouve en bien mauvaise posture. Pour l'instant, il n'y a pas de pression, les blocs s'écartent devant le navire, mais aussi loin qu'on puisse voir à l'horizon, tout est blanc, et les rapports de glace de ces prochaines heures ne sont guère optimistes. Admiralty Inlet est assez bouché.

De retour dans ma cabine, j'y trouve un intrus.
— Mais que faites-vous?
— Je dois laver le sol à l'eau de Javel.
— Ah! non, je ne supporte pas cette odeur. Vous ferez ça quand je serai partie.

Il insiste, et je finis par le pousser dehors. Dès le début du voyage, j'ai décidé que je ferais ma cabine moi-même. Pas question de laisser faire ça à quiconque. Je ne veux ni femme ni homme de ménage.

On frappe à nouveau.
— Changement de literie aujourd'hui.

Décidément! Et voilà le téléphone qui sonne... Une vingtaine d'appareils sont installés aux endroits stratégiques du navire et dans la cabine d'hôtes, la mienne. C'est l'infirmière.
— Si tu as besoin du fer, j'ai terminé.
— Non, non, merci. Mes affaires sont infroissables!

Je ne suis pas venue ici pour faire le ménage ni la lessive. Sur trois mois, d'accord, ce serait nécessaire, mais pour trois semaines...

Chacun, à bord, s'occupe de son linge personnel. Le commandant repasse lui-même ses chemises. Chaque membre de l'équipage se voit attribuer une certaine quantité de vêtements de travail. Les officiers, en plus de l'uniforme de travail, reçoivent un uniforme N° 1 d'un beau drap bleu marine sur lequel ressortent les galons dorés, pour les grandes occasions. Ces jours-là les femmes portent une jupe; le reste du temps, elles sont en pantalon.
— T'as besoin de quelque chose? Du shampooing, des chocolats?

C'est l'heure d'ouverture du magasin. Je choisis un T-shirt à l'effigie du *D'Iberville* et le maître d'équipage me coupe un morceau d'amarre.

Dans la soirée, nous quittons le détroit de Lancaster pour entrer dans celui de l'Amirauté. En quelques heures, la brume a transformé le paysage. On se croirait à Londres ou à Amsterdam. Le ciel se traîne. On avance, on s'arrête, on recule. La suie noircit les flancs du navire. Je vais faire un tour à la timonerie. La concentration y est intense; les conditions de navigation obligent chacun à fournir le maximum d'attention. Personne ne parle en dehors des obligations de service. Et comme c'est le quart du troisième officier, le commandant ne s'absentera pas de la soirée. C'est exactement le genre d'atmosphère dont j'ai besoin pour écrire: de la compagnie, mais aussi du silence.

Assise à même le sol dans la petite aile à tribord, je suis les manœuvres en m'efforçant de ne déranger personne. Il est question que les hommes aillent à terre. Demain, avec la barge. Le commandant propose même que ses gars visitent la mine de Nanisivik.

Victor quitte ses machines et vient bavarder un moment. A deux reprises, le brise-glace doit faire marche arrière pour aller dégager le *Chesley*. Quand nous l'avons à notre hauteur, les deux commandants échangent quelques mots.

— T'as vu ces faces de hareng! raille un marin.

— Ils en disent peut-être autant de nous.

Il paraît bien fragile, le *Chesley*, dans cet univers gelé. Sur son pont avant sont solidement attachés quelques véhicules tout terrain sans doute destinés à la mine.

Je vais me coucher. Dans mon sommeil, j'ai tout de même noté que l'ancre a été jetée à 2 h 20 et, tout de suite après, j'ai senti le navire s'immobiliser. Je me suis rendormie. Nous sommes arrivés à bon port. Demain, il fera jour.

Un jour bien gris, en vérité. Pas très engageants, les lieux! Le ciel est bas et, depuis un bon moment, j'entends le bourdonnement de l'hélicoptère qui va et vient.

— Que se passe-t-il?

— C'est les «vidanges» qu'on décharge.

Autrement dit, les poubelles.

Pas question de polluer les eaux. On garde tout à bord et, lorsqu'on arrive au large d'un village, on transporte les «vidanges» dans un grand filet accroché sous l'hélico. Les déchets sont ensuite brûlés à terre.

Un premier convoi a amené les hommes libres à terre vers 9 heures. Je ne prendrai que la deuxième barge, celle de 13 heures.

Le paysage est trop beau pour qu'on éprouve le besoin de le partager. Je m'en vais seule de mon côté, seule à travers les pierriers. La mine se trouve en haut dans la montagne, et je n'ai pas envie d'aller jusque-là. Encore si j'avais su qu'il y avait un village, mais je ne l'ai appris que le soir. Une route de terre ocre relie le quai à la mine. Des poids lourds font la navette et les gars en profitent pour se faire véhiculer, quoique certains préfèrent marcher. Le commandant, lui, a invité les gens de la mine à déjeuner. Quelques véhicules s'arrêtent à ma hauteur, sur la route, mais je fais semblant de ne pas les voir, et ils repartent. Au bout d'un moment, je me demande s'il est bien prudent de m'aventurer ainsi, toute seule. Le *D'Iberville*, dont la cheminée laisse échapper une petite fumée tranquille, paraît bien seul dans le détroit. Silence et immensité. La surface de la mer me fait penser à une peau de reptile sous la brise. Le soleil est chaud, les falaises nues. C'est un monde minéral. Le ciel, la pierre, l'eau et la glace. Un peu de terre. Et soudain, je prends conscience qu'il n'y a pas d'arbres, et presque aucune végétation visible. Certes, à y regarder de plus près, on voit bien des lichens courir à ras terre, de la mousse et même de très jolies fleurs rouges, violettes ou jaunes qui colorent le sol. J'en ramasse quelques-unes pour les rapporter à bord où les plantes sont très appréciées en l'absence d'animaux, interdits. Vers 16 heures, je rejoins le quai où la barge nous attend.

L'opérateur radio me raconte son après-midi. Il a rencontré des Suisses à la mine! Où n'y en a-t-il pas? Si nous étions restés un jour de plus, je serais montée là-haut, mais vraiment, aujourd'hui, impossible. J'avais trop besoin de rester seule. Si j'ai fui le Sud, ce n'est pas pour courir après le monde.

Je note quand même que la mine, de création récente (1974) et située à 3200 km de Montréal à vol d'oiseau, produit de l'oxyde de fer, du plomb, du zinc et du cuivre. C'est un beau nom, Nanisivik. Non loin de là se trouve un village esquimau typique: Arctic Bay. Les gars y ont acheté quelques objets esquimaux, des petites statuettes en pierre de savon polie ou sculptées dans des os poreux de baleine. Ils ont envoyé des cartes postales et téléphoné à leurs familles. La barge contourne l'arrière du brise-glace. Je vais prendre une douche, puis je ressors pour profiter des derniers rayons du soleil. A 18 heures, Iréné relève l'ancre, en prenant soin de rincer la chaîne à l'aide d'un jet pour la débarrasser de sa boue avant qu'elle ne regagne son puits.

Les falaises, à la sortie de Strathcona Sound, côté Graveyard Point, sont striées par l'érosion, presque rouges. Pour un peu, on se croirait dans le Grand Canyon. Pierre-Alexis, le matelot, avait raison lorsqu'il me disait, l'autre jour, que naviguer était un *feeling* pouvant aller jusqu'à l'ivresse. Jamais encore je ne l'avais ressenti à ce point.

Ce soir, un bingo réunit les fanatiques de ce jeu. C'est très gai. En allant me coucher, j'entends les gars qui entonnent le répertoire des chants de marins.

Le passage
du Nord-Ouest

Un nombre incalculable de têtes couronnées figurent sur la carte de l'Arctique — congelées pour l'éternité! Qu'ont-ils fait pour mériter un tel honneur? Certes, ils ont souvent financé les expéditions. Mais entre payer et risquer sa vie, il y a quand même une nuance. Il est vrai que les navigateurs aussi ont laissé leurs traces sur la carte. Les uns ont donné leur nom à un détroit, les autres à un pic ou à un fjord. Que d'expéditions dans les siècles passés pour découvrir l'endroit où nous sommes! Et avec des moyens dérisoires... Ce devait être effrayant de voir s'approcher le pack quand on était sur un baleinier.

En quittant Admiralty Inlet, nous devons affronter la brume et une glace d'un mètre cinquante d'épaisseur. Les hommes n'ont pas trop de toute leur expérience, ni le navire de sa puissance. Dans un bruit assourdissant, la coque frappe la mer gelée. Roulements de tambour, révolte de part et d'autre. Le *D'Iberville* tremble de toutes ses membrures — et cela va durer deux jours entiers. Cette fois, nous mettons le cap sur Resolute, mon terminus. L'île du Prince-Léopold, pareille à un mur de pierre tailladé verticalement par les siècles, nous tient un moment compagnie. Nous faisons du surplace.

— Ours polaire à bâbord! prévient l'interphone.

Tout le monde se précipite, l'appareil photo à la main. Il y en a même deux, mais ils sont encore loin. Le navire se rapproche, et pourtant ils courent vite. On a de la peine à croire que des animaux aussi lourds puissent se montrer aussi souples et aussi rapides. Grand chasseur de phoques, il arrive que le roi de l'Arctique quitte la banquise côtière et s'aventure plus avant pour sa nourriture.

J'étais sous ma douche quand l'interphone a retenti. Mais je ne veux surtout pas manquer ça, et je me précipite sur le pont en peignoir. Par chance, les objectifs étant prêts en permanence, je n'ai plus qu'à appuyer.

Symbole du Nord, l'ours blanc est protégé. Les Esquimaux le chassent, mais dans les limites du contingent attribué à chaque communauté, et qu'ils respectent. Mais la GRC (Gendarmerie royale du Canada), installée un peu partout, doit se montrer particulièrement vigilante, car certains Blancs trouvent néanmoins le moyen d'acheter des permis pour organiser des chasses à l'ours.

La plaque minéralogique des Territoires du Nord-Ouest, cette mégarégion qui s'étend au-dessus des provinces canadiennes, a la forme d'un ours polaire et il s'en vole beaucoup! Moi-même, j'avais bien envie d'en rapporter une.

Armé de griffes et de dents redoutables, l'ours blanc est l'un des rares animaux de l'Arctique à vivre en solitaire. La plupart du temps, il erre à l'aventure, à la recherche de son gibier. Belle fourrure blanche, légèrement jaunie, oreille petite, museau et œil noirs, quand il nage, on dirait une grosse poupée d'étoffe. Nous sommes tous heureux d'avoir croisé les ours. Un marin me montre des photos d'un été précédent, où les plantigrades s'étaient approchés du navire à l'arrêt. Les gars leur avaient tendu de la viande au bout de longues perches. On voit les ours, le postérieur sur la glace, agripper la nourriture des deux pattes de devant. Ils paraissent parfaitement inoffensifs, et pourtant personne ne se serait avisé de descendre...

— T'as l'air toute congelée, Monique!

Je viens de passer près de deux heures à l'avant pour contempler le travail de la coque dans la glace. Je ne me lassais pas de voir ces énormes cubes fracassés se soulever, s'écarter, retomber. Du pont arrière, le spectacle est différent. Dans notre sillage, les mêmes cubes s'entrechoquent, dansent, agités par les remous. Tonnes et mégatonnes. Et les goélands, toujours là, gris sur la neige blanche, blancs sur le ciel gris. Si nous repassions par là dans quelques heures, nous ne verrions même plus notre trace: le chenal se referme presque aussitôt derrière nous et la cicatrice règle. Rien, nous ne sommes rien. Tout, ici, est plus fort que nous. Jamais l'orgueil humain ne m'était apparu aussi déplacé.

Et pourtant, par attaques répétées, le *D'Iberville* se fraye un passage, culbutant la glace qui s'assagit dans notre dos. C'est dans ce Nord, austère, minéral, immobile, qu'on prend la mesure du Sud insensé, agité, bruyant, veule. C'est Nietzsche, je crois, qui a écrit qu'à franchir certaines frontières, on n'en revenait jamais tout à fait pareil.

Je me revois cet après-midi à Nanisivik, dans le soleil et la solitude, assise sur ma caisse-photo, transformée en statue de pierre, radar humain recevant les impressions les plus diverses. La terre n'est pas si grande que ça, avais-je pensé à ce moment-là, je suis presque au sommet.

A l'aube du 6 août, notre radio capte un message du tout nouveau brise-glace, le *Pierre-Radisson*, qui a quitté son chantier de Vancouver et qui s'apprête à franchir le passage du Nord-Ouest à partir de l'ouest. Le message provient de Tuktoyaktuk: «Départ ce soir pour cap Parry et Cambridge Bay. Glace 10/10es à l'est de 125° ouest (épaisseur 1 m 20).» Le *Radisson*, qui sera basé à Québec, a déjà à son bord un équipage francophone. Je ne serai plus à bord lorsqu'il croisera le *D'Iberville*. Dommage...

Depuis que nous sommes partis, le *D'Iberville* a couvert 3000 milles. Pour l'heure, le navire affronte de durs moments. «Glace 10/10es d'un mètre d'épaisseur», précise le livre de bord. Et, plus tard dans la journée: «2/10es de glace vieille de plusieurs années avec encrêtements sous pression des vents et des courants.»

La table est particulièrement gaie ce soir. Allez savoir pourquoi. Vers 22 heures, il neige. Histoire de nous rappeler que nous ne sommes pas aux Caraïbes.

Terminus à Resolute

C'est le lundi à l'aube que nous entrons dans la baie de Resolute. La base qui s'y trouve a été créée en 1947. Pas d'ancrage à cause de la glace. Pour moi, les choses se précipitent. Le téléphone sonne, m'informant que je devrai débarquer dans l'après-midi. Le *D'Iberville* a reçu un contrordre. Il doit retourner au plus vite à Nanisivik, où deux navires attendent d'être escortés pour sortir du détroit encombré de glace. Il neige doucement lorsque l'hélicoptère m'emporte. J'ai expédié mes adieux aux gars et bu un dernier café sur le pouce à la timonerie.

Au-dessus de la «plage» par laquelle on aborde l'île de Cornwallis, je distingue des carcasses d'avions qui se sont écrasés au sol. Le village esquimau est situé près de la rive, la base et l'aéroport plus à l'intérieur. L'accueil est glacial.

— Salut Monique! me dit Jean-Paul, le pilote, en me serrant la main, et il décolle aussitôt, emmenant avec lui l'opérateur radio qui a profité de l'étape pour se faire examiner à la clinique; il s'était fracturé un pied.

Après leur départ, il y a comme un moment de flottement. Le représentant de Nordair à Resolute m'offre de déposer mes bagages à l'hôtel un peu plus tard. Je traverse le village à pied jusqu'à la plage. Le bled est plutôt réfrigérant. Pas un chat dans les rues. Il est vrai qu'il neige, et le vent se met à souffler.

De la rive, je reste longtemps à fixer l'horizon, attendant que le *D'Iberville* ait totalement disparu pour remonter lentement à la base. Avant le repas, j'ai le temps d'en faire le tour. Outre l'aéroport, il y a un hôtel, une station de radio, une taverne, une banque, une poste, un cinéma qui ressemble à un hangar, un magasin, tous logés dans des baraquements en tôle peinte de couleurs différentes pour trancher sur la grisaille environnante. Cinq cents personnes vivent ici, en majorité anglophones. La base appartient au Ministère des transports, et tous ces gens sont branchés sur des projets, des recherches. Resolute est relié au reste du monde par des vols réguliers (quand ils ne sont pas annulés en raison du froid), les uns pour l'Ouest canadien et d'autres pour l'Est, Montréal via Hall Beach et Frobisher, deux autres bases du Nord. Au même titre que les brise-glace, ces avions constituent un véritable cordon ombilical pour ces régions septentrionales. Ce sont eux qui apportent la nourriture (environ un dollar le kilo!), le courrier et les rares visiteurs. Ma chambre est étroite et mal éclairée. C'est plutôt une cellule qu'une chambre, et ce n'est pas fait pour me remonter le moral. Je ressors immédiatement. Mes valises arrivent. Le représentant de Nordair propose de m'emmener au village esquimau tout proche, où il habite. Des enfants jouent au base-ball.

— Les seuls capables de s'y retrouver ici sont les Inuit. Ceux-ci n'aiment pas qu'on emploie le terme d'Esquimaux pour les désigner. On doit dire Inuk au singulier. Une route relie les deux villages, et c'est à peu près tout. En plein hiver, poursuit mon guide, tout est blanc. Il n'y a aucune végétation; rien que la pierre recouverte de neige. Les Inuit ont des points de repère à eux pour s'y retrouver: des roches entassées sur le sol, la position du soleil quand il y en a. L'été dure au maximum trois mois. En juin-juillet, on est heureux de voir éclore quelques petites fleurs. Le pire moment, ce sont les trois mois de nuit totale. Tout le monde devient dépressif. On est au bout du monde. Pour arriver ici, il faut autant de temps que pour aller en Europe: sept heures.

En hiver, c'est comme si le temps s'était arrêté. Un cinéma, un bar, les distractions sont rares. Même pour l'exercice physique, il fait trop froid: on a enregistré ici des températures de $-40°$, $-50°$, voire plus quand il y a du vent. Et puis personne n'a de véhicule personnel. Alors, on joue au ping-pong, aux fléchettes, on regarde la télévision et on écoute la radio.

Il faut vraiment avoir de bonnes raisons pour venir jusqu'ici. Plus haut se trouve un campement de prospection. Il paraît qu'il y a des nappes de gaz et même du pétrole dans les environs. Sur l'île voisine, la Petite-Cornwallis, il est question d'ouvrir une mine (zinc et plomb) d'ici deux ans. Polaris serait la mine la plus septentrionale du monde: $75° 23' 4''$ N et $96° 56'$ W.

On voit passer quelquefois de drôles de dingues dans le coin, comme ce couple venu tout exprès de Montréal et qui est reparti sans même descendre d'avion... Ça a dû leur coûter 1000 dollars chacun. On peut aussi aller se promener en avion sur le pôle, par Eureka et Alert, la base militaire la plus au nord (830 km du pôle) pour environ 3000 dollars. En février, une bande de Japonais est passée par là; ils voulaient y aller... à la voile, avec des bateaux à glace. En revanche, un autre Japonais, solitaire celui-là, y a réussi avec ses chiens.

Resolute doit son nom au bateau du capitaine irlandais Mac Clintock, qui y hiverna en 1850, mais l'île de Cornwallis avait été signalée dès 1819 par Edward Parry, alors à la recherche du passage du Nord-Ouest. Il y avait longtemps déjà que l'île était une zone de pêche et de chasse pour les Inuit, mais ils ne l'habitaient pas de façon permanente.

— Il ne faut jamais s'aventurer en dehors de zones habitées sans arme, poursuit l'homme de la Nordair. Il y a toujours quelques ours blancs qui se promènent. Ils sont protégés, mais vous avez le droit de vous défendre, quand même.

Et il m'exhibe fièrement une peau d'ours de 3 m 60 de long.

— Quand la glace fond dans la baie, m'explique-t-il encore, on peut y voir des baleines blanches, celles qu'on appelle les bélugas, et des phoques. Pour les narvals, il faut plutôt aller du côté de Somerset Island, plus au sud. Leur corne d'ivoire, qui peut atteindre trois mètres, est très recherchée par les Inuit, qui la sculptent.

Au reste, la faune arctique est particulièrement riche. Outre le morse aux deux défenses d'ivoire, on trouve encore le lièvre et le renard blancs, le bœuf musqué à la laine plus fine que le cachemire, le caribou et toutes sortes de cétacés et de poissons, comme l'arctic char (l'omble de l'Arctique) et d'oiseaux, parmi lesquels la célèbre perdrix des neiges, les bernaches et les eiders. Et puis il y a les loups. C'est en saison noire surtout qu'il faut faire attention. A ce moment-là, il y a parfois des accidents.

Quant aux gens qui travaillent ici, me dit mon hôte, ils viennent surtout pour se faire de l'argent. Tout est payé par la compagnie qui les engage, ils n'ont aucun frais et entassent leur argent à la banque.

Les Esquimaux ont été amenés ici en 1953 par le gouvernement. Blancs et Inuit ne cohabitent pas. Leurs villages sont séparés. Dans les années soixante, l'atmosphère était encore pire qu'aujourd'hui. Depuis, il y a eu quelques mariages mixtes. Les Inuit vivent de chasse et de pêche. Quelques-uns seulement travaillent à la base, pour le gouvernement.

Je remercie mes amis d'un soir pour leur accueil et je retourne au village blanc. L'hôtelier est en train de chasser quelques jeunes Inuit du hall. Je me sens mal à l'aise; j'ai nettement l'impression que nous n'avons pas été pour eux la planche de salut que nous prétendions être.

Pourrais-je quitter l'île aujourd'hui, ou bien le ciel va-t-il me contraindre à demeurer ici? On n'est jamais sûr de décoller à la date prévue.

Non, l'avion, qui a effectué quelques tours au-dessus de la brume, n'atterrira pas.

Je me dirige vers la poste pour sacrifier au rite des cartes postales.

— Bonjour, Monique!

— Tiens, vous savez qui je suis?

Pour toute réponse, j'ai droit à un grand sourire du père oblat, qui vit ici depuis quelques années. Demain, nous mangerons ensemble à la cantine et il me racontera son itinéraire.

En arrivant à l'hôtel, je sens qu'on m'observe. Je commande des spaghettis. C'est le plat antidéprime par excellence.

— Je vous ai déjà vue quelque part! me dit le chef en me tendant mon assiette.

Comme je ne suis pas spécialement de bonne humeur, je rétorque sèchement:

— C'est original!

— Non, non, ne vous méprenez pas. Je vous ai vraiment vue quelque part.

Au dessert, le voilà qui revient.

— Est-ce que vous n'avez pas parlé à la télévision des paysans d'Europe qui s'installent au Canada? me demande-t-il.

Eberluée, je lui fais mes excuses.

— Alors ça, je n'en reviens pas! Comment m'avez-vous reconnue? Vous êtes bigrement physionomiste.

— Je peux vous offrir un café?

Le lendemain, dans la matinée, je fais un saut à la station de radio. Là aussi: «Bonjour, Monique.» Mais eux savaient que je devais débarquer du brise-glace.

— Je ne sais pas si c'est possible, dis-je, mais j'aimerais envoyer un petit message au *D'Iberville*?

— Un instant, ça sera pas long.

Réponse québécoise classique. A la banque ou ailleurs, même si on vous fait attendre une heure, il y a toujours quelqu'un qui vient vous dire en souriant: «Ça sera pas long!»

— O.K., c'est possible. Ecris ton texte en anglais, on va le transmettre.

J'écris donc: *Snow and fog at Resolute. No sure to take off. Scenary not very exciting, but charming. My heart still on board.* («Neige et brouillard à Resolute. Pas sûre de décoller. Paysage pas vraiment excitant, mais du charme quand même. Mon cœur est resté à bord.»)

Le tout m'a coûté 2,88 dollars. Cette station est la seule pour tout le haut de l'Arctique. Il y en a d'autres à Cambridge Bay et à Frobisher.

Au repas de midi, je retrouve le père oblat à la cantine.
— Vous allez pouvoir partir aujourd'hui, me dit-il. L'avion revient. Ici, tout se sait très vite.

Le Père Ernest est originaire de Lille. Il est venu dans le Grand-Nord après la guerre, en 1947.

— Les oblats ont charge des plus pauvres, des plus déshérités, m'explique-t-il. C'est le pape qui nous a demandé de venir chez les Indiens et les Inuit.

Le Père Ernest dit la messe dans son salon, la pièce à côté de celle où il timbre le courrier.

— Comme il n'y a pas beaucoup de catholiques ici, reprend-il, je suis prêtre à temps partiel et receveur des postes à plein temps. La majorité des Inuit sont anglicans. Il y a bien une poignée de Québécois, mais on ne les voit pas souvent à la messe! On prie pour eux, on prie pour tout le monde.

Et comme pour se faire pardonner sa franchise, il rit malicieusement.

Le Père Ernest n'est pas venu directement ici. Il a d'abord vécu au sud de Baffin, à Cape Dorset, pendant une dizaine d'années, puis à Chesterfield, à l'ouest de la baie d'Hudson, et à Poste-de-la-Baleine, dans le nord du Québec.

— Là-bas, dit-il, personne ne voulait s'occuper de la poste; ça ne payait pas du tout. Moi, je pensais que c'était un service important pour la communauté. Quand ils m'ont demandé de m'en charger, j'ai dit oui. Il a même fallu que je fournisse le local... C'est le diocèse qui me faisait vivre. C'était très dur il y a encore vingt ans. Je vivais dans un igloo. Tous les premiers oblats vivaient dans des igloos et mangeaient comme les Inuit, du poisson matin, midi et soir. Après ça il y a eu la période des maisons de bois. On vivait surtout de conserves. Maintenant, au moins, j'ai une nourriture fraîche. Pour le reste, je vis au jour le jour.

Sur l'aspect proprement missionnaire de sa présence à Resolute, le Père Ernest est moins optimiste.

— Voyez-vous, me dit-il, j'ai travaillé pour les Inuit catholiques pendant vingt-cinq ans, en disant la messe et en donnant les sacrements. J'ai écrit un livre sur la langue esquimaude et j'ai composé une grammaire. Au début, en tant que missionnaire, j'ai fait à peu près tous les métiers. J'ai été médecin, infirmier, arracheur de dents, et bien d'autres choses. J'ai enseigné le français, l'anglais... Les Inuit sont arrivés ici en 1953. Ils venaient de Port-Harrison (Inoucdjouac), au Nouveau-Québec, et de Pond Inlet (Baffin).

»Ce n'est pas un vrai village ici. Il a été créé artificiellement pour les besoins de la base qui, elle, existe depuis 1947. Mais les Inuit sont restés ce qu'ils étaient. Ils ont du mal à se plier à un ouvrage régulier, et la plupart du temps ils se font renvoyer. Ce sont pratiquement des chômeurs. Quelques-uns se livrent à l'artisanat ou travaillent pour le gouvernement, mais par tradition, ils sont chasseurs, pêcheurs, et lorsqu'ils n'ont pas ça, ils sont malheureux. Aujourd'hui, ils disposent de fusils, de canots à moteur, de motoneiges. La chasse est devenue plus facile...»

Quant à l'avenir des Inuit, le père demeure dubitatif:

— La population augmente. Ils sont une bonne vingtaine de mille, mais qu'est-ce que c'est contre vingt-trois millions de Canadiens!

Beaucoup de jeunes sont attirés par les emplois du Sud, moins rudes, malgré tout. Mais en même temps, il semble qu'une réaction s'amorce; on sent que les Esquimaux tiennent à préserver leur identité, à conserver leur langue, à retrouver leur vie de chasseurs et de pêcheurs. Est-ce qu'ils y parviendront, là est toute la question...

Retour à Québec

Le Père Ernest emporte la pomme de son dessert; il la mangera dans l'après-midi en triant le courrier apporté par l'avion. Car cette fois, c'est sûr, le jet ne va pas tarder. La salle d'attente est bondée. L'arrivée d'un avion est toujours une distraction bienvenue. Je remarque que les Inuit se tiennent à l'écart.

Ceux qui partent saluent, en les croisant, ceux qui reviennent d'un séjour dans le Sud.

Par chance, le temps est clair et nous survolons cette mégarégion comme en état de grâce. Les places à côté des hublots sont prises d'assaut. Etendues de pierre nue, champs de glace flottante dessinant de larges ronds un peu semblables aux troncs d'arbres que charrient les rivières — en l'air mieux qu'au sol on peut se rendre compte de l'immensité de ces territoires où la glace côtière rend difficilement déterminable la frontière entre la terre et la mer, et que n'habitent encore que des poignées d'hommes regroupés dans les quelques bases qui préparent l'avenir de cette partie presque inviolée de la planète.

L'Arctique saura-t-il préserver sa beauté? Pétrole, gaz, toutes les richesses de son sous-sol suscitent chaque jour de nouvelles convoitises.

Ce n'est déjà plus la terre des seuls aventuriers, explorateurs et navigateurs; plus du tout celle des Inuit. J'y ai entendu un silence parfait, total, respiré un air incroyablement pur et j'y ai puisé l'énergie nécessaire à un retour dans le Sud.

Ma dernière pensée en quittant ce grand royaume du froid va à tous ceux qui, depuis Pythéas, le navigateur marseillais qui, le premier, a tenté d'ouvrir la route du pôle Nord en 330 avant J.-C., y ont risqué et souvent perdu leur vie. Voilà plus de deux mille ans que l'attrait mystique du Nord séduit les hommes.

Et le *D'Iberville*, où est-il en ce moment? Il ne rentrera qu'en octobre. D'autres escortes, des travaux d'hydrographie, de sondage, l'attendent encore entre Resolute, Nanisivik, Pond Inlet et Eureka, une station météorologique très au nord. Le point le plus septentrional qu'il atteindra cet été-là est le fjord Greely, au nord-ouest de l'île Ellesmere, à plus de 80°. En automne, le brise-glace travaillera surtout entre le bassin de Foxe (Hall Beach) et le détroit d'Hudson (Saglouc, baie de Déception), avant de redescendre à Québec.

Partis de Resolute à 16 h 20, nous faisons une escale aussi brève qu'inattendue à Hall Beach (un maillon de la ligne DEW sur la péninsule de Melville), d'où nous repartons pour Frobisher. Tant qu'il fait jour, j'en profite pour mitrailler, car même à plus de 10 000 mètres, tout est parfaitement net. A 20 h 20, nous touchons la piste. Malgré les injonctions de l'hôtesse, je consacre le quart d'heure qui nous est octroyé à prendre l'air et faire un saut rapide à la boutique de l'aéroport, bien approvisionnée, paraît-il, en artisanat esquimau. Il faut toujours agir comme si on ne devait jamais revenir.

Bien décidée à profiter des connaissances de mes voisins (alpinistes, anthropologistes, naturalistes — tous des passionnés de l'Arctique), je sors la petite boîte dans laquelle j'ai enfermé soigneusement mes échantillons de fleurs. Un coquelicot arctique, de la linaigrette ou herbe à coton, des saxifrages mauves, des bouts de lichen, de saule et de bouleau, quelques centimètres de mousse composent tout mon trésor. La plupart des plantes de la toundra ont un cycle végétatif qui s'étend sur plusieurs années. Malgré des conditions extrêmement défavorables, des centaines de plantes différentes tapissent la roche. Les lichens peuvent atteindre des centaines, voire des milliers d'années — c'est du moins ce qu'on prétend. Un respect immense me vient pour ces quelques grammes de vie desséchée. Trois mois de vie par an et neuf mois de sommeil.

Le jeune couple devant moi revient de Baffin. Un été de montagnes. Ils ont rencontré pas mal d'Européens. Le temps n'était pas propice. Beaucoup de pluie.

Et puis, d'un seul coup, Montréal est là, ses lumières trouant la nuit, le Saint-Laurent, ses ponts métalliques...

On atterrit à Dorval à 23 h 30 (il y a une heure de décalage avec Resolute). Je retrouve les étoiles. Entre la tempête de neige qui sévissait hier en plein archipel arctique et les 35 degrés chargés d'humidité d'ici, le contraste est saisissant! Plus spectaculaire encore est la différence entre le silence du Nord et l'agitation du Sud, la nudité des régions polaires et l'entassement des régions urbaines. Les premières vingt-quatre heures vont être pénibles, je le sens. En me couchant, je songe qu'il est minuit sur le *D'Iberville* et que c'est l'heure des fèves au lard à la *pantry*.

Les gens du Sud ignorent à peu près tout de l'Arctique. Lors de mon passage à la télévision canadienne, la maquilleuse a ce mot significatif:

— Mais c'est en dehors de la *mappe*!

Ce matin-là, pourtant, la presse faisait état d'un iceberg géant qui s'était écrasé dans le fjord de Jakobshavn (baie de Disko). Pour ne pas perdre trop brusquement le contact avec tout ce qui m'avait enchantée tant de jours durant, je prends la route de Québec pour poser quelques questions à Jean-Paul Godin, directeur de la Garde côtière canadienne pour la région des Laurentides, secteur dont dépend le *D'Iberville*.

— Alors, me demande-t-il, comment ça s'est passé?

— Très bien, mais j'aurais vraiment dû faire le voyage complet. En tout cas si je veux écrire un livre.

Dans l'avion qui me ramène en Suisse, je feuillette la brochure de la compagnie qui indique ses vols à travers le monde. L'archipel arctique n'est représenté que dans sa partie sud, et comme sur la plupart des cartes de géographie qu'on trouve dans le commerce, c'est une région muette et blanche. Aucun nom. Rien. Comme si ce n'était qu'un bloc de glace...

TROISIÈME VOYAGE

Retour au pays des ours blancs

Les articles et les émissions de radio dans lesquels j'ai relaté mon voyage ont connu un assez grand succès. Quant à moi, je reste sur ma faim. J'ai l'impression de n'avoir fait que la moitié du travail, et surtout je ne peux honnêtement prétendre écrire un livre en n'ayant vécu qu'une partie de l'aventure. Bref, le virus continue d'opérer, et j'envisage déjà de retourner dans l'Arctique — cette fois pour un voyage complet.

Je m'adresse de nouveau à la Garde côtière canadienne et, après quelques échanges de lettres, je finis par obtenir son accord. J'embarquerai à fin juin sur le *Pierre-Radisson* pour la première moitié du voyage du Nord, et j'effectuerai la seconde à bord du *D'Iberville*. Retour vers la mi-octobre. Le *Radisson* doit rester dans l'Arctique jusqu'à la fin novembre;

c'était trop demander. Du moins ce compromis me permettra-t-il de côtoyer les équipages de deux navires différents.

Après un automne de comptes rendus, un hiver de réflexion et un printemps de préparation, je prends congé de mes divers employeurs en espérant qu'ils voudront bien me reprendre à mon retour. Six mois sabbatiques, dont j'assume seule les frais et les risques, poussée par un désir profond de rompre avec la routine, tout en continuant à faire mon métier.

En haut: Lancaster Sound constitue l'entrée du célèbre passage du Nord-Ouest que d'intrépides navigateurs ont cherché au péril de leur vie pour atteindre la Chine. Peu nombreux sont encore aujourd'hui les bateaux qui le franchissent, eu égard aux difficultés posées par la glace.

En bas: L'humeur du ciel arctique se reflète sur la glace qui craque sous le poids de l'intrus venu du Sud.

Pages suivantes:
A gauche: Plus que tout autre, le brise-glace se doit de respecter la mer. Aucun déchet n'est jeté par-dessus bord. L'hélicoptère emporte les poubelles à terre et les marins y mettent le feu.

A droite en haut: La baie de Melville toute en pastels gris-saumon. De ce côté-ci, les icebergs, vêlés par les glaciers de la côte groenlandaise, sont nombreux.

A droite en bas: Cherchez le brise-glace! Au fond du détroit de Strathcona. Terre nue, pas âme qui vive, le grand silence.

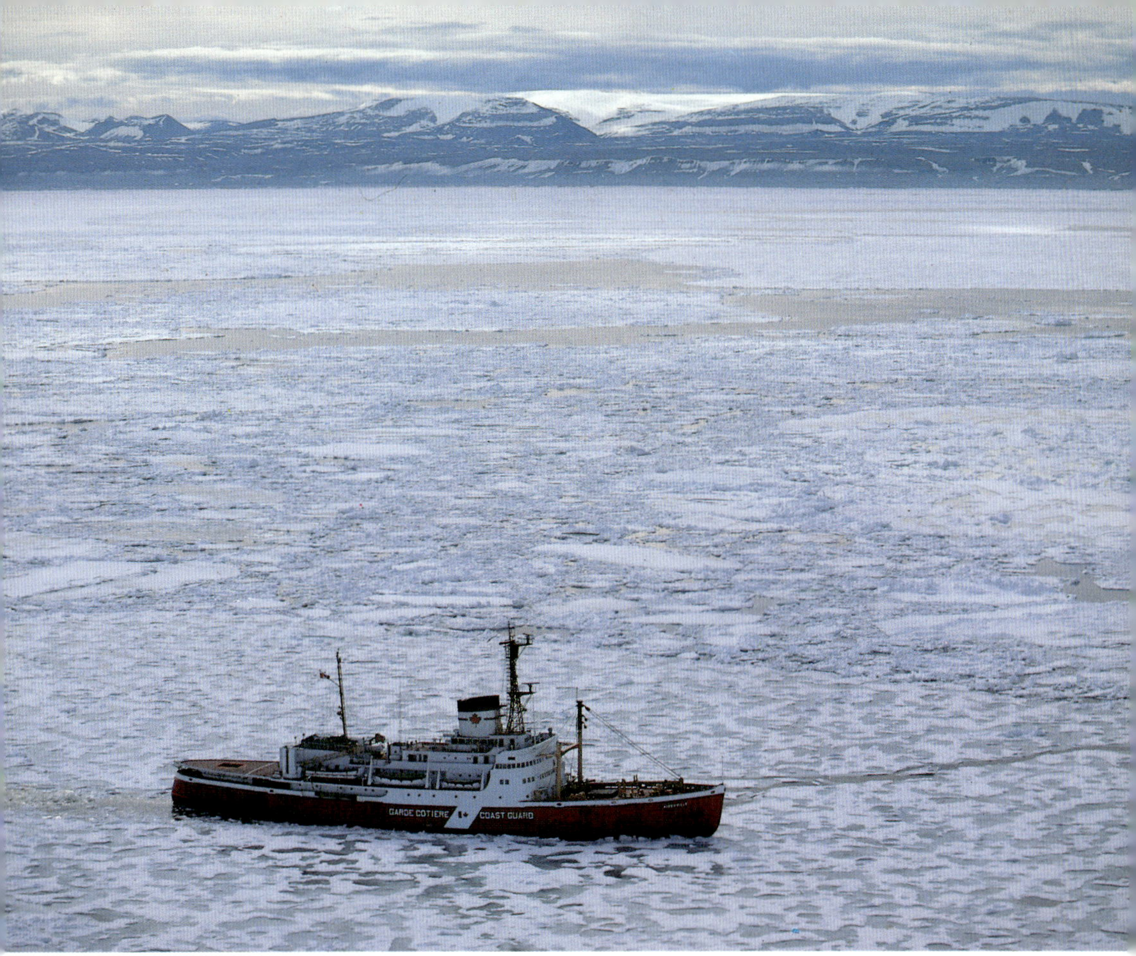
GARDE COTIERE
COAST GUARD

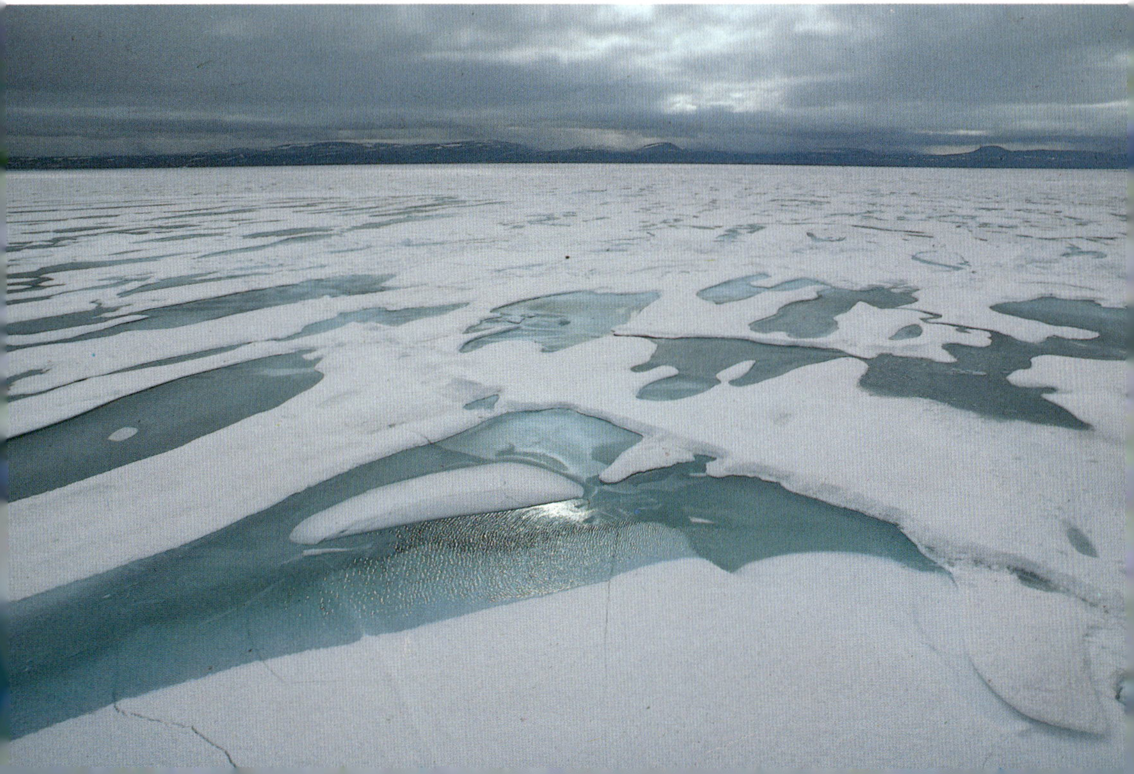

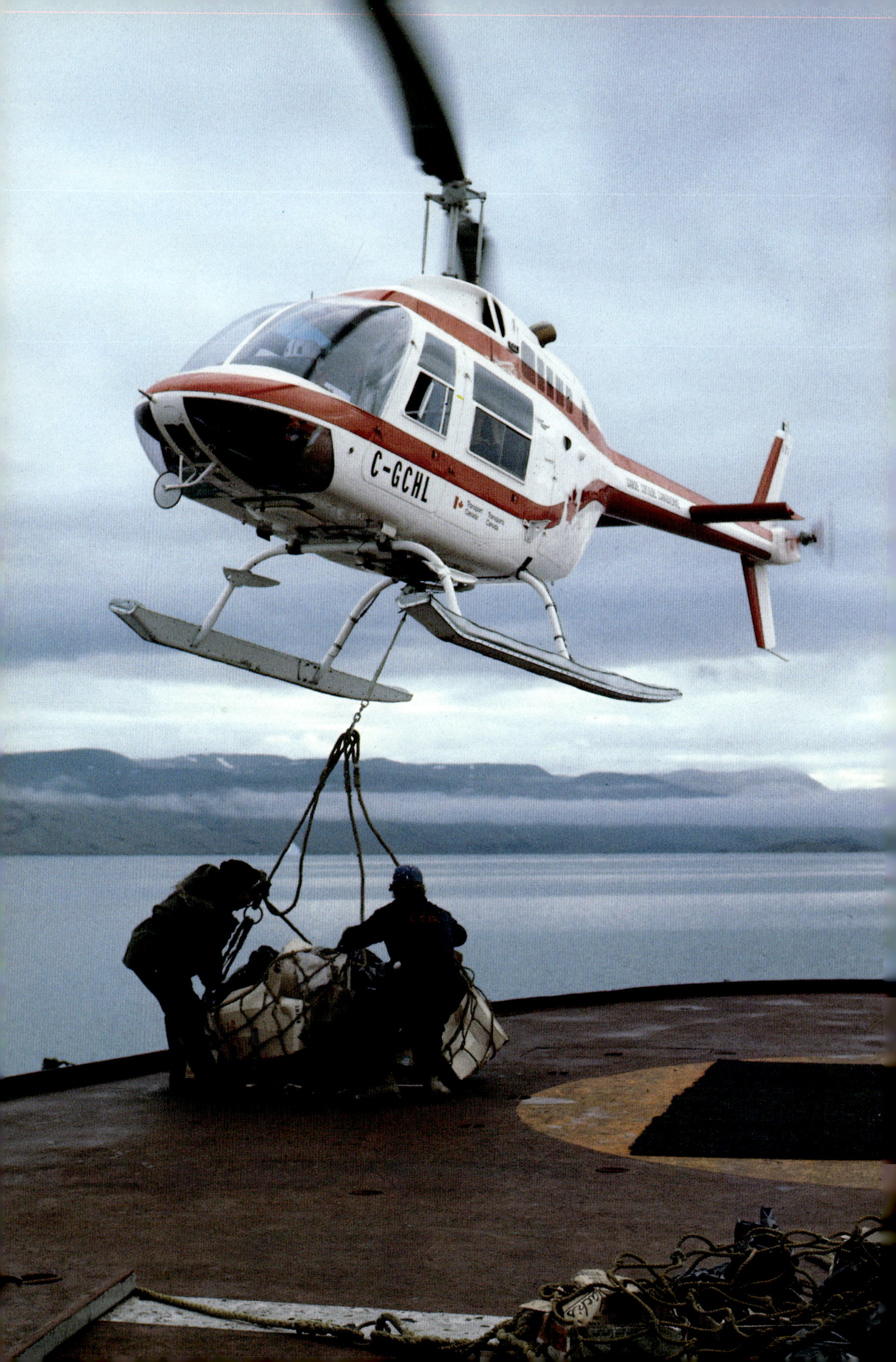
C-GCHL

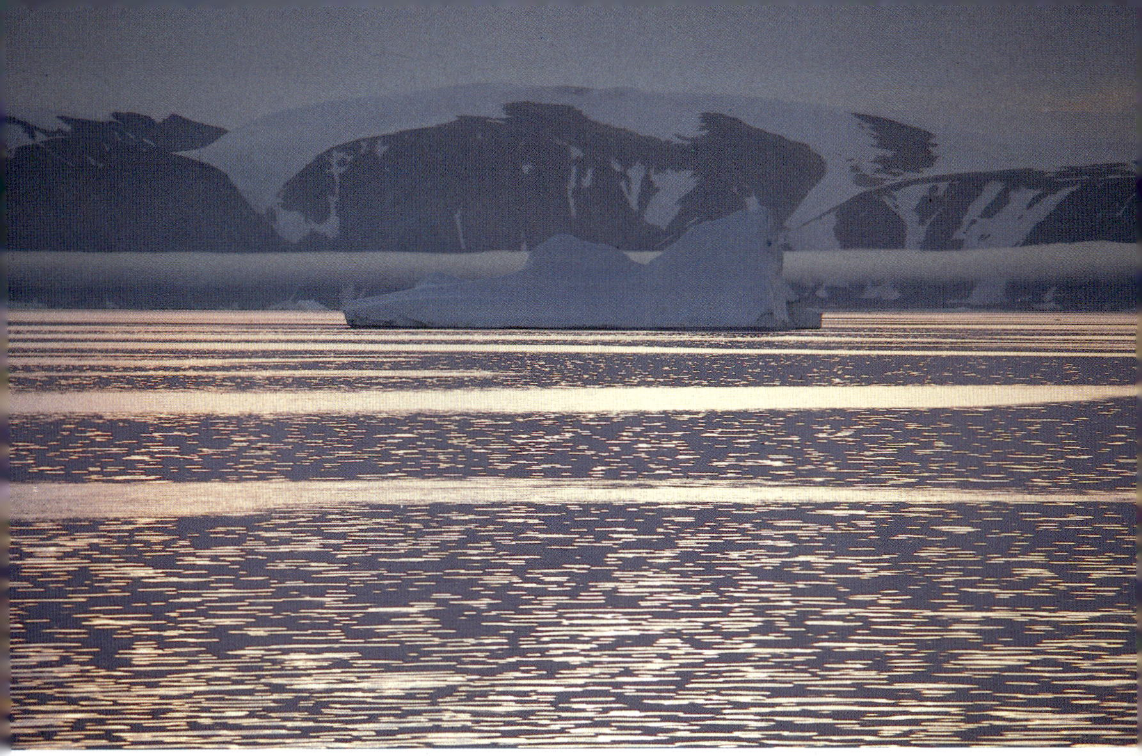

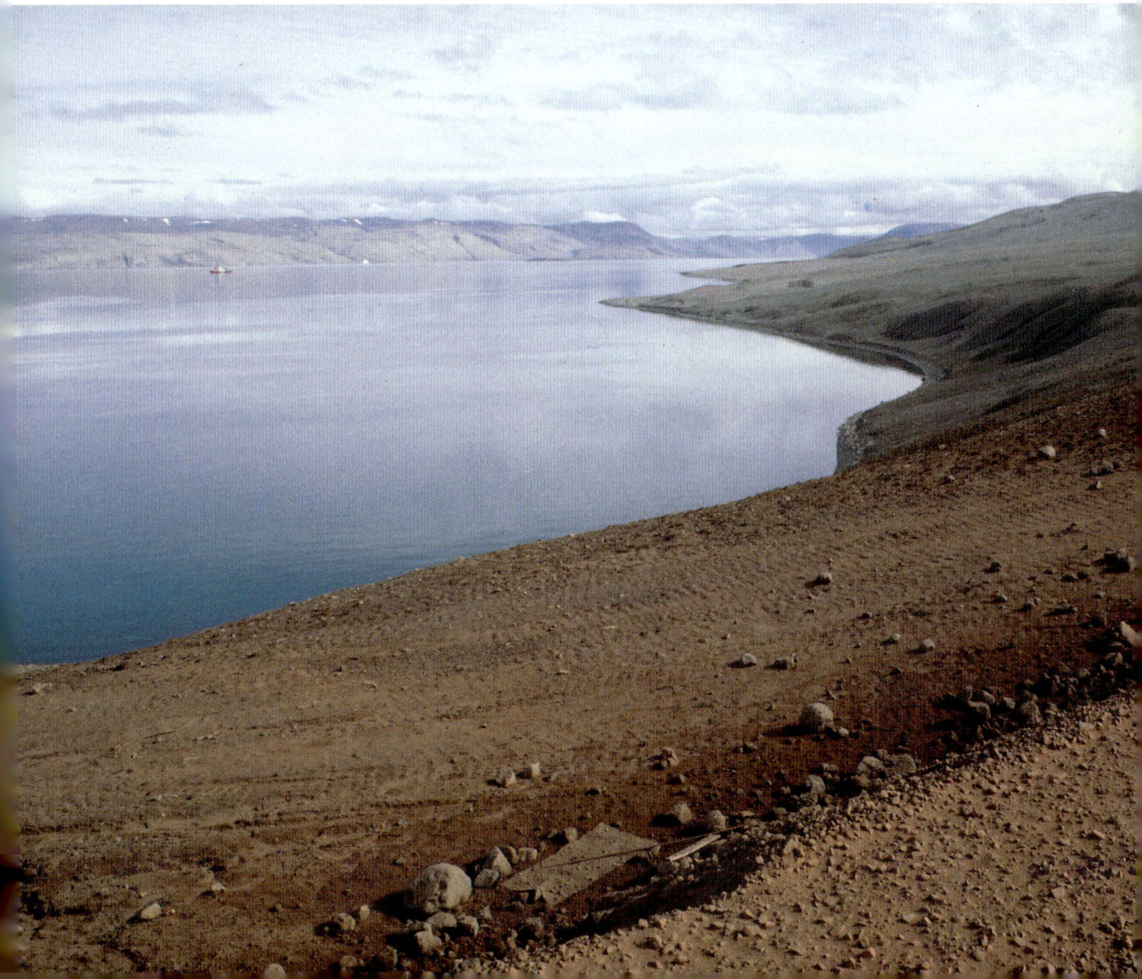

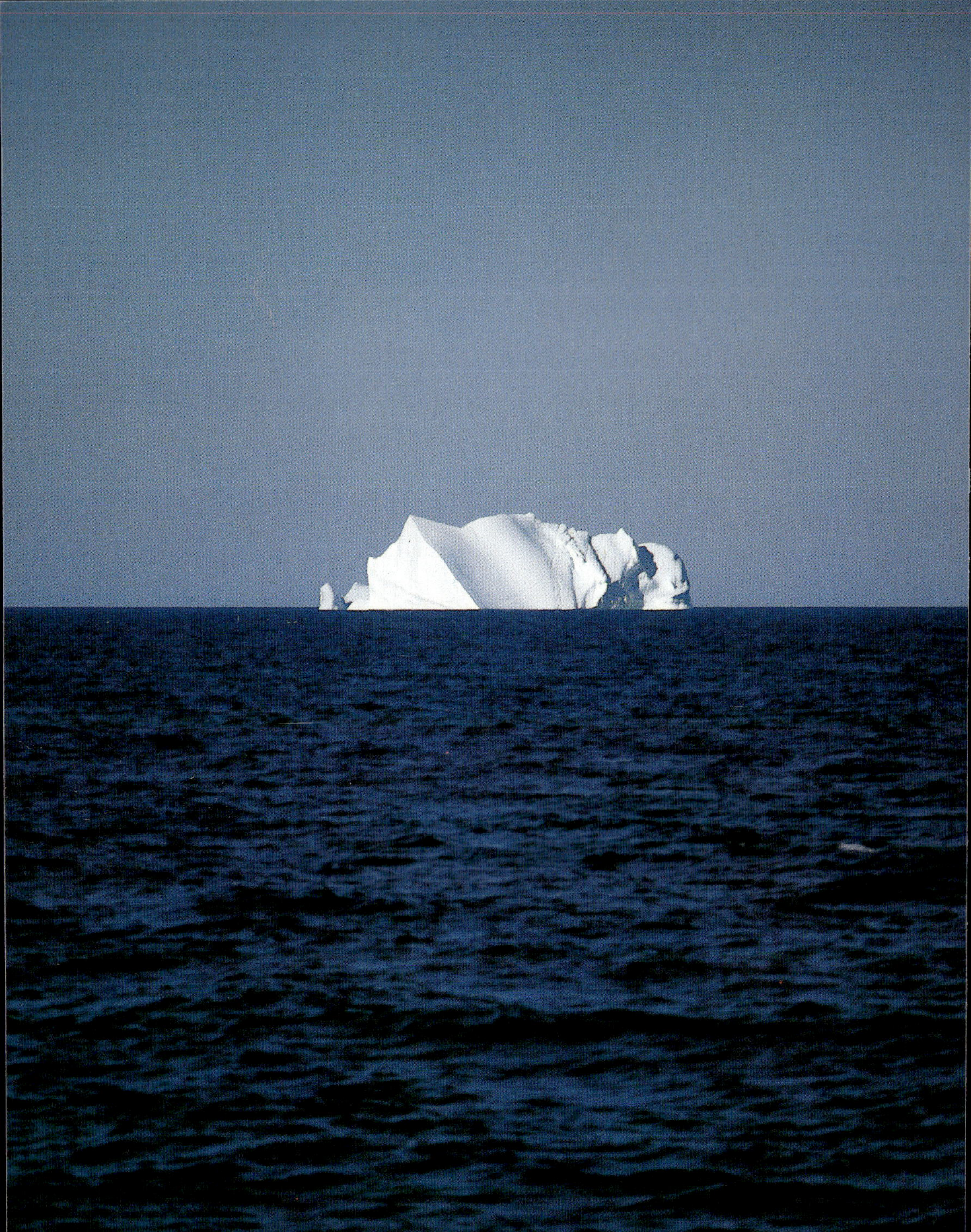

L'attente au quai

Le *Radisson* doit quitter Québec le 18 juin. J'avais prévu de partir de Suisse le 13, mais mon vol est retardé d'un jour, à cause de l'affaire des DC-10. Un appareil de ce type a perdu un réacteur lors de son envol de Chicago, le 25 mai dernier, et il s'est écrasé, faisant 272 victimes. Du coup, les DC-10 ont été interdits de vol aux Etats-Unis, et les compagnies qui en possèdent doivent effectuer les vérifications qui s'imposent. Je suis donc contrainte de changer de compagnie et d'appareil et c'est finalement le lendemain, 14 juin, que je m'envole à bord d'un Tristar L 1011. Chose rare, l'avion fait escale à Halifax, en Nouvelle-Ecosse, pour se ravitailler en carburant, car ce type d'appareil n'a pas suffisamment d'autonomie pour faire la traversée Zurich-Montréal, pour peu qu'il soit chargé à plein et que des vents contraires s'en mêlent. Arrivée à Québec, j'apprends que le départ du *Radisson* est reporté au 25 juin. Tant mieux, j'aurai davantage de temps pour m'acclimater. L'*Arctic*, un vraquier canadien que nous devons escorter jusqu'à Churchill, dans la baie d'Hudson (la capitale mondiale des ours polaires), est encore en Europe. Nous l'attendrons pour lui ouvrir la voie. Parallèlement, nous aurons à réactiver les aides à la navigation sur notre route, tâche qui incombe au premier brise-glace à se rendre dans l'Arctique au début de l'été.

Sur la passerelle, je croise le commandant qui a fini sa journée et qui me lance: «La pension a renchéri cette année, il y a un nouveau gouvernement à Ottawa!» Il y a juste un mois, le conservateur Joe Clark a remplacé le libéral Pierre Elliott Trudeau à la tête de l'Etat, il faut s'attendre à de sévères restrictions de budget.

— A demain, 7 h 30!

Le navire se vide. Les gars profitent de leurs derniers jours à terre. L'assistant du commissaire me conduit à ma cabine, au niveau du pont des embarcations. Le hublot donne sur le beaupré. Je passe les deux jours suivants à explorer ce navire tout neuf et ultramoderne. Si le commandant, pour moi, est le même que l'été dernier (puisqu'il est passé du *D'Iberville* au *Pierre-Radisson*), en revanche, les soixante-quatre mem-

Vous croyez qu'il est immobile? Mais non, l'iceberg dérive vers le Sud où il fondra dans les bras tièdes du Gulf Stream.

bres de l'équipage me sont totalement inconnus. Quant à l'atmosphère, je sais déjà qu'elle sera très différente de celle qui régnait à bord de ce bon vieux vapeur de *D'Iberville*, pour lequel j'éprouve une affection toute particulière.

Je vais d'ailleurs avoir le temps d'aller lui faire une petite visite, il est amarré non loin de nous. Et puis, je le retrouverai à la fin de l'été.

Au programme aussi, quelques courses de dernière minute en ville, mais les transports publics sont en grève. Jean-Louis, qui s'occupe des relations publiques de la GCC à Québec, me propose aimablement de me conduire dans les magasins où je fais l'acquisition des quelques objets indispensables à mon confort: une radiocassette, pour écouter de la musique, une machine à écrire et un minuscule chauffe-eau pour me faire du thé ou du café à n'importe quelle heure sans devoir sortir de ma cabine. Le soir, je fais le tour des petits restaurants pittoresques du Vieux-Québec.

Le quai de la Reine, où les brise-glace sont amarrés, sans doute dans l'ordre des départs, longe le pied de la falaise, au bas de la ville.

Le week-end s'annonce gris. Il ne fait que 14 degrés, 10 à Toronto! Je suis maintenant complètement installée. Un mécanicien m'invite à me joindre au groupe qui vient de déboucher sa première bouteille de vin. J'ai fait moi-même quelques réserves en prévision des fêtes.

— Il y a bien longtemps qu'il n'a pas plu à la Saint-Jean-Baptiste! remarque un marin.

Le dimanche 24 juin, jour de la Saint-Jean, est la fête nationale québécoise. René Lévesque la célébrera sur l'île d'Orléans toute proche, dont c'est en même temps le tricentenaire. Froid, gris, pluie fine. Bon anniversaire, cher Québec!

Pour l'heure, il n'y a pas plus de dix personnes à bord. Par chance, Jean-Louis ne m'a pas oubliée. Il me propose d'aller visiter le Musée maritime Bernier, à l'Islet-sur-Mer. Par le pont Laporte, nous rejoignons la rive sud du fleuve, qui affiche une mine boueuse. Consacré principalement au capitaine Joseph-Elzéar Bernier, marin de l'Islet, pionnier canadien de l'Arctique et artisan audacieux de la souveraineté canadienne sur cette partie de la planète, le musée est un bâtiment sobre et austère, construit en pierre de taille. C'est d'ailleurs un ancien couvent. Le Saint-Laurent coule sous ses fenêtres. Des ancres géantes et des lentilles de phare ornent ses pelouses.

Dans la pièce réservée à J.-E. Bernier figurent sa casquette en peau de phoque, son sextant, une partie de son imposante bibliothèque, la cloche de son bateau, l'*Arctic*, et jusqu'aux livres de paie de l'équipage. Au mur, une carte géante retrace son périple fameux de Québec à l'île Melville dans les années 1906-1907. C'est l'Association des marins du Saint-Laurent qui a créé le musée en 1966 et qui l'entretient. Elle regroupe des marins, des capitaines et des pilotes actifs ou retraités. D'une pièce à l'autre, on remonte insensiblement le cours de l'histoire d'un pays conquis à partir de l'eau. Cartes anciennes, antiques instruments de navigation, maquettes...

Une partie de l'exposition est consacrée à la tragédie de l'*Empress-of-Ireland* qui s'est déroulée au large de Rimouski, non loin d'ici, en 1914, deux ans après celle du *Titanic*, et qui fit 1012 victimes. L'élégant paquebot avait coulé en quelques minutes après avoir été éperonné par un charbonnier. C'est la plus terrible catastrophe maritime de l'histoire du Canada. Des débris de l'*Empress* sont acccrochés au mur et sa cloche trône, silencieuse, au milieu de la salle. Tous ces souvenirs m'émeuvent plus qu'il n'est de mise, et ça me gêne. Louis XIV me regarde, Colbert aussi, qui a encouragé l'expédition du sieur Radisson, cet aventurier dont le dernier-né des brise-glace canadiens porte le nom. Ad mare usque ad mare — la devise du Canada nous rappelle que ce pays s'étend d'un océan à l'autre. Dans les sous-sols, on me montre une splendide maquette non encore exposée du *D'Iberville*, mon préféré.

— Mais il manque un hublot!

Ma remarque intempestive fait d'abord sourire.

J'ai dans ma poche une photo du navire. On les compte, et il manque effectivement un hublot.

— J'en ferai part au maquettiste! balbutie notre guide.

J'ai presque envie de m'excuser, car il a l'air vexé. Mais il ajoute aussitôt, plein d'humour:

— Vous n'avez rien remarqué d'autre?

A notre retour au navire, la marée incline fortement la passerelle qui était presque à l'horizontale quand nous l'avions quitté. A certains endroits, le niveau peut varier de cinq à six mètres. Le phénomène se fait sentir jusqu'à Trois-Rivières. On frappe. J'ai de la visite ce soir. Des gars de l'été dernier, qui sont à bord d'un autre brise-glace, ont appris que j'étais revenue et ils viennent me saluer, bavarder un peu. J'étrenne mon chauffe-eau. On frappe à nouveau. Paul Toussaint fait son entrée; il était premier officier sur le *D'Iberville* en 1978.

— Je t'ai aperçue à la jumelle, me dit-il en refermant la porte.

Ça me touche, au fond, qu'ils soient venus. On parle des uns et des autres. Il y a pas mal de va-et-vient. Les équipages se dissolvent puis se reforment. Tout dépend du planning. Cet été, Paul est sur le *J.-E.-Bernier* qui va aller faire de la construction dans l'Arctique. «Un job agréable et tranquille», dit-il.

Lundi est encore jour férié. Ceux qui ont dû rester à bord reçoivent leur famille. Femmes et enfants animent les couloirs du *Radisson*.

A la timonerie, Antonio et Martial montent la garde. Les heures sont longues, ponctuées seulement par la sonnerie du téléphone, car depuis ce matin, on est «*stand by* à douze heures», c'est-à-dire que les marins doivent être en mesure de rejoindre le brise-glace dans les douze heures qui suivent l'appel. Ou ils laissent un numéro de téléphone ou ils se débrouillent pour rester en contact avec le *Radisson* — d'où ces nombreux coups de fil. L'attente peut durer plusieurs jours. C'est une période de tension assez pénible pour les gars comme pour leur famille; lorsque le départ se fait attendre de la sorte, on en vient à le souhaiter.

Mercredi matin, le bruit court que nous partirons samedi. Ce sera alors la veille d'une autre fête, celle du Canada cette fois, observée également au Québec, tout au moins par ceux qui travaillent pour des organismes gouvernementaux comme la Garde côtière. Quelques marins m'invitent chez eux, ce qui me permet de les voir dans leurs familles. A chaque fois que je quitte ou que je regagne le navire, un des hommes de vigie m'observe avec ses jumelles. Je n'ai jamais rencontré de femme aussi curieuse que ce type-là. Il me tape déjà sur les nerfs, qu'est-ce que ça va être en mer! Pas mauvais bougre, mais maladivement curieux. Je l'ai surnommé M$^{r.}$ CIA.

En mon absence, un marin rencontré l'été dernier à bord du *D'Iberville* a déposé des fleurs dans ma cabine.

Du coup, je songe qu'il me faudra acheter des plantes. La fleuriste, de l'autre côté du quai, a déjà été dévalisée par les gars et il ne lui reste que des petits canards en terre cuite avec une plante grasse dedans. Non merci, pas de cactus! Mais le canard me tente, il est charmant. Je choisis quelques plantes vertes qui résisteront, je l'espère, non pas au froid — ce n'est pas un problème — mais... à la climatisation.

— Il faut absolument que tu voies le *N.-B.-McLean*, Monique, me dit son ancien chef mécanicien.

Le navire, construit en 1930, vient d'être désarmé. Il faisait déjà figure d'ancêtre avec sa coque ronde et ses deux cheminées. On ne savait pas trop quoi en faire, lorsqu'un cinéaste a demandé à utiliser l'intérieur comme décor pour tourner un film d'épouvante sur la période nazie intitulé *Dead Ship*. La chambre de torture, les toiles d'araignée fabriquées à l'aide d'un spray, tout cela est si bien fait qu'on en frissonne, mais certains sont choqués de voir leur navire ainsi maquillé. De toute façon, la mise à la retraite est toujours une chose mélancolique. Qu'il soit transformé en musée, en restaurant ou qu'il aille à la ferraille, du moment qu'il ne peut plus naviguer, ce n'est plus un navire. Certains aimeraient que le

McLean soit mis à l'ancre dans le vieux port et aménagé de manière à évoquer la navigation d'hiver sur le Saint-Laurent et l'exploration de l'Arctique canadien. Ce serait effectivement une digne fin pour ce vieux loup du Nord.

Le 7 février dernier, ses marins lui ont rendu hommage dans le bassin Louise, où il attend qu'on statue sur son sort. Une dernière patrouille, des adieux émouvants et une ultime inscription dans le livre de bord: «Mission terminée.» Un demi-siècle de navigation, un record qu'aucun brise-glace n'égalera plus. Tous les navires au port ce jour-là ont actionné leur sifflet et ceux qui étaient au loin ont envoyé un télégramme. Plusieurs de ses anciens commandants et chefs mécaniciens étaient là, et nombreux étaient ceux qui y avaient fait leurs premières armes. Espérons que l'un d'eux écrira son histoire.

Départ... pour l'hôpital

Départ samedi, c'est confirmé. Plus que trois jours à attendre. Paul Toussaint passe me voir et m'invite à l'accompagner chez lui le lendemain, jeudi, à La Petite-Rivière, sur la rive nord. Au milieu de la nuit, une curieuse douleur me réveille. Comme je me sais en parfaite santé, je ne comprends pas. Impossible de me rendormir, la douleur s'amplifie rapidement. Je la sens maintenant à l'aine et dans le bas du dos; c'est comme une aiguille qui me traverserait de part en part. Je me lève, je marche. Rien n'y fait. J'attends encore, n'osant déranger l'infirmière. Ce n'est rien, ça va sûrement passer. Mais non, me voilà même pliée en deux. Qu'est-ce que ça peut bien être?

Je me décide à appeler Lise. Quand elle entre dans ma cabine, ma pâleur suffit à lui faire comprendre que j'ai attendu longtemps avant de la réveiller.

— Il faut appeler un taxi et aller à l'hôpital, ordonne-t-elle.

J'ai trop mal pour discuter. J'éprouve même de la peine à marcher. Aux urgences, l'attente est longue. Les infirmières sont en grève et n'assurent qu'un service minimum. Après des examens approfondis, l'équipe médicale conclut à des coliques néphrétiques.

Vers 6 heures du matin, la douleur passe aussi brusquement qu'elle était venue. Je réclame mes vêtements, parle au médecin et quitte l'hôpital afin d'être de retour à bord pour le petit déjeuner. Pourvu seulement que ça ne se reproduise pas! Dans le couloir qui mène à la salle à manger, le commandant me barre le passage.
— Il vous faut un certificat, me dit-il.
C'est vrai qu'on ne plaisante pas avec le service de santé, à bord. Bon, j'irai en demander un à l'hôpital. Paul Toussaint m'attend et nous partons pour La Petite-Rivière.
Il fait très beau, la journée sera chaude. Je suis contente de me mettre un peu au vert. Paul habite au bord du fleuve, qu'il s'obstine à appeler «la mer», tant il est large à cet endroit. Sa femme nous attend, encore contrariée par le départ de son fils qui vient de se marier. Et pourtant, il n'a pas quitté le village... Son autre fils navigue. Elle a rarement ses trois hommes ensemble à la maison.
A l'heure du café, un jeune voisin passe nous voir, tout heureux car il vient de réussir la partie écrite de son examen de navigateur. Les villages côtiers engendrent ainsi des générations de marins. Beaucoup moins aujourd'hui, mais la tradition se maintient néanmoins. On repart pour être à l'heure au navire. Paul reprend son quart à 16 heures et il faut encore passer à l'hôpital pour le certificat. La marée basse élargit la rive pierreuse. La chaleur augmente à mesure qu'on s'approche de Québec pour devenir étouffante au centre ville.
— Il me faut un certificat pour pouvoir rester à bord, dis-je au médecin.
Administration oblige, je tiens à partir.
Au souper, je suis invitée sur le brise-glace voisin. En grimpant à bord, j'aperçois le *Rogers* qui quitte le quai avec, à son bord, les maires des communes (ici on dit paroisses) environnantes. Les brise-glace font vraiment de tout — même des balades diplomatiques.
Il me tarde qu'on soit au large; ces prolongations commencent à me peser. La journée, ça va, le quai est animé; mais le soir, tout est désert. Il n'y a plus que les gars qui sont de quart et les gardiens, à la guérite, qui contrôlent entrées et sorties.
La nuit est douce et, du *sun deck*, je regarde les cargos glisser silencieusement sur l'eau. Des pavillons du monde entier défilent en direction de l'océan.
Les traversiers (bacs) qui relient Québec à Lévis leur coupent la route toutes les demi-heures.
Encore trente-six heures et ce sera notre tour d'appareiller. Je me couche.

Presque à la même heure que la nuit dernière, la douleur revient. J'avale quelques-unes des pilules que m'a données le médecin de l'hôpital, et j'attends. Pourvu que ça ne recommence pas! Nous approchons du départ; il y a six mois que j'attends ce jour-là. Je voudrais bien quitter le navire en douce pour retourner à l'Hôtel-Dieu, mais c'est impossible. Il me faut un taxi, et seul le téléphone de la timonerie peut m'en appeler un. Inutile de tabler sur la discrétion de la vigie.
— Où vas-tu, Monique?
— M'amuser un peu!
— A cette heure, y a plus rien d'ouvert! Tu retournes à l'hôpital?
Avec la mine que j'ai, je ne dois pas être très convaincante.
— T'inquiète pas, lui dis-je, je partirai avec vous. Je suis là pour ça.
Je commence à me sentir chez moi aux urgences. Les infirmières me reconnaissent, elles viennent me parler. Je dois patienter parce qu'on amène des blessés de la route. Il y a encore plus de monde qu'hier. C'est un vrai poème, le service des urgences d'une grande ville. Une pute complètement beurrée va de l'un à l'autre. Un type plutôt bon genre, installé sur une chaise roulante avec ce que je crois être un ménisque, essaie de l'ignorer, mais pas moyen: elle en rajoute. La scène me distrait un moment de ma douleur. Le médecin de la veille entre.
— L'ennui, dans les hôpitaux, lance-t-il, c'est qu'on voit toujours les mêmes têtes!
On est bien forcé de sourire. Ce qui est moins drôle, c'est qu'il faut refaire les radios; ils ont égaré celles d'hier. Un peu avant midi, la douleur disparaît. Inutile de moisir ici. Je demande un deuxième certificat, ça m'évitera de revenir...
A table, je n'ai vraiment pas faim, mais je me force à avaler quelque chose, car l'infirmière m'observe.
— Il faut que je te parle, me dit-elle en se levant.
Je lui tends immédiatement mon nouveau certificat et elle va voir le commandant.
— Je regrette, mais tu ne peux plus embarquer, m'annonce-t-elle en revenant.
Il me semble que je perds ce qu'il me restait de couleurs.
Je grimpe quatre à quatre les marches qui mènent à la cabine du commandant. Jean-Louis m'emboîte le pas. Il est venu me chercher à l'hôpital pour me ramener au navire. Il fait une tête... on dirait que c'est lui qu'on force à débarquer.
Le commandant m'explique que deux de ses hommes ont dû quitter le *Radisson* hier, pour raison de santé, et que la règle est la même pour tout le monde.

— C'est le service de la santé qui décide, conclut-il, je n'y peux rien.
Je note au passage qu'il n'a pas l'air de goûter l'intrusion de ce pouvoir extérieur sur son navire.

— Ça ne sert à rien que je reste à l'hôpital, lui dis-je, les médecins ne peuvent rien faire. Ces douleurs peuvent revenir ou pas. J'ai des pilules, je veux partir. J'ai travaillé six mois pour ça. Il est impensable qu'on me laisse en rade!

Le commandant est inébranlable.

— De toute façon, m'écrié-je, on m'a fait signer un papier déclarant que j'étais entièrement responsable de tout ce qui pouvait m'arriver! Alors, je ne comprends pas, le service de santé n'a pas à intervenir... Pour les marins d'accord, c'est l'Etat qui devra débourser si quelque chose leur arrive en pleine mer, mais pas pour moi!

Inutile d'insister. Je plaide dans le vide.

Cette fois, c'est foutu. Et pas un mot d'encouragement, ni de consolation. Rien, le silence. Si au moins je savais ce qu'il signifie. Quant à ma propre mine, je suppose qu'elle se passe de légende.

Je salue et je sors.

Je vais m'asseoir sous les canons du quai. J'ai besoin de mettre de l'ordre dans mes idées. Renoncer? Pas question. Ça, je ne peux pas. L'infirmière-chef passe. Je détourne la tête. Ah! si ces canons étaient en état de fonctionner!

Lorsque presque tous les gars ont quitté le *Radisson* pour aller passer leur dernière nuit en famille, je regagne ma cabine et commence à faire mes malles. J'en oublie l'heure du repas. Pour tuer le temps, je passe à la *pantry* boire un café.

Le premier officier et l'infirmière finissent de dîner.

Dans la soirée, je téléphone à Victor, le chef mécanicien qui a fait le voyage l'été dernier. Il faut absolument que je parle à quelqu'un, à quelqu'un qui comprenne. C'est sa femme qui répond. Ils seront là dans quelques instants. On parle une bonne partie de la soirée. Pour elle, qui est infirmière, ce genre de douleurs est, paraît-il, pire qu'un accouchement!

Victor, en me quittant, dit simplement:

— Faut quand même essayer de faire quelque chose.

Attendre et partir dans un mois avec le *D'Iberville* serait une solution, mais ce n'est pas tout à fait pareil. Je voulais effectuer un long voyage et changer éventuellement de brise-glace pour le retour.

A qui vais-je offrir mes plantes vertes? Allez, sans rancune, à Lise.

— Je te les soignerai en attendant que tu reviennes, me dit-elle.

— Tu plaisantes? Je suis mise à la porte et tu attends mon retour?

Je traîne sur les ponts. Je n'ai pas sommeil. Dans neuf heures, le *Radisson* appareillera. Sans moi.

Aux petites heures, comme chaque fois, la douleur réapparaît.

Bon, foutu pour foutu, autant ne pas assister au départ. J'étais censée débarquer vers 9 heures, je vais le faire tout de suite. J'ai les nerfs à cran.

Je quitte le navire en pleine nuit et cette fois pour de bon, sous l'œil toujours ouvert de M$^{r.}$ CIA.

Ma résistance commence à s'émousser à la douleur. Je téléphone de l'hôpital. Jean-Louis se chargera d'évacuer mes bagages, Lise de prévenir le commandant. Aux urgences, je vais directement m'étendre sur un lit: j'ai mes habitudes! La vie pathétique du service me distrait un peu de mes malheurs. Si j'en avais le cœur, je ferais un reportage ici, ça en vaut la peine.

A 9 heures pile, j'entends la sirène du brise-glace. Le *Radisson* fait ses adieux.

Ma voisine de lit se lamente à haute voix: «J'veux mon linge, j'veux m'en aller.» Les infirmières tentent de la retenir. La putain de l'autre soir reprend le couplet. «La patience est la mère des vertus», fait remarquer un malade, mais la fille n'entend que le mot vertu et réagit violemment. Le cirque, quoi! Le médecin arrive et, croyant me faire plaisir, il me dit:

— Le navire est parti. Il y avait foule.

Et comme je ne réponds pas, il ajoute:

— Ne vous en faites donc pas, vous aurez une chambre avec vue sur le fleuve.

Jean-Louis arrive. Il m'apporte des fleurs, ma radio et des journaux. Il a laissé mes bagages au port, sous bonne garde.

— Je prends mes vacances aujourd'hui, me dit-il, c'est pas d'chance. Qu'allez-vous faire?

— Ne vous inquiétez pas pour moi. Je ne sais pas encore, mais je trouverai. Dès que la douleur s'arrêtera, j'aviserai. Peut-être pourrai-je rejoindre le navire quelque part, s'il n'est pas trop loin.

Je suis au cinquième étage et ma chambre donne non pas sur le Saint-Laurent, mais sur le bassin Louise où le *McLean* mouille, abandonné. Voilà qui n'est pas fait pour me remonter le moral. A l'approche de la nuit, les sirènes de police se font plus insistantes. Nous sommes le dimanche 1er juillet; c'est la fête nationale du Canada.

A l'aube, et pour le quatrième jour consécutif, la douleur revient. Mais cette fois, je suis sur place. Une piqûre et quand je me réveille, la brume est sur Québec... et dans ma tête aussi. Deux jours fériés en perspective. Je dessine une carte de mémoire et j'essaie de deviner le cheminement quotidien du brise-glace. Où sera-t-il mardi? Deux jours et demi pour descendre jusqu'au golfe, deux jours et demi pour remonter la côte du Labrador — il devrait être à l'entrée du détroit d'Hudson.

On m'apprend que, mardi, plusieurs personnes de l'étage vont être opérées pour calculs rénaux. Dans mon cas, ce serait difficile: la radio n'a décelé aucune pierre! Il se peut que de petites aient échappé aux rayons et s'en aillent toutes seules. Je bois carafe d'eau après carafe d'eau pour y aider. Lundi matin, deux pierres minuscules ont été repérées dans le filtre. Première nuit sans douleur. J'exulte.

En revanche, la tempête a sévi sur le fleuve; les gars du *Radisson* ont dû se faire brasser. L'infirmière des urgences qui a fini son service vient me voir. Elle a l'air crevée.

— C'est bien agréable d'avoir un vrai malade de temps en temps, me dit-elle, et pas seulement des clochards, des putes, des suicidés ratés. Un malade normal, quoi!

On rit, et pourtant il n'y a vraiment pas de quoi. Je brandis mes petites pierres, précieusement conservées pour le médecin qui va me signer mon bon de sortie. Il passe peu avant midi:

— Bon, me dit-il en tendant une ordonnance, prenez ça si ça recommence. Et rappelez-vous: ni lait, ni fromage, ni crème, à cause du calcium. Buvez beaucoup, et marchez. Bonne chance et... revenez nous voir!

J'ai hâte d'être à mardi matin.

8 h 30, j'empoigne le téléphone. Le gestionnaire de la flotte est là. Une chance qu'il ne soit pas en vacances.

— Bonjour, c'est Monique. Oui, merci, je vais très bien. C'est fini, j'ai mon certificat médical, tout est en ordre. Où se trouve le *Radisson* ce matin?

Calmement, l'homme me recommande d'aller chercher un autre feu vert, celui des infirmières du Ministère de la santé. La clinique médicale donne sur le quai, près des navires.

— Bonne chance, ajoute-t-il, narquois.

J'y cours.

— Ne vous en faites pas, je l'aurai — et je vous rappelle.

J'enfile mon jean d'une main, en vidant ma tasse de café de l'autre. Dans les couloirs, je croise l'infirmière. Je ne sais pas si elle a compris que je partais. Peu importe, je file à la comptabilité. Il ne faudrait tout de même pas qu'ils pensent que je pars comme une voleuse.

— Envoyez la facture à cette adresse. Je ne serai pas de retour avant trois ou quatre mois, mais vous serez payés, ne vous en faites pas.

Le quai de la Reine est à trois minutes en taxi. Les gardiens de la guérite me demandent de mes nouvelles. C'est gentil, ça.

— On a mis vos bagages dans une pièce qui ferme à clé, me disent-ils.
Je prends d'assaut l'infirmerie, et je crie plus que je ne demande:
— L'infirmière-chef, vite, je suis pressée.
L'infirmière-chef est une femme de fort gabarit. Visiblement, mon énervement l'amuse.
— Voulez-vous téléphoner au gestionnaire et lui dire que vous ne voyez plus d'inconvénient à ce que je rejoigne le brise-glace, s'il vous plaît.
Je lui tends le certificat médical, lui montre mes pierres — sans répondre à son sourire.
— Vite, dis-je, j'ai assez perdu de temps comme ça. Il faut que je rattrape le *Radisson*.
— Voilà votre dossier médical, me répond-elle. Si vous deviez avoir une nouvelle crise, vous débarquerez aussitôt, n'est-ce pas?
Cette fois, je souris moi aussi et je me jure bien que lorsque je serai à bord, personne n'entendra plus parler de mes douleurs; je me débrouillerai.
Je rappelle aussitôt le gestionnaire.
— Alors, où se trouve le *Radisson*?
— Vous ne m'avez pas laissé le temps de vous le dire tout à l'heure. Figurez-vous...
Incroyable mais vrai: le brise-glace, parti samedi, est tombé presque tout de suite en panne de transmetteur. Il mouille actuellement à Pointe-Lebel, en face de Baie-Comeau, à mi-chemin entre Québec et le golfe.
— Quelle veine!
— Ne dites surtout pas ça au commandant. Il est furieux d'avoir dû partir une veille de fête et pour rester bloqué si près de Québec.
C'est son problème, moi ça m'arrange.
Hier, j'avais téléphoné à toutes les compagnies aériennes du Nord pour connaître les tarifs entre Québec et Deception Bay, Québec et Fort-Chimo. A Baie-Comeau, je vais pouvoir y aller en autobus ou en voiture de location. Ou peut-être même en avion. En tout cas, ce contretemps va me faire faire des économies.
— Dépêchez-vous quand même, me prévient mon interlocuteur. Je crois que le navire compte repartir cet après-midi!
Aïe, c'est court! Mais je ne vais quand même pas lui courir derrière jusqu'au pôle! Et je ne peux pas non plus demander à un navire d'Etat avec un équipage de soixante-quatre personnes de m'attendre! Que faire?
— Vous pouvez toujours prendre le *D'Iberville* qui part dans quelques semaines.
— Non, pas question. Et le vraquier *Arctic*?

— Il a changé son programme.

Décidément, ce ne sont pas les imprévus qui manquent.

— Allez donc voir le surintendant des aides à la navigation, me conseille finalement le gestionnaire. Peut-être que l'un de ses hélicos aura à faire aujourd'hui dans ce coin-là.

Ce serait trop beau, mais j'y cours. A partir de maintenant, chaque minute compte.

Dans ces bureaux à l'ambiance feutrée, détendue, je détonne avec mon survoltage. Le surintendant passe plusieurs coups de fil. Il joint le *Radisson* pour s'assurer du temps qui me reste. On consulte à nouveau les horaires des différents moyens de transport pour Baie-Comeau. L'avion vient de partir, l'autobus également. Il resterait bien la voiture de location, mais ça prendrait un temps infini et je ne me sens pas en état d'accomplir un tel trajet au volant. Les médicaments m'ont un peu assommée.

Deux heures se sont écoulées depuis mon départ de l'hôpital, quand le surintendant m'annonce enfin:

— Bon, il y a un hélico qui s'apprête à décoller. Il faudrait vous dépêcher.

— Où va-t-il?

— A Rivière-du-Loup.

— Mais c'est sur la rive sud!

— Oui, oui... Partez toujours, vous verrez bien.

Je remercie et je détale. Un gars du service m'aide à transporter mes bagages jusqu'à l'hélico dont le rotor tourne déjà en bout de quai.

Le pilote s'appelle Bertrand; son mécanicien Joe.

Ils poussent un cri en apercevant mes valises.

— On ne peut pas emporter tout ça!

Bon, voilà autre chose! Je soupire:

— Gardez les bouteilles. Le reste, j'en ai absolument besoin, c'est mon matériel.

En insistant un peu, ils finissent par tout caser.

— Gardez vos bouteilles, me dit le pilote, vous serez contente de les avoir ces prochaines semaines.

11 h 45, nous décollons. Ouf, tout rentre dans l'ordre! Mais j'ai eu chaud. Déjà, le château Frontenac n'est plus qu'une maison de poupée. Je prends quelques photos aériennes du fleuve.

A mesure que défilent les paroisses côtières, clocher pointu luisant au soleil, le ciel s'obscurcit. La rive nord du Saint-Laurent a l'air nettement plus accidentée, plus montagneuse même que la rive sud. Vers 12 h 30, nous nous posons à Rivière-du-Loup, sous une forte averse de grêle. Une équipe joviale nous accueille dans le baraquement du petit aéroport. C'est l'équipage d'un autre hélicoptère. Tous ensemble, nous allons déjeuner en ville. La pluie imbibe mes espadrilles et me gèle jusqu'à la moelle.

En repartant, j'achète quelques journaux. Les gars du *Radisson* apprécieront sûrement d'avoir des nouvelles fraîches.

Les deux hélicos volent de compagnie au-dessus du fleuve, puis notre voisin vire en direction de Québec, tandis que nous mettons le cap sur Baie-Comeau. Nous sommes censés atterrir sur la piste de Pointe-Lebel, où l'hélico du brise-glace viendra me prendre, mais après être entré en contact avec le *Radisson*, le pilote me dit que nous allons nous poser directement sur le navire. «Le café vous attend», lui a crié l'opérateur radio. Allons, les choses ne s'annoncent pas trop mal...

J'essaie de me repérer sur la carte. C'est moins facile qu'il n'y paraît. Forêts et rivières se succèdent et les points de repère ne sautent pas aux yeux du profane. Le pilote fait un petit détour pour éviter un gros nuage noir. La baie est en vue. Plusieurs navires entourent le *Radisson* qu'on repère immédiatement, avec sa coque rouge barrée de blanc. C'est la fin de mon odyssée; je reprends mon reportage au point où je l'avais laissé.

Les matelots sont en train de repeindre le pont. Deux d'entre eux m'aident à porter mon matériel. Je retrouve ma cabine, et je me laisse tomber dans un fauteuil avec un immense soupir.

— Le commandant vous attend sur la passerelle, me glisse le chef officier par la fente de la porte.

— J'arrive!

Atmosphère de salon. On attend le spécialiste qui doit apporter les pièces et réparer la panne. Je fais diversion, en quelque sorte.

— Vous croyez que vous allez nous porter chance? me demande, un peu narquois, le commandant, tout en épiant ma mine.

On m'offre une tasse de café et je les écoute parler entre eux. Il y a de la grogne et de l'impatience. Je l'ai déjà dit, les marins n'aiment guère être à l'ancre. Après le départ, plusieurs fois retardé, de Québec, la panne les a surpris après une journée et demie seulement de navigation, et cela fait maintenant deux jours qu'ils sont immobilisés. Pièces et techniciens devraient arriver dans la soirée, par avion. Si tout se passe comme prévu, nous repartirons demain matin.

Et maintenant, cap sur l'infirmerie! J'ai deux mots à dire à Lise.

— Ah, Monique, te voilà!

Je lui remets tous les dossiers que m'a confiés sa supérieure... sauf le mien. Je l'ai noyé dans le Saint-Laurent. Désormais, je m'occupe seule de ma santé.

Je n'ai plus le cœur à la bousculer, elle n'a pas l'air en forme.

— Dis donc, Lise, tu devrais débarquer; les pierres sont peut-être contagieuses...

L'ironie la remet sur pied plus sûrement que la compassion.

Cette fois, c'est la nervosité qui m'empêche de trouver le sommeil. Je bavarde avec le deuxième officier de quart, à la timonerie. Qui aurait pu dire hier que je dormirais sur le *Radisson* ce soir? Il y a un Bon Dieu pour les fous!

Les premiers jours ne sont pas faciles. Je suis mal dans ma peau, je n'arrive pas à trouver le contact avec les autres, je traîne sur les ponts en regardant la mer. Je me dis que j'ai besoin de récupérer, mais je sens bien que c'est plus moral que physique.

En fait, je suis frappée par la différence entre le climat qui régnait sur le *D'Iberville*, l'été passé, et celui que je ressens ici. Il faut que je m'adapte. J'ai l'impression que certains préfèrent que je leur dise «salut», d'autres «bonjour» — et d'autres rien du tout. Sur un bateau, les choses les plus insignifiantes prennent parfois une ampleur démesurée; il ne faut jamais l'oublier.

Nous faisons route vers le détroit d'Hudson pour réactiver les aides à la navigation. J'ai l'autorisation de feuilleter le livre de bord et je ne m'en prive pas. A la date du samedi 30 juin, je lis: «8 h, réchauffons les machines; 9 h 10, lâchons les amarres et quittons le quai; 9 h 30, vitesse normale, 4 diesels en opération. 11 h 35, cap Brûlé, puis cap Maillard, Cap-aux-Oies, Cap-au-Saumon, Saint-Siméon, l'île Blanche, le chenal des Escoumins, Rimouski et pointe Mitis. Dimanche à l'aube, le brise-glace était au large de Matane et, vers midi, à hauteur de Pointe-des-Monts pour amélioration de visibilité afin de calibrer le D.F. (radiogoniomètre). 19 h 25, jetons l'ancre bâbord et stoppons machines au large de Baie-Comeau. Calibrage du radiogoniomètre impossible, bris de l'appareil. Deux transmetteurs Collins pour la télégraphie hors service.

»Lundi et mardi, toujours dans la baie des Anglais. Départ mercredi à 11 h 25.

»Jeudi dans la matinée, alors que nous avons dépassé Natashquan, nous apercevons une baleine blanche, morte, qui flotte sur le dos. L'équipage avait d'abord cru à une chaloupe retournée.»

Retrouvailles avec le continent blanc

Je descends aux cuisines faire connaissance avec le chef. «Attention, m'a-t-on prévenue, il n'est pas commode.» Les salutations de Victor, que je lui apporte en guise de carte de visite, me valent un jus d'orange. Puis le chef me présente au maître d'équipage. Lise me dit avoir été chahutée lors de sa première descente. Je n'ai pas l'intention de forcer les portes, je procéderai par étapes: la politique des petits pas...
Je croise la commission de propreté composée du commandant en personne, du chef mécanicien, du commissaire et de l'infirmière. Ils inspectent tout — du pont supérieur à celui des officiers en passant par celui des chaloupes.
Gare au laisser-aller!
Dans l'après-midi, rassemblement aux postes d'incendie. Un bleu allume tranquillement une cigarette. Surgit le maître d'équipage:
— Regardez donc sur quoi vous êtes assis!
Des jerrycans. Heureusement, ils ne contiennent pas de carburant, mais de l'eau distillée. N'empêche...
Dans la soirée, nous entrons dans le détroit de Belle-Isle. Ça bouge un peu, on va se faire bercer cette nuit!
— Tu viens voir le film, Monique?
— C'est quoi au juste?
— *Rencontres du Troisième Type.*
— Merci bien, j'en ai déjà rencontré soixante et un aujourd'hui!
Les premiers icebergs apparaissent le lendemain matin, et la vague va en s'amplifiant tout le jour. Les tables sont incomplètes, et ceux qui sont présents mangent de préférence des omelettes, de la soupe.
Après une semaine de navigation, le *Pierre-Radisson* remonte la côte du Labrador. Les premiers champs de glace (7/10es) viennent à notre rencontre dans l'après-midi du samedi. En quatre heures — de 16 à 20 heures — les officiers de quart ont dénombré quarante icebergs.
Le commissaire me prévient discrètement qu'un film érotique est au programme de la soirée. O.K., je passerai la veillée sur la passerelle à admirer le clair de lune!
Notre course et notre vitesse sont dictées par les glaces. A l'approche des îles Button, au nord de la pointe du Labrador, le timonier réveille l'équipe chargée de réactiver les aides à la navigation. L'hélico va les emmener. Pendant un mois, l'électronicien du bord, un étudiant en génie

civil et un ou deux matelots vont remettre les feux en marche, inspecter leurs structures. D'énormes batteries viennent remplacer les anciennes. Les réparations et améliorations plus importantes seront effectuées par un autre brise-glace, dont c'est plus spécialement la fonction. L'étudiant m'a promis de m'expliquer tout cela en détail. C'est dimanche: les officiers revêtent leur tenue N° 1. En Europe, on appelle ça se mettre sur son trente et un, au Canada, sur son trente-six!

Pour un peu, aujourd'hui, on se croirait dans la mer des Antilles, il fait 20 degrés. Le deuxième officier me prête ses jumelles pour observer un phénomène courant dans l'Arctique, celui de la réfraction. L'image renversée, qu'on aperçoit comme suspendue au-dessus de l'horizon, est celle d'un objet, d'un navire par exemple, qu'on ne voit pas normalement. Ce phénomène est dû à des différences de température dans les couches d'air. Il se produit surtout lorsque la mer est froide et l'air plus chaud. On assiste par ici à bien d'autres phénomènes curieux, comme le parhélie (halo autour du soleil) ou les mirages. Les uns dont dus aux cristaux de glace en suspension dans l'atmosphère, les autres à la présence de couches d'air de densité différente. Il y a aussi l'effet de loupe, plus connu, qui fait

Cape Dorset. A de rares exceptions près, les villages inuit présentent le même aspect. Une route de terre bordée de poteaux, un centre social et communautaire, une Baie (super-marché) et des maisons aux couleurs qui tranchent sur le paysage.

Pages suivantes:
A gauche en haut: Le premier brise-glace à se rendre dans l'Arctique, fin juin ou début juillet, remet en fonction les feux de navigation et les radiophares. Ce travail ne pourrait se faire sans l'hélicoptère. Ici, Ashe Inlet (sur Grosse-Ile) doté d'un radiophare.

A gauche en bas: Remise à l'eau de l'ancre de bâbord, enfin déprise de l'ancre de tribord. Le clair de lune est plus laborieux que romantique cette nuit-là dans la baie de Déception! Sans la présence du Radisson *à ses côtés, le* Rogers *aurait été bien ennuyé.*

A droite en haut: Les anciens bâtiments de la Baie d'Hudson à Apex, non loin de Frobisher, datent de... 1670. Une compagnie indissociable de l'histoire des Territoires du Nord-Ouest.

A droite en bas: Retour au navire avec la barge. Les gars qui ont pu parler à leur famille par téléphone sont songeurs, mais plus encore ceux qui n'ont pas réussi à la joindre.

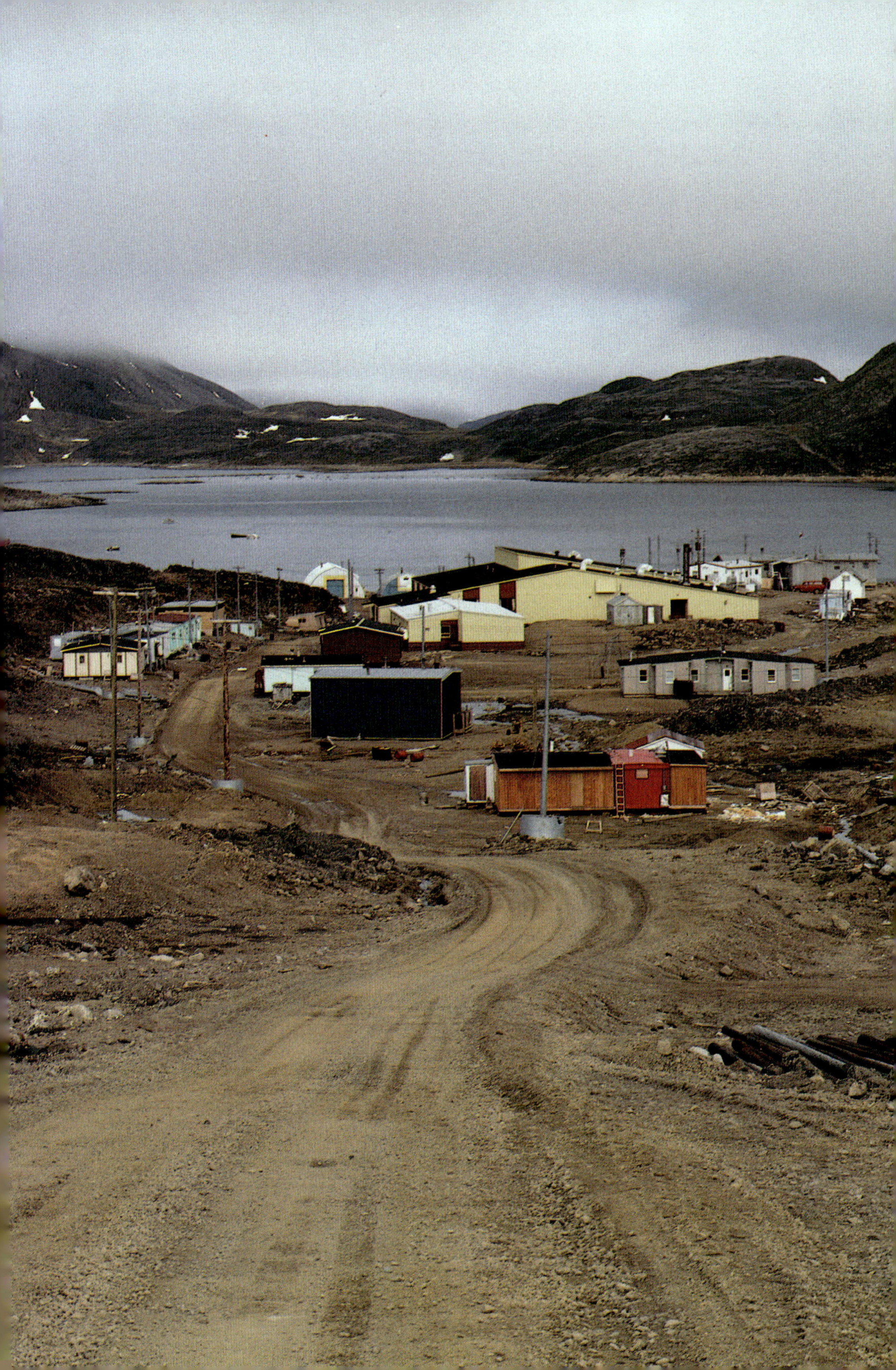

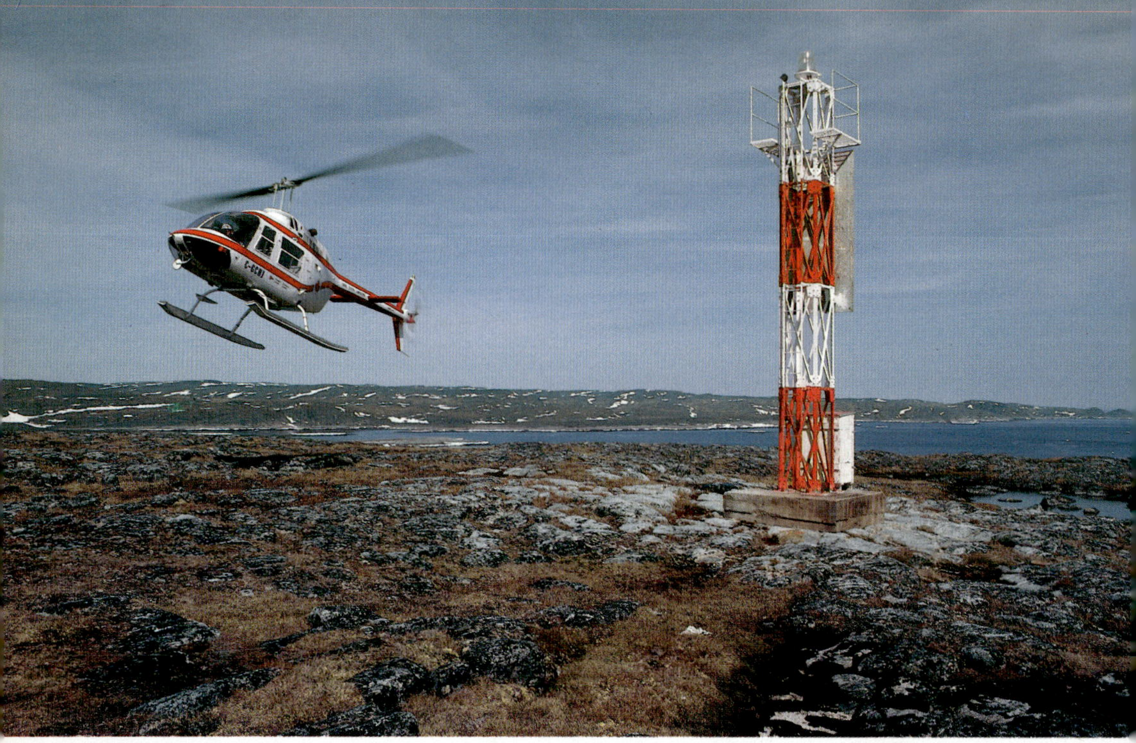

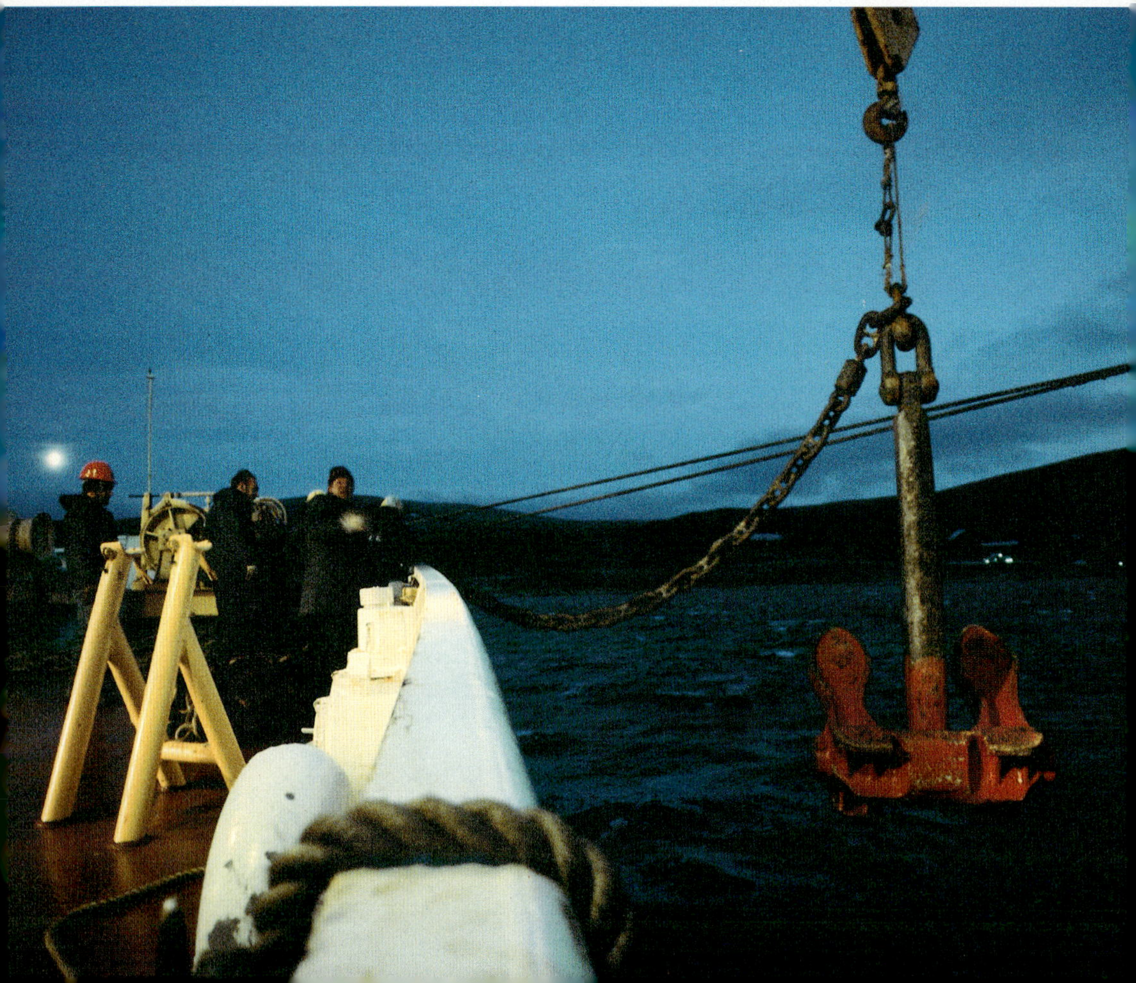

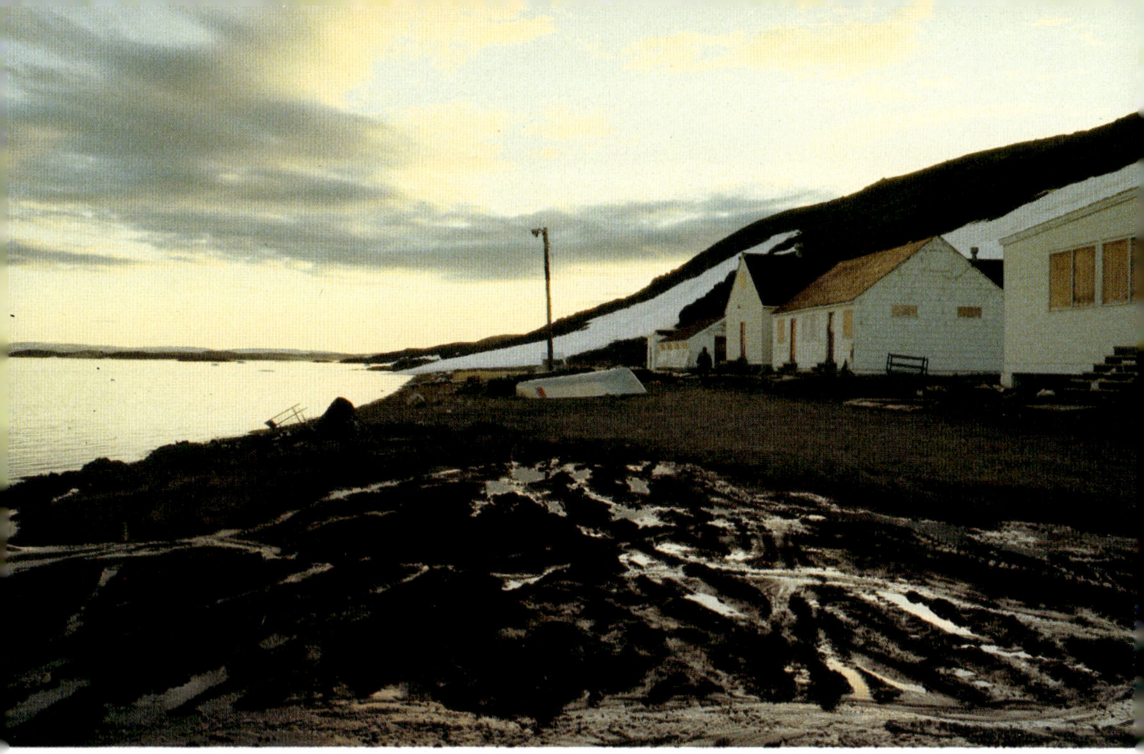

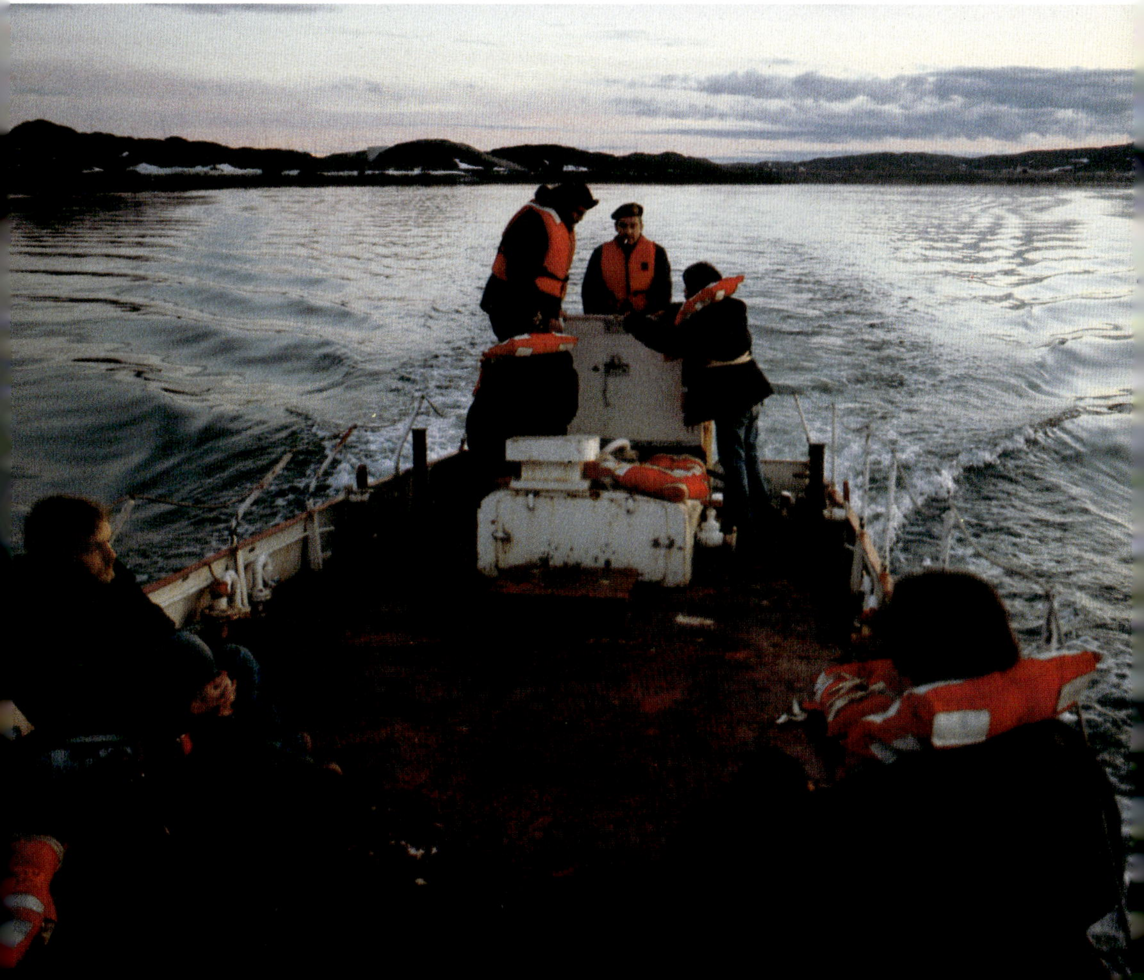

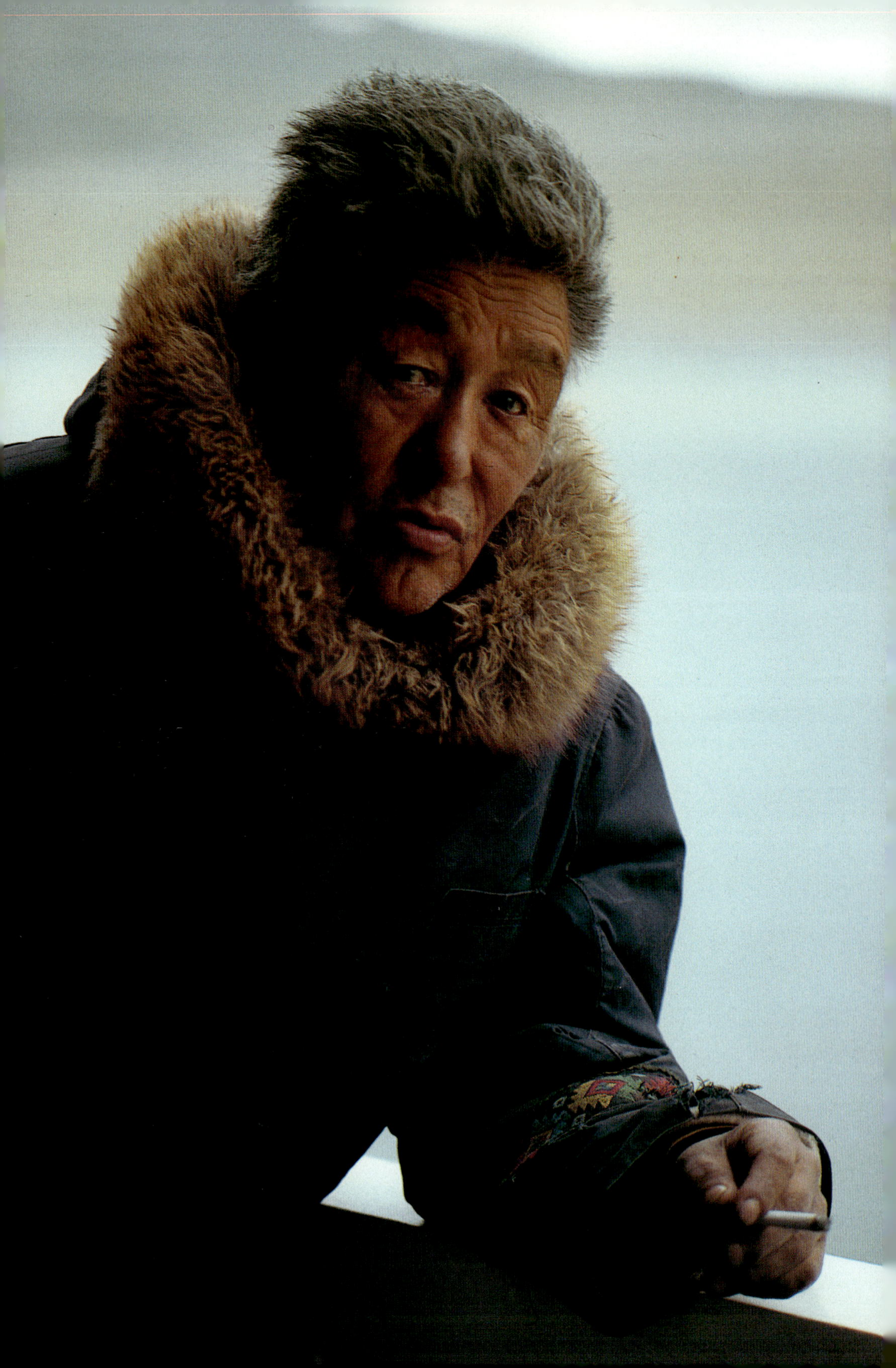

apparaître une côte plus proche qu'elle n'est en réalité. La réfraction indique qu'un changement de température va se produire; c'est en tout cas l'avis du capitaine. Le *Chesley-A.-Crosbie*, dont j'avais fait la connaissance l'été dernier, demande une escorte pour aller jusqu'à Fort-Chimo, au fond de la baie d'Ungava. Près du mess, le commis a affiché le calendrier des départs des autres brise-glace.

Le *Rogers* a quitté Québec aujourd'hui, 9 juillet; cap au nord. Le *Franklin*, frère jumeau du *Radisson*, est parti la veille de Victoria, sur la côte ouest. Il doit rejoindre la base de Saint-John's, à Terre-Neuve, par le passage du Nord-Ouest. Le *Louis-S.-Saint-Laurent*, basé en Nouvelle-Ecosse, surnommé l'éléphant en raison de sa taille et de sa puissance, a quitté Halifax pour le détroit de Lancaster. Le *D'Iberville*, le *Labrador* et le *J.-E.-Bernier* ne sont pas encore partis, mais cela ne saurait tarder.

Les mécanos vont devoir travailler toute la nuit dans la salle des machines pour changer un piston. A plat ventre sur la génératrice voisine, je leur tiens compagnie en prenant quelques photos. C'est encore l'endroit où je les gêne le moins.

Vers 19 heures, le brise-glace interrompt son escorte; la visibilité est nulle. Il faut attendre. Le commandant met à profit cette halte forcée pour dormir un peu.

Il faudrait du vent pour que la brume se dissipe. Le lendemain encore, nous progressons peu, les conditions n'ayant guère évolué. A bord, les marins s'affairent au nettoyage.

Mardi à l'aube, le réchauffement des machines en réveille plus d'un. Ciel clair, glace 10/10es d'une année seulement.

Au petit déjeuner, le *Chesley* nous quitte pour suivre la rivière Koksoak jusqu'au village esquimau. Dans les couloirs, un gars fredonne: «Quand le bateau arrivera à Tahiti...»

Parka brodé et fourré. Ce pêcheur inuit de la région de Saglouc est monté à bord pour vendre le produit de sa pêche et quelques statuettes en stéatite (pierre de savon) sculptée.

Ici avant Jésus-Christ!

L'équipe des «lumières» s'en va vérifier les alignements de la rivière Koksoak. Comme l'hélico doit aller à l'aéroport, j'en profite pour effectuer une rapide visite à Fort-Chimo, en compagnie de Lise, qui doit se rendre à l'hôpital pour échanger des médicaments, et du commissaire dont la femme est sur le point d'accoucher et qui veut absolument lui téléphoner. Deux gars ont débarqué de bonne heure, un technicien qui était resté avec nous depuis la panne de Baie-Comeau, et le commis qui ne va pas bien du tout. «C'est sa blonde qui le réclame», affirme le garçon du mess, qui est au courant de tout.

Le trajet prend une petite demi-heure. La rivière serpente au cœur d'une croûte de pierre brune, garnie de mousses et de lichens. Dans les replis abrités, un peu de neige subsiste. Le gars de la station de radio est venu nous attendre avec sa voiture pour nous conduire au centre du village. Il ne pouvait pas savoir que nous avions envie de marcher. A tout hasard, on passe à la poste pour voir s'il y a du courrier pour le navire. Rien. C'est trop tôt. Un marin m'a chargée d'envoyer un mandat à sa fille, dont c'est l'anniversaire. Je dois également rapporter de l'aspirine. Ce sont des femmes inuit qui tiennent la poste et la caisse du magasin. Trois mots d'anglais, un sourire et quelques gestes. Je fais le tour de l'agglomération. L'inévitable Compagnie de la Baie d'Hudson fait face à l'église. Avec le baraquement de la police, on a ainsi le triptyque de tout village esquimau dans l'Arctique, les trois têtes du pouvoir en quelque sorte.

Nous sommes encore dans le Nouveau-Québec, donc sous administration provinciale, et non fédérale. C'est un détachement de la police provinciale du Québec qui est chargé du maintien de l'ordre.

Plus haut, vers le Nord, ce sera la GRC (Gendarmerie royale du Canada), héritière en droite ligne de la RCMP, la fameuse Police montée. Qu'on le veuille ou non, l'histoire de l'Arctique est indissociable de ces gens-là.

La HBC (Hudson's Bay Company) s'est installée ici dès 1670 pour la traite des peaux dans toute la partie septentrionale du continent nord-américain. Ses initiales anglaises, HBC, ont été traduites ironiquement par *Here before Christ*, «Ici avant Jésus-Christ».

Cet empire bâti sur la fourrure existe encore. Dans les métropoles du Sud, il est connu par les grands magasins qu'on désigne simplement du nom de la Baie — et dans le Grand-Nord, c'est souvent l'unique comptoir du village, bien que, depuis 1959, les Inuit aient créé leurs propres coopératives, qui sont aujourd'hui une cinquantaine.

La police, elle, est venue plus tard dans l'Arctique, après les marchands et les missionnaires.

— Tiens, de l'herbe à coton !

Les touffes laineuses des houppes de la linaigrette sont utilisées pour confectionner oreillers, coussins ou comme ouate aussi. Les Inuit s'en servaient comme mèches pour leurs lampes.

Je retrouve tout le monde au petit snack à l'heure du déjeuner. Les maringouins piquent dur. Le set de table (napperon) en papier représente une carte du Canada indiquant les points de vente de la Compagnie de la Baie d'Hudson. Trois siècles d'exploitation. Je préfère manger directement sur le formica. Rien ne m'agace comme la puissance écrasante.

— Il n'y a pas grand-chose au magasin, remarque Lise.

Rien que des marchandises «de première nécessité», dont les Inuit s'étaient parfaitement bien passés pendant des millénaires. Quant aux vêtements venus du Sud, on a l'impression que ce sont surtout des invendus. Des slips en nylon pour l'Arctique, est-ce que c'est aussi «de première nécessité»?

Fort-Chimo compte un millier d'habitants. C'est un centre de redistribution pour la baie d'Ungava. On y parle surtout l'anglais, un peu le français et l'inuktitut.

Reliés au Sud par le téléphone, l'avion et une station de radio, les gens vivent là toute l'année, à l'exception de quelques Inuit qui chassent et pêchent encore, et mènent donc une vie semi-nomade. Les mariages mixtes ne sont pas rares. L'homme qui nous a rejoints a épousé une Esquimaude et vit ici depuis sept ans. Il tient un petit débit de boissons et de sandwiches qui marche assez bien.

— On boit des quantités astronomiques de bière ici, comme partout dans le Nord, d'ailleurs, nous explique-t-il. On fait venir deux DC-3 pleins par semaine.

En quittant Fort-Chimo, j'aperçois le *Chesley* qui attend patiemment la marée montante pour pouvoir approcher du village. On nous attendait pour remonter l'ancre. Un matelot retire le drapeau de la GCC qui flotte au beaupré quand on est à l'ancre. L'emblème est formé de la feuille d'érable rouge du Canada et de deux dauphins stylisés. Le tout ceint d'un cordon d'or et surmonté de la couronne royale.

La radio annonce que des morceaux de Skylab doivent tomber demain et qu'il se pourrait que ce soit dans les mers canadiennes. Et voilà tous les gars occupés à scruter le ciel.

Cap sur Resolution Island. Le navire pivote sur lui-même pour sortir de la baie d'Ungava. Je note que le *Radisson* n'a pas de cloche; les traditions se perdent. C'est le chef officier qui, par signes et par interphone, communique avec la timonerie pour la manœuvre de l'ancre. Les matelots recouvrent le guindeau d'une bâche gris alu et sanglent le tout avec une cordelette jaune. La glace n'est pas loin. Le courant la pousse. Nous la heurtons à vitesse réduite.

Ralph, l'observateur de glace, a du pain sur la planche. Seul anglophone à bord, on s'aperçoit à peine qu'il existe, tant il est discret, effacé; c'est un grand timide qui sourit souvent. L'électronicien me prête un cordon pour relier ma radio à l'antenne du navire. Je me sens sous-informée, situation particulièrement pénible pour une journaliste. Pourtant, le commandant affiche toutes les nouvelles susceptibles d'intéresser l'équipage, alors qu'il paraît que sur d'autres brise-glace, les gars sont tenus systématiquement dans l'ignorance de ce qui se passe. Les messages en morse perturbent l'écoute radio, et cela toujours pendant les bulletins en français. Le poste que je capte le mieux est CBC Northern Service, diffusé en anglais, français, cri (langue indienne) et inuktitut (esquimau).

Aujourd'hui 11 juillet, 40 000 acres de forêt ont brûlé au sud de Terre-Neuve; on a repéré une nappe de pétrole qui doit provenir d'un navire ayant fait naufrage dans le détroit de Cabot.

Trudeau doit rencontrer la presse pour la première fois depuis sa défaite. A l'étranger, le sommet Sadate-Begin, Somoza à bout de souffle, un tremblement de terre en Chine... La météo est maussade dans le Sud. Ici, il fait beau. Skylab tient la terre en haleine. Les Canadiens ont décidé d'interdire toute circulation aérienne entre 11 h 30 et 12 h 30 à l'intérieur d'un couloir ouest-est d'une largeur de 300 kilomètres, dont l'arc s'étend de Winnipeg/Manitoba à Yarmouth/Nouvelle-Ecosse.

Alors que j'assiste aux vérifications d'une chaloupe, le commandant surgit sur la passerelle à tribord et crie, les mains en porte-voix:

— Skylab est tombé dans l'océan Indien.

Nous sommes un peu déçus.

Les gars ont réactivé les lumières de l'île de la Résolution. Mercredi, dans la soirée, nous pénétrons dans la baie de Frobisher, au sud de l'île de Baffin. Le village se trouve à l'extrémité nord-est de la baie. D'énormes colosses de glace trônent à bâbord et à tribord, comme des sphinx.

Le silence de la timonerie n'est troublé que par le grésillement et les dialogues nasillards des récepteurs radio. Conversations quasi incompréhensibles aux oreilles profanes. Au-dehors, le crépuscule a peint la lune en orange, la glace en rose et l'eau bleue vire lentement au vert. L'hélico rentre de mission. Les matelots remettent en place la vedette à moteur qu'une grue maintient au-dessus de l'eau durant toute la sortie de l'appareil, et cela depuis le jour où l'hélicoptère avait raté son atterrissage et où il avait fallu repêcher les passagers.

Des vols d'oiseaux en formation, probablement des bernaches, rasent à toute vitesse la surface de l'eau devant la proue. Le commandant dicte à vue la route au timonier. Les ordres sont brefs, des chiffres qui précisent le cap ou de simples indications: «Plus vite», «plus lentement».

L'horloge sonne la troisième partie du 8-12. Il sera bientôt minuit, et on peut encore lire et écrire sans lampe.

Le *Radisson* attaque la glace là où la couche est la plus mince. La proue grimpe sur la couche gelée, l'écrase de son poids, mais parfois, lorsque la glace résiste, le navire est soulevé et transporté contre son gré à droite, puis à gauche. Frissons d'acier. Le capitaine a la main accrochée au télégraphe. Un déclic de briquet, une braise de cigarette témoignent que les hommes ne somnolent pas. Ils veillent, immobiles. Le seul mouvement est celui du brise-glace qui se fraie un passage dans un paysage chaotique.

Minuit, changement de quart. Nous avons parcouru 218 milles dans la journée. L'officier termine ses annotations dans le livre de bord et les cadets l'imitent. Ils travaillent en double pour se faire la main. Je passe à la *pantry* pour un dernier café. Un film porno retient quelques gars au salon.

Débarquement à Frobisher

Dans la matinée du jeudi, la radio annonce notre arrivée au village de Frobisher. Nous y serons dans l'après-midi. Tandis que l'équipe des lumières s'envole pour les îles Koojesse et Monument, toutes proches, le maître d'équipage et ses hommes déchargent les marchandises destinées au «beachmaster», responsable des opérations de chargement et de déchargement du matériel pour un secteur donné. Un an de provisions (3000 kilos de nourriture) et du matériel divers sont extraits de la cale et transportés à terre par hélico.

L'équipage est autorisé pour la première fois à se rendre à terre — à l'exception des hommes de quart, bien entendu. Le retour est prévu en deux temps, 22 heures et 2 heures. Le *Radisson* appareillera à 4 heures. Pour monter sur la barge, il faut revêtir son gilet de sauvetage. C'est utile, d'accord, mais d'une part le gilet m'empêche de voir où je mets les pieds, et d'autre part c'est plutôt malcommode pour prendre des photos. Je vais me débrouiller pour piquer un gilet d'officier, plus confortable que ceux des simples matelots.

La barge nous débarque sur une jetée faite d'énormes blocs de pierre. Difficile de ne pas trébucher sur ces cubes flanqués là pêle-mêle, et dont les arêtes menacent sans cesse notre équilibre. Comment font les gars chaussés de sabots?

Par petits groupes, nous nous dirigeons vers la ville, véritable centre de l'Arctique de l'Est à 1280 milles de Montréal. Il nous faudra une bonne heure de marche. Je fais équipe avec un garçon de table, l'électronicien et le second opérateur radio, qui a travaillé ici, à Frobisher, il n'y a pas longtemps, et qui me paraît drôlement gai.

— Je ne rentrerai pas à 2 heures, nous dit-il. J'veux profiter de ma nuit. L'hélico viendra bien me chercher.

J'en doute un peu; j'ai toujours entendu dire qu'on abandonnait à terre les retardataires sans motif. L'opérateur ne me paraissant pas tout à fait «à sec», je m'efforce de le mettre en garde avant qu'il ne nous quitte.

Sur la route, je fais connaissance d'une famille qui s'offre à me faire visiter les lieux. A cette latitude, les nouveaux visages sont rares, donc bienvenus. Lui est Canadien francophone, de mère italienne, mais il parle surtout anglais. Sa femme est d'origine belge. Ils sont arrivés ici il y a un an, en provenance de Schefferville, la grande cité minière du Nouveau-Québec située sur le 54e parallèle nord entre Labrador City et Fort-Chimo. Leur fillette, adoptée depuis peu, s'endort sur les genoux de sa mère, tandis que je m'installe en face d'un superbe chien qui tient à la fois du husky et du loup.

L'endroit porte le nom de celui qui l'a découvert en 1576, Martin Frobisher, parti d'Angleterre à la recherche, comme tant d'autres, d'un passage vers le Cathay — la Chine. Quatre siècles plus tard, la ville compte 2400 habitants: des anglophones, des francophones et des Inuit. Côté Blancs, c'est un curieux mélange d'Allemands, de Belges, de Hollandais, d'Autrichiens. Il y a même un Jamaïcain arrivé ici voilà dix-sept ans et qui s'occupe de la commission des alcools. Certains travaillent pour le compte du gouvernement fédéral, d'autres pour les T.N.O. (Territoires du Nord-Ouest), toute cette mégarégion qui s'étend au nord des provinces canadiennes et qui a été longtemps considérée comme un no man's land. A mesure que les Canadiens ont pris conscience des richesses potentielles de l'Arctique, la région s'est structurée, équipée, et les Blancs ont essayé tant bien que mal d'associer les Inuit à ce développement. Sans toujours y parvenir, il faut bien le dire. La question a fait l'objet de nombreux ouvrages, suscité de violentes polémiques, et elle est loin d'être réglée. Ce qui est sûr, c'est que ce sont surtout les Inuit qui souffrent du choc des cultures, et que leur vie a subi ces dernières décennies des bouleversements sans précédent. Habitués à survivre en milieu inhospitalier, ils ont été contraints d'adopter les habitudes des Blancs, et celles-ci, transposées telles quelles, ne semblent guère leur convenir.

Mes hôtes ne sont ici que depuis douze mois, mais ils ont eu l'occasion de vivre aux côtés des Inuit à Schefferville où, estiment-ils, les Esquimaux sont moins bien traités qu'à Frobisher. Ici, du moins, ils peuvent continuer à manger de la viande crue, du caribou, du phoque, de l'omble arctique. Ils peuvent aussi pêcher et chasser, et paraissent moins vieux et plus heureux. Ici, les Inuit sont sous juridiction fédérale, tandis qu'à Schefferville, ils sont sous juridiction provinciale (Québec). Les Inuit eux-mêmes reconnaissent que cela fait une différence. Quoi qu'il en soit, la rudesse du milieu a fini par forcer le respect des Blancs pour cette race d'hommes qui avait su survivre à cette latitude depuis des millénaires.

Les Inuit occupent en effet la région depuis la fin de l'époque glaciaire. On pense qu'ils sont venus de Sibérie par le détroit de Béring. Les archéologues y voient plus clair deux mille ans avant J.-C. C'est à partir de cette date qu'on parle d'une culture esquimaude, celle de l'époque pré-Dorset, à laquelle a succédé, vers l'an 1000 avant J.-C., la culture de Dorset, suivie de celle de Thulé, qui s'est développée de l'an 900 à l'an 1300 de notre ère et s'est prolongée jusqu'au XVIIIe siècle — et dont les Esquimaux actuels sont les descendants directs. Pour ce qui concerne notre millénaire, les premiers explorateurs arrivèrent au XVIe siècle. Vinrent ensuite aventuriers et chasseurs, attirés par les animaux à fourrure et les baleines. La voie était ouverte, les autres ont suivi.

L'actuelle Frobisher a vu le jour en 1942, lorsque les Etats-Unis y ont construit un aéroport servant d'escale pour leurs vols en direction du Royaume-Uni.

A partir de 1946, Frobisher a été transformée en base de l'US Air Force, puis de la Royal Canadian Air Force. La Compagnie de la Baie d'Hudson y a transféré son poste permanent de Ward Inlet créé en 1914 et, en 1954, le Département des Affaires du Nord et des Ressources naturelles y a établi son QG. Au moment de l'installation de la ligne DEW, vers 1955, Frobisher est devenue le centre d'approvisionnement pour sa construction. La ligne DEW (Distant Early Warning) est un réseau de préalerte, une chaîne radar imaginée en 1952, en pleine guerre froide, par les Américains. Ses postes, qui s'étendent à hauteur du 70e parallèle depuis la pointe extrême de l'Alaska jusqu'à l'Islande, sur 8046 kilomètres, constituent l'arc de défense du continent nord-américain. Les stations DEW sont dotées d'un équipement sophistiqué qui doit leur permettre de détecter tout objet volant quel qu'il soit. Les brise-glace de la Garde côtière canadienne, qui ont participé à l'établissement de ces stations, collaborent chaque été aux opérations d'approvisionnement. Depuis, la ville n'a cessé de se développer. C'est aujourd'hui le principal centre administratif, de communication et de transport de tout l'Arctique de l'Est.

Les hommes qui vivent ici pendant deux ou quatre ans, le temps de leur contrat, travaillent dans le cadre de différents projets de recherche et de prospection touchant aux ressources et à l'environnement. Il n'y a aucune mine en activité. Mon hôte, lui, participe au projet EAMES (Eastern Arctic Marine Environmental Studies), une vaste étude de l'environnement marin de l'Arctique de l'Est financée par d'importantes compagnies pétrolières qui ont l'intention de forer au large à l'aide de plates-formes. Le Gouvernement canadien, qui participe par ailleurs aux principaux projets, exige des recherches approfondies sur le milieu avant d'entamer la prospection et s'assure qu'elles sont effectuées avec sérieux. Deux compagnies ont déjà obtenu le droit de forer à titre exploratoire, cet été, dans le secteur sud du détroit de Davis, mais les études se poursuivent.

Pendant que la mère couche son enfant, le mari m'entraîne dans son laboratoire. Poissons, crustacés, oiseaux et mammifères marins sont conservés dans des récipients. On cherche à déterminer les effets que pourrait produire le pétrole sur la faune en cas de marée noire; un accident est toujours à redouter au cours des forages en haute mer. Une carte au mur indique l'emplacement des concessions acquises par les grandes compagnies pétrolières. Cela part du sud des Provinces Maritimes, au large de Boston, pour remonter jusqu'au détroit de Lancaster et jusqu'au nord-est de l'île de Devon.

Gaz naturel, pétrole, minerais sont autant de richesses, de promesses pour l'avenir, mais font peser en même temps de lourdes menaces sur l'une des dernières régions presque intactes de la planète.

L'Arctique, il ne faut pas l'oublier, est aussi notre grande réserve d'eau douce, et la vie, sous ses multiples formes, a mis un temps très long pour s'y adapter. L'équilibre fragile, délicat, de l'écosystème arctique résistera-t-il au choc du futur?

En sortant du laboratoire, mes hôtes me conduisent à cinq kilomètres de la ville, jusqu'à Apex, un petit village au bord de l'eau, antérieur à l'établissement de Frobisher et presque exclusivement inuit. Ils viennent pêcher là de temps en temps; c'est leur seule distraction. Des grappes d'enfants jouent sur la place. Là comme en ville, tout est construit en préfabriqué, mais l'atmosphère est plus chaleureuse. Les Inuit vivent beaucoup plus dehors que dedans et laissent un tas de choses autour de leurs maisons, au grand dam de certains Blancs qui souhaiteraient plus de netteté dans le décor. Sur la colline, j'aperçois de jolies maisonnettes peintes de couleurs vives.

— Elles sont entièrement faites avec du bois de récupération, m'explique mon guide. De bois de palettes, pin ou chêne. Ça ne se voit plus, car leurs habitants les ont vernies avec art. Au début, on s'est moqué d'eux; aujourd'hui, on les envie. Ils pourraient les revendre un bon prix.

Sur la route de terre, les voitures roulent à toute allure. Quand on croise quelqu'un à pied, on le prend, c'est la coutume, tout le monde ne disposant pas d'un véhicule.

Au retour, nous parcourons les rues de Frobisher, une cité construite de toutes pièces mais qui offre néanmoins les services indispensables: hôpital, écoles, poste, aéroport, détachement de la GRC (police), hôtels, magasins, banque, compagnie de taxis, patinoire pour le hockey, musée d'art et d'artisanat, bibliothèque, etc. Trois missions se préoccupent des âmes: une catholique, une anglicane et une autre dont je n'ai pas très bien saisi la nature. Les gens normalement installés ont la radio, la télévision et parfois le téléphone.

Frobisher est une *dry town*, une ville sèche, c'est-à-dire que l'alcool y est contingenté. Ceux qui veulent en boire doivent se rendre dans les hôtels ou le commander à Montréal. De nombreuses femmes préfèrent d'ailleurs faire venir leur épicerie de la métropole en payant 41 cents la livre pour le transport aérien plutôt que de tout acheter à la Baie qui a tendance à forcer sur les prix.

Naturellement, le fait que l'alcool soit interdit n'empêche pas les Inuit et d'autres de sortir ivres morts des tavernes. Certains tombent dans la neige et meurent gelés. Le taux de suicides est également très élevé.

L'hiver, la température peut descendre jusqu'à $-50°$.

— A la fin février, me raconte mon guide, on a connu une formidable tempête qui a duré neuf jours, avec des bancs de neige de 15 à 20 pieds (4 m 50 à 6 m) de haut. Les maisons étaient ensevelies. On n'avait jamais vu ça — et pourtant à Schefferville aussi on était gâtés! Les gens ont dû rester cloîtrés chez eux. La visibilité était nulle, et le vent soufflait à 130 km/h. La radio nous disait d'économiser le chauffage, car on ne savait pas combien de temps ça pouvait durer. On a surtout manqué d'eau. D'ordinaire, c'est un camion-citerne qui passe tous les deux jours qui nous l'apporte.

La dernière barge va accoster; il est l'heure de quitter mes hôtes. Près de la jetée traînent, abandonnés, derricks et engins de chantier...

Un gars manque à l'appel

A 2 h 10, la barge est là avec le premier officier et un mécanicien. Nous ne sommes qu'une petite dizaine; les autres ont dû prendre la barge précédente. En notre absence, la jetée a été recouverte par la marée. L'eau vient seulement de se retirer et les blocs de pierre sont glissants.

A bord, l'une des deux cadettes est chargée de pointer la liste de ceux qui sont sortis. Aïe! l'opérateur radio n'est pas rentré. Il a tenu parole. C'est idiot. Il risque d'être obligé de rentrer à Montréal en avion. Sa dernière chance est de se raviser à temps et d'appeler le *Radisson*. Pour un opérateur, ça ne doit pas poser de problème. Personne ne sait où le joindre. On tente quand même quelques numéros, sans succès. Incident mineur, apparemment, mais qui occupe aussitôt la première place dans les conversations. Tout le monde s'accorde à penser qu'après seulement douze jours de navigation, il n'a aucune excuse.

Le commandant, réveillé vers 3 heures, décide de l'attendre jusqu'à 8 heures. S'il appelle, l'hélico ira le chercher. A 8 h 10, toujours rien. On lève l'ancre. Au petit déjeuner, il n'est question que de lui. Barré pour le Nord à jamais, disent les uns. Viré, pour sûr, renchérissent les autres. A 13 heures, alors qu'on commençait à l'oublier, l'opérateur appelle. Il est à la station de radio de Frobisher. Mais c'est trop tard: l'hélico ne partira pas. Il insiste. Rien à faire; on n'est pas en croisière.

Sur notre route vers Big Island, le pack est tantôt lâche, tantôt serré. On sort de la baie par le détroit de Gabriel. L'absence définitive de l'opérateur a fait planer une certaine stupeur sur la journée. Une des cadettes est grippée. On la materne un peu. Grog, couverture, conseils.

A l'aube du 14 juillet, nous escortons l'*Edgar-Jourdain* pour quelques heures. Coup de téléphone du commandant: «Vous pourrez accompagner l'équipe des lumières cet après-midi à Ashe Inlet, sur Grosse-Ile.»

J'irai donc voir ce radiophare de près. L'hélicoptère fait la navette entre l'île et le navire. Les spécialistes partent devant, suivis des matelots et du matériel. Sans oublier la carabine, au cas où des ours polaires se montreraient trop entreprenants.

Ashe Inlet est un des neuf points stratégiques pour la navigation à avoir été dotés d'un radiophare — vingt-huit autres étant équipés plus simplement de lumières. Chaque radiophare émet une fréquence — ou signal modulé — qui permet à l'opérateur du navire de le localiser et de l'identifier immédiatement. L'installation est simple. Dans une cabane se trouve une batterie de 12 volts qui fournit le courant au radiophare. Ving-deux batteries CIPEL, qu'on change chaque été, constituent la recharge. L'antenne, solidement fixée au sol par des câbles, est perchée sur un promontoire.

Les lumières modernes, elles, sont à la fois directionnelles, comme les anciennes, et concentriques (360°). Pour les lentilles, le plastique a remplacé le verre. Le courant est fourni par trois batteries de 12 volts. La position des lumières, comme celle des radiophares, figure sur la carte marine. Mais les lumières n'émettent que des signaux visuels, qui ne sont pas toujours visibles dans la brume ou la tempête; c'est là que le radiophare est souverain. Alors, pourquoi pas des radiophares partout? Sans doute cette voie maritime n'est-elle pas assez empruntée pour justifier ce genre d'investissement.

On procède à un contrôle annuel de ces installations, car l'usure des pièces, l'humidité, le gel, l'air salin se conjuguent pour mettre le matériel à rude épreuve. Sans parler des ours qui s'aiguisent les griffes sur l'armoire à batteries. En même temps, l'équipe vérifie l'état des blocs d'atterrissage pour l'hélicoptère. Il n'y en a pas partout. Son rapport servira de base au travail des équipes d'entretien et de construction.

Je suis si attentive aux explications que me donnent l'électronicien et l'étudiant en génie civil que j'en oublie d'admirer les fleurs. Trop tard, on revient déjà nous chercher. Le brise-glace est appelé d'urgence pour une escorte qui a la priorité. Comme c'est sur notre route, l'équipe réactive en passant la lumière de cap Hopes Advance.

Détendue par ce bol d'air, de terre ferme et de grand silence, j'aborde la soirée avec le sourire. Elle débute par un souper féminin. Pourquoi pas — de temps en temps? Nous avons décidé que ce repas des quatre éléments féminins du bord serait gai, et il l'est. Le garçon de table, mis dans la confidence, joue le jeu et nous sert en nœud papillon, linge plié sur le poignet, comme il se doit. On nous observe en coin, cette unanimité dérange un peu; on est tellement habitué à ce que les femmes se crêpent le chignon! Nous débouchons l'une de nos bonnes bouteilles et nous nous offrons même le luxe d'un cognac avec le café. Ce soir, la veillée se prolonge par un *happy hour*: boissons avec ou sans alcool à volonté et gratuites pour tous pendant deux heures. L'équipage accède au salon des officiers, et c'est la fête. L'atmosphère se réchauffe rapidement. Un gars se met à chanter et le commissaire va chercher son accordéon. Ce soir, même la timonerie a le droit de s'amuser — jusqu'à un certain point, me précise le deuxième officier. C'est aussi une espèce d'heure de vérité. Certains se confient davantage qu'à l'ordinaire. Une des deux cadettes a un petit coup de cafard.

— Chez moi, m'explique-t-elle, on est trop bourgeois. Médecine de père en fils. Quand j'ai choisi la marine, comme je ne leur avais rien dit, ça leur a fait un choc!

J'en profite pour lui demander ce qu'elle pense de la présence des femmes à bord des brise-glace, encore assez contestée.

— Jusqu'à présent, me dit-elle, un seul gars m'a fait des propositions. Tous les autres, ça va, mais lui me fait un peu peur, parce qu'il boit.

Je ne lui dis pas que 17 ans, c'est peut-être un peu jeune pour vivre seule — ou presque, puisqu'elles sont deux — sur un navire de ce type.

— L'alcool libère la libido, fait remarquer Lise, qui observe ce qui se passe.

La discipline imposée à bord implique la modération. A certains moments, le sens collectif joue aussi, les uns se faisant les anges gardiens des autres. Lise a bien essayé de dire deux mots à l'une des cadettes sur son comportement, mais sans succès. Tout compte fait, dans certains cas, ce sont les gars qui ont de la sagesse pour deux.

J'ai quitté le salon pour prendre l'air, et lorsque j'y reviens, il est vide.

— Il n'y avait plus rien à boire. C'est encore le meilleur moyen pour faire rentrer chacun dans sa cabine! me dit en riant un mécanicien de passage à la *pantry*.

Il était venu chercher une boîte de thon, mais elles disparaissent aussi vite qu'elles sont déposées dans le frigidaire par le cuisinier. C'est la friandise du bord.

Tout à l'heure, j'ai pris en photo un matelot qui vidait le restant de son cornet de cacahuètes dans sa bouche. Avec le contre-jour, on aurait pu croire qu'il vidait une bouteille. Je le lui ai fait remarquer en riant.

— Attention, la journaliste, m'a-t-il menacée, pas de blague. Fais gaffe à ce que tu écriras, parce qu'il y a quelques années, un de tes confrères a passé ici et, pour se marrer sans doute, il a publié un dessin dans son journal représentant un navire avec plein de bouteilles dans son sillage; après ça, on a été privés d'alcool pour un bout de temps.

— Monique, tu ne voudrais pas m'arranger ça, me demande l'opérateur qui, en ce moment, se tape double journée en raison de l'absence de son coéquipier.

La fermeture éclair de son pantalon a rendu l'âme.
— Allez, donne!
Je n'aurais peut-être pas dû, car le lendemain, je n'ai pas cessé de jouer à la couturière. Les nouvelles vont vite...

Les Inuit montent à bord

Mon dimanche commence par un bulletin d'informations. On reparle des 135 baleines qui se sont échouées sur les côtes de Terre-Neuve. On s'explique mal le phénomène. Accident? Suicide collectif à caractère «social»? Maladie du système écho-localisateur? La science n'est toujours pas en mesure de répondre.

Nous rencontrons le cargo que nous devons escorter au large de l'île d'Akpatok, déserte. Il doit se rendre à Coral Harbour (île Southampton).

Au menu de midi: soupe à l'oignon, agneau braisé, gâteau reine Elisabeth ou crème glacée pour ceux que Sa Majesté en tranches indisposerait. Comme boissons, thé, café et, bien sûr, de l'eau toujours avec... de la glace; il paraît qu'elle a meilleur goût. C'est de l'eau de mer transformée à bord en eau douce. Deux évaporateurs fabriquent chacun vingt tonnes d'eau par jour. Notre consommation journalière est d'environ dix tonnes. L'eau est potable à tous les robinets sur le *Radisson*, ce qui n'était pas le cas sur les anciens navires. Mais on a parfois des surprises. En prenant ma douche, ce matin, j'ai senti une odeur de fuel. «C'est pas grave, on va contrôler», me dit un mécanicien. Moi qui pensais que mon shampooing était trop gras... Pendant deux jours, une équipe a été chargée de goûter l'eau jusqu'à ce qu'elle ait retrouvé sa pureté.

Les loisirs s'organisent peu à peu. Un tournoi de ping-pong vient de démarrer; il faut retenir sa place. En soirée, Barbra Streisand dans *Funny Girl* rallie davantage de suffrages que *La Bête à Plaisir*. Les films sont projetés simultanément, l'un chez les gradés, l'autre à l'étage au-dessous, pour l'équipage.

Les conditions de glace dans le détroit d'Hudson étant acceptables pour le cargo, nous le laissons poursuivre seul et mettons le cap sur la baie de Déception, où nous resterons quelques jours, le temps de réactiver les lumières, tout d'abord à l'île Wales, sur notre passage, puis celles de la baie elle-même et de l'île Arctique.

Petite houle dans l'après-midi. A table, les gars ont entamé une discussion sur la façon d'habiller et d'enterrer les morts au Québec! L'oncle du commissaire est dans la branche. La parente d'un défunt insistait un jour pour qu'on lui mette un matelas de très bonne qualité. «Comme ça, il sera bien!»

C'est gai, ce soir, entre la houle qui forcit et les conversations funèbres... Je me couche, le vent souffle déjà à 40 nœuds et les objets non amarrés commencent à se manifester.

Et puis, tout d'un coup, c'est le calme plat. Je jette un regard par les hublots. Nous venons de pénétrer dans la baie de Déception. Nudité, grisaille — elle n'a pas volé son nom! Sur la rive, j'aperçois des tentes d'Inuit qui ont installé là un camp de pêche. Nous mouillons en face du quai d'Asbestos, du nom de la mine d'amiante, ouverte en 1972 et située à une soixantaine de kilomètres de la baie.

Un hangar de tôle, deux grues et un quai bétonné sont les seuls signes qu'il se passe quelque chose ici.

On frappe à ma porte:

— Monique, on capte la TV!

— O.K., j'arrive.

Vite, des nouvelles fraîches!

Au Nicaragua, Somoza est à la veille de démissionner. Washington s'apprête à reconnaître le gouvernement sandiniste en exil. Carter, amaigri, propose un plan pour économiser le pétrole. Côté canadien, on reparle du pipe-line de l'Alaska, de la grève des techniciens de la compagnie téléphonique Bell Canada, des réfugiés vietnamiens et de la marche des Indiennes sur Ottawa pour faire valoir leurs droits. Il fait chaud dans le Sud: 30 degrés. Les feuilletons de la soirée: *Les Brigades du Tigre* et les *Jordache*. Décidément, ils font le tour du monde. Ce ne sera bientôt plus la peine de voyager; on vit partout de la même manière.

Dans l'Arctique, on ne peut capter la télévision que si l'on se trouve à proximité d'une antenne. Difficile, dans ces conditions, de suivre un feuilleton.

— L'année dernière, rappelle avec humour le premier mécanicien, on a pu suivre un combat de boxe et deux enterrements de papes...

D'après le livre de bord, nous avons parcouru 2900 milles depuis notre départ de Québec. Le commandant fait afficher notre itinéraire au babillard — celui que nous avons déjà parcouru, bien sûr, car celui qui reste à effectuer est toujours imprévisible, puisqu'il dépend des ordres d'Ottawa et de bien d'autres facteurs...

— Tu as encore de ces pattes d'ours?

Le garçon chargé de réapprovisionner la *pantry* m'en apporte. Ce sont d'épais biscuits en forme d'empreintes de pattes d'ours — et qui calent.

Cette fois, le vent n'épargne plus la baie. 50 nœuds, avec des pointes à 60 dans les montagnes proches et des courants descendants redoutables. Le pilote de l'hélicoptère avoue avoir eu de la peine à se poser; la queue de son appareil dansait. Sitôt à bord, l'hélico a été attaché par ses patins. Les matelots s'empressent. L'équipage affectionne particulièrement son hélicoptère. Quand l'appareil est en retard, tout le monde s'inquiète.

— La compagnie qui fabrique ces machines recommande de les laisser au garage à partir d'un vent de 30 nœuds, m'explique Phil. Et il faut aussi tenir compte du tangage du navire.

— En admettant que vous fassiez naufrage, vous coulez?

— Non, sur l'eau, les patins se gonflent, et si l'hélico se retourne, il flotte quand même. Et puis, on a des ceintures de sauvetage, celle que vous rechignez toujours à mettre!

Phil a passé la plus grande partie de sa vie dans les forces armées de son pays, section recherche et sauvetage. Il n'y a que deux ans qu'il travaille pour la GCC. Dans l'armée, m'explique-t-il, les hélicoptères sont mieux équipés, plus puissants, et disposent le plus souvent de bimoteurs, ainsi que d'un treuil permettant de hisser les bateaux de pêche en difficulté ou naufragés.

Dans l'après-midi de ce lundi, le vent est si nerveux qu'il nous pousse et chasse l'ancre. Nous manœuvrons pour la relever et trouver un autre mouillage où nous lâchons les deux ancres, cette fois avec un maillon de plus sur chaque chaîne. A cet endroit, il y a une cinquantaine de mètres d'eau. Le vent s'en tient à 40 nœuds pour la nuit. Au réveil, l'eau est crêtée d'écume. Ça doit brasser au large.

Les restrictions se font plus sévères, et les directives d'Ottawa plus fermes dans le cadre de la politique d'économie fédérale. Ainsi, la réactivation des aides à la navigation devra se faire entre 8 et 17 heures, les repas pris en retard seront supprimés, les quarts ne pourront plus être doublés durant l'escorte et, en eau libre, le navire devra être propulsé par deux diesels seulement.

Dans la matinée, un canot à moteur s'approche du *Radisson*. C'est un groupe d'Inuit qui viennent nous proposer le produit de leur pêche, de splendides truites saumonées à peine sorties de l'eau. Le cuisinier les leur achète. Pour l'équipage, les Esquimaux ont apporté quelques échantillons de leur artisanat: bagues taillées dans l'ivoire de morse, sculptures en os et en bois de caribou, peaux de phoque, statuettes en stéatite (pierre de savon) et en os de baleine, une matière très poreuse. La stéatite, dont il existe plusieurs gisements dans l'Arctique, est une pierre tendre, facile à tailler, tantôt grise, verte ou encore blanchâtre ou jaunâtre. Ils connaissent les prix qui se pratiquent à Frobisher: 4 dollars la truite (elle les vaut) et une trentaine de dollars pour une bague moyenne.

Ils ont de beaux visages, de beaux regards... mais comment savoir ce qu'ils disent? Un seul d'entre eux parle quelques mots d'anglais. Avant de les photographier, je leur demande par gestes s'ils sont d'accord.

Je voudrais leur expliquer pourquoi je les photographie, mais c'est impossible et j'enrage à l'idée de passer peut-être à leurs yeux pour un de ces photographes qui s'arrogent tous les droits du moment qu'ils ont un objectif entre les mains. Et puis celui qui rédige la légende peut faire dire n'importe quoi à une image. Le commissaire leur achète une statuette de mère portant son enfant pour sa femme enceinte, mais on nous a prévenus: aucun troc avec de l'alcool. Quelques Esquimaux en ont demandé, sans trop insister toutefois, car ils savent que la loi l'interdit et que ce navire appartient au gouvernement.

Dans le salon flottent des odeurs d'algues et de poissons. Les Inuit demandent à voir le commandant et visitent la timonerie. Ils sont venus spontanément. Ici, les brise-glace font partie du décor. Ils les voient chaque été, surtout depuis 1950, année de mise en service du *C.-D.-Howe*, brise-glace de patrouille et navire-dispensaire assurant les examens médico-dentaires et les radiographies des populations du Nord. Les Esquimaux préfèrent souvent recevoir de la nourriture plutôt que de l'argent. Ils repartent comme ils sont venus, par l'échelle de corde. Ils ont promis de revenir à la veillée.

Sur la passerelle qui mène au pont de navigation, je croise Hercule, l'adjoint du commissaire.

— Monique, dites donc à Jean-Guy, l'électronicien, de modifier le programme de musique. Cette disco me casse les oreilles, j'peux plus me concentrer. Qu'il envoie donc une petite musique d'ambiance pour le reste de la journée!

Noyé sous la paperasse administrative, il ajoute:

— J'ai compté 157 formulaires différents pour le voyage. Ottawa pourrait bien nous offrir un ordinateur... (C.f. Annexe II.)

Comme promis, après le souper, les Inuit nous reviennent avec davantage de marchandises. Il fait frais et je suis prête à parier que dans le thé qu'on leur tend, il y a un petit réchauffant. On a envie de leur faire plaisir, de leur témoigner notre sympathie à défaut de pouvoir entretenir une conversation.

Du haut du pont principal, j'aperçois leurs embarcations. On y voit des seilles tachées du sang des poissons, des carabines. Ce sont bien eux qui occupent les tentes que nous avions observées le premier jour, en arrivant. Ils viennent de Saglouc (Salluit), un village proche, pour pêcher dans la baie. Le vent souffle toujours lorsqu'ils nous quittent tard dans la nuit. Demain, route vers Cape Dorset!

L'avion qui devait apporter le courrier, la paie et un opérateur radio de remplacement n'est pas encore venu.

Les dernières lumières

Nous appareillons à 4 heures. Dans la matinée, l'équipe des lumières réactive phares et radiophares de l'île Charles. Le vraquier canadien *Arctic* est à Frobisher. Nous l'entendons à la radio du bord. Léger détour pour éviter un champ de glace et, en début de soirée, nous pénétrons dans de la 7/10es de première année et «multi-years» (de plusieurs années). En morceaux, brune à la surface.

Vingt-huit heures après avoir quitté notre ancrage de la baie de Déception, nous nous immobilisons au large de Cape Dorset, village construit au bord d'une crique, de l'autre côté du détroit d'Hudson, sur la presqu'île de Foxe. Quatre maillons de chaîne suffisent pour quarante mètres d'eau.

Le haut-parleur annonce que ceux qui veulent se rendre à terre pourront le faire soit à 9 heures soit dans l'après-midi, selon leur quart. J'accompagne Lise qui veut faire un saut à l'hôpital pour prendre quelques médicaments.

C'est l'heure de la consultation. Il y a là des mères avec leurs enfants. Dans le groupe, j'aperçois une Blanche portant dans ses bras un bébé esquimau.

On retrouve toute l'équipe à la coopérative inuit. A Cape Dorset, l'artisanat est riche, bien développé. On y trouve même un atelier de gravure. Les foulards imprimés main sont superbes.

L'art esquimau est un art d'observation. Les dessins, les motifs qui décorent tissus et cartes, panneaux et lithos, s'inspirent des sculptures que les Esquimaux taillent et polissent depuis toujours, et représentent des animaux, des scènes de chasse, de pêche, de vie quotidienne au campement. L'imagination des Inuit leur donne parfois une figure de légende, une dimension divine. Mythes, monstres, visions — autant de fruits des longues nuits boréales.

Je rapporte à bord le plus de documentation possible, car il n'existe pas d'ouvrages sur l'Arctique à disposition des marins. J'en ai fait la remarque au capitaine, qui tient à me prouver ses connaissances, excellentes, sur la région. N'empêche qu'à bord on manque de documentation — livres ou films — sur le sujet. On projette bien quelquefois des courts métrages prêtés par l'Office national du film qui évoquent certains aspects de la vie du Nord, comme ces superbes images, l'autre soir, sur les baleines franches, mais c'est exceptionnel.

Je n'avais jamais remarqué jusqu'à aujourd'hui que le billet de 2 dollars au verso du portrait de Sa Majesté la reine Elisabeth, notre mère à tous (n'allez jamais dire ça à un Québécois!), offrait une scène de pêche inuit sur fond de glaces flottantes et de roches nues. Les postes canadiennes viennent de mettre en circulation une série de timbres consacrée aux Inuit. Les premiers relatent la chasse et les voyages. Les prochains évoqueront leur habitat et leur mythologie, le tout représenté tantôt par des dessins, tantôt par des sculptures inuit.

J'ai bien failli embarquer avec moi un petit chien qui me suivait partout, mais les animaux sont interdits sur le navire. En revanche, je ne suis pas la seule à rapporter des fleurs. Les gars ont offert une terrine fleurie au commandant. Quant à savoir si elles tiendront...

Je m'étonne en souriant de la liberté avec laquelle les gars entrent, sortent, rient et parlent fort dans un lieu aussi intimidant en temps normal que la cabine du commandant.

— Ce n'est pas tous les jours comme ça, m'explique celui-ci, mais en fin de semaine, il faut bien se détendre un peu.

Un fois de plus, on se rassemble devant le babillard. Au large de Tobago, dans la mer des Caraïbes, deux superpétroliers sont entrés en collision. En plus des morts et des disparus, 230 000 tonnes de mazout ont été déversées à la mer; le plus grand cas de pollution enregistré à ce jour. Ici, évidemment, ce genre d'information parle aux hommes.

Nous quittons Cape Dorset dans l'après-midi pour faire route vers l'île Nottingham que nous atteindrons demain matin. Brume épaisse, nous longeons une ligne de glace.

La nuit, je rêve que je me fais dévorer par des ours!

Après avoir réactivé le radiophare et le phare de l'île Nottingham, nous allons effectuer la même opération à l'île Digges avant de mettre le cap sur l'île Mansel. Nous mouillons au large de cap Acadia, au sud de l'île. Il est tard, et l'équipe des lumières doit remettre son travail à demain.

Flore et faune abondent à cet endroit. A l'aube, l'hélicoptère a aperçu des ours. Le pilote en avise l'équipe afin qu'elle n'oublie pas la carabine. Les gars, il est vrai, auront toujours la ressource de grimper sur la tour. Ils nous reviennent sains et saufs, et le brise-glace contourne l'île par l'est pour atteindre le radiophare placé au nord. A présent, nous faisons route vers le sud de l'île Coats, toujours dans la baie d'Hudson. Encore 48 heures et l'équipe des lumières en aura terminé pour cet été. Après le feu de cap Pembroke, au nord de l'île de Southampton, nous nous dirigeons vers Coral Harbour, dans l'île de Southampton. Le brouillard se lève et devient de plus en plus dense près des côtes. Eau libre. Nous arrivons à destination aux environs de minuit.

Nous avons quatre heures et onze secondes de différence avec l'heure GMT. Et les secondes ont leur importance en mer, car le plus petit écart peut fausser notre position. Une seconde équivaut à peu près à un mille.

Calme plat aujourd'hui. Lise brode. Pitt, le maître d'équipage, fait du macramé.

— Ma parole, vous allez faire concurrence aux Inuit !

Je vais traîner à la cuisine, où je suis sûre de trouver un interlocuteur. Le bulletin d'informations a été complètement perturbé par le morse. On a seulement entendu que le Premier ministre canadien était... en Afrique. La mauvaise visibilité gêne les opérations. Après l'inspection des phares de Munn Bay, de Bear Island et de la plage de Coral Harbour, nous nous rendons à l'île Walrus, dernière de la série, avant de reprendre aussitôt la direction de la baie de Déception, distante de 180 milles. Le spécialiste des feux y débarquera pour retourner dans le Sud, et nous embarquerons quatre scientifiques — géologues et arpenteurs — qui ont des travaux à effectuer dans la région. Quant à l'opérateur radio, il espère que son nouveau coéquipier sera là aussi. Il est seul depuis Frobisher et sa tâche commence à lui peser.

La science embarque

La journée commence par un concert symphonique offert par Radio-Moscou qu'on capte très bien depuis quelques jours. Avant, c'était Radio-Israël.

Samedi soir, veillée photo. Les amateurs sont nombreux et chacun apporte son savoir.

Mais la grande passion du moment, c'est le bricolage, et plus spécialement le travail du bois. Le commissaire, qui ne pense qu'à la naissance prochaine de son premier enfant, fabrique une caisse à jouets. Ça sent bon les copeaux dans les couloirs.

— Viens voir, cette fois on en a pris une!

C'est Jean, un mécanicien, qui me cherche.

Sur le pont des chaloupes, les gars examinent une sorte d'algue verte. Tout autour du navire, on en voit flotter avec leur cordon ombilical qui a la couleur ocre et l'aspect d'un tuyau de caoutchouc terminé par une boule ressemblant à une pierre.

— Bon, rejette-la à la mer, maintenant qu'on l'a vue!

Lise s'est installée sur le pont avant. Son programme: lecture, musique. Le soleil est doux; pas de quoi bronzer, mais enfin...

— Les gars devraient sortir de leur trou, me dit-elle en m'apercevant.

Ils ne prennent pas assez l'air ni le soleil, en bas. Une équipe joue aux dominos — avec des gants, car il fait froid. L'un des matelots va nous chercher du thé et des *beignes* au miel. Le chef cuisinier accomplit son jogging quotidien. Beaucoup d'autres que lui en auraient besoin pour éliminer les graisses et les sucres.

Dans l'après-midi du lendemain, nous revenons à notre ancien point d'ancrage à la baie de Déception. Nous en repartons dans la soirée avec l'équipe scientifique et Vincent, le nouvel opérateur radio. Habitués au va-et-vient, les marins ne sont pas trop dérangés par les nouveaux arrivants.

Les îles Mansel, Coats, Bencas et Walrus sont au programme des prochains jours, après quoi nous quitterons les parages pour de plus hautes latitudes. Il était temps; on commençait à prendre racine!

«On est prié de venir retirer son chèque de paie et le courrier», annonce l'interphone. Aussitôt, c'est la ruée; pas besoin de le dire deux fois. Mais du courrier, tous n'en reçoivent pas... Sur le pont, un grand gaillard, la face tournée vers le large, les épaules en dedans, s'essuie les yeux avec un gros chiffon maculé d'huile: un gars des machines qui n'a pas eu la lettre qu'il attendait. Je repense à ce que me disait Gaston, l'été dernier. Sur l'importance du courrier quand les gars sont dans le Nord, loin de tout. Les goélands n'ont jamais eu autant d'interlocuteurs que ce soir...

Le commissaire, qui a plus de cœur que je ne le pensais, a prévu un très beau film pour la veillée, histoire de chasser la mélancolie.

— Monique, y a deux tordus qui ont jeté du pain savonné aux mouettes!

Flairant la provocation, je feins l'indifférence:

— Oui, et alors? Je ne suis pas la Société protectrice des animaux!

D'autres gars s'en sont mêlés, et les petits cons en ont été pour leurs frais.

Ces jours-ci, je préfère manger au réfectoire plutôt qu'au mess — question d'atmosphère. Au début, j'étais accueillie par des sifflements, puis ça s'est calmé. Pain maison, demi-poulet et tarte aux framboises. En fait, il y a trois salles à manger, car en bas, timoniers et maître d'équipage mangent souvent à part, dans un petit local jouxtant le réfectoire. Du fait qu'ils accèdent régulièrement à la passerelle de navigation, les timoniers qui vivent à l'étage de l'équipage entretiennent parfois des relations tendues avec certains, ce qui s'explique peut-être par le fait que tels hommes de roue, qui sont au courant de bien de choses, ne les gardent pas toujours pour eux. Ces «informateurs» suscitent à la fois mépris et intérêt.

Par l'interphone, on appelle les «docteurs ès-sciences» sur le pont de l'hélicoptère. Les gars ne s'embarrassent guère de titres. Ils ont surnommé l'un Jean de la Roche et l'autre Fred le Caillou. La radio diffuse un slow, et celui qu'on a surnommé le Guignol en raison de son heureux caractère empoigne un fumeur de «pot» pour esquisser quelques pas de danse langoureuse. Décidément, on s'amuse au réfectoire. A l'exception du deuxième officier et de l'électronicien, rares sont ceux d'en haut qui y viennent. «Y veulent pas s'abaisser!» ironise un gars.

Nous jetons l'ancre au milieu de l'après-midi à deux milles de la plage de l'île Mansel, et les géologues descendent pour ramasser des échantillons de roches et de terre. Ce sont des anglophones, grands, secs, casquettes et lunettes, sac de nylon sur l'épaule avec leur piolet, leur pelle et leur pioche. Ils parlent peu et, la plupart du temps, ne disent même pas bonjour. Leurs travaux sont interrompus à plusieurs reprises par la brume.

Une légère houle fait onduler le navire. Dans le couloir près du mess, les gars ont dessiné par terre une ligne droite, et c'est à celui qui la suivra le plus longtemps possible sans perdre l'équilibre.

Une pour tous, tous pour une!

— C'est pas à la cuisine qu'il y aurait de la brume de temps en temps, grommelle le chef tout en désossant une fesse de bœuf.

Le deuxième cuisinier confectionne des gâteaux et le troisième de la purée de patates. Chacun son job.

Même ceux qui ne veulent ni marcher ni passer quelques heures au gymnase sont bien obligés de se remuer quand la cloche d'alarme retentit. Dans l'après-midi, exercice d'abandon du navire et de feu. Histoire de se secouer un peu. On vérifie le fonctionnement des portes étanches, de la pompe submersible.

Dans la soirée, le *happy hour* se termine par une formidable bataille de glaçons, dont on a préalablement arrondi les angles en les réchauffant dans sa main, pour éviter d'éborgner quelqu'un. Nul ne pourrait dire comment la chose a commencé, mais le besoin de défoulement était grand et la bataille chaude, si je puis dire.

Sur le chemin qui mène à ma cabine, je croise deux personnages relativement imbibés. Le samedi soir, c'est permis.

Ce week-end, ceux qui le désiraient — environ la moitié de l'équipage — ont pu communiquer avec leur famille par radiotéléphone. Un radio-amateur de Plessisville, dans le Sud, s'est porté volontaire pour établir le relais. Ce n'était pas toujours très clair et le brave homme devait répéter phrase après phrase, mot après mot afin que le message soit compris. Ceux qui n'ont pas réussi à joindre leur femme font une tête d'enterrement. Ah! mesdames, que n'étiez-vous à la maison à ce moment-là!

Et voilà que la radio nous apprend que le *D'Iberville* a des ennuis au large de Nanisivik. Il vient d'endommager sa coque dans la glace et une fissure dans une plaque d'acier à bâbord, sous la ligne de flottaison, l'empêche de se rendre à Eureka, au 80° N. Qui va le remplacer? Les paris sont ouverts.

Les géologues et les arpenteurs rentrent, et nous nous mettons en route vers Coats, au nord-ouest de l'île. Nous atteignons le cap Netchek dans la nuit. La plus grande distance couverte en un jour depuis notre départ a été de 335 milles; c'était sur la côte du Labrador.

Aujourd'hui, 1er août, il fait un temps splendide. Le ciel est d'un bleu aveuglant. Pour ceux qui ont souscrit au changement d'équipage autorisé après six semaines de navigation dans le Nord, le compte à rebours commence. La relève est prévue pour le 13 août, à Nanisivik.

Le commandant décide de faire un exercice avec les cadets. Ils descendent une chaloupe à la mer. Une tasse de café à la main, nous les regardons se débrouiller comme ils peuvent. Les anciens font des réflexions goguenardes. Le soleil aidant, l'ambiance est à la bonne humeur.

Pitt, le maître d'équipage, aperçoit un ours polaire qui nage non loin de nous. On va chercher les jumelles. Sans crainte, le roi des glaces s'approche. C'est la course aux objectifs. Il n'y a pas de mots pour décrire l'allure de cet animal ni l'admiration qu'il inspire. On lui lance des toasts que lui disputent les goélands et les sternes arctiques. Grand nageur, l'ours restera une partie de la soirée près du bateau.

Au souper, les gars m'offrent un gâteau et une devise: «Une pour tous, tous pour une!» C'est aujourd'hui la fête nationale suisse.

Le lendemain, nous partons pour Walrus, où nous arrivons vers midi et d'où nous repartons quatre heures plus tard pour la face est de Coats.

Si les conditions météorologiques restent favorables, les scientifiques en auront terminé samedi. Nous les ramènerons à la baie de Déception et, cette fois, cap vers le Grand-Nord. Un trajet de 1650 milles en passant par la côte grœnlandaise nous attend. On va enfin bouger.

Ce soir, il pleut. Je grimpe sur le château. La mer est grise, l'horizon grippé. J'aime bien me tenir là, seule, entre le ciel et l'eau. J'ai l'impression d'être sur un radeau qui dérive. La mer est menaçante. Il suffirait d'un rien, d'une glissade, pour qu'elle m'engloutisse. Quand je redescends, trempée et transie, la chaleur de la *pantry*, l'animation qui y règne même au milieu de la nuit, remet de l'ordre dans mes pensées.

Jean raconte l'histoire du jour. Une cadette qui était descendue aux machines a eu la peur de sa vie. Sa queue de cheval a bien failli être happée par un moteur. Par chance, le chiffon qui dépassait de sa poche a été arraché avant la chevelure et, comme elle avait de bons réflexes, les choses se sont arrêtées là. Mais quand on voit ce qu'il reste du chiffon pris dans l'arbre du compte-tours d'un moteur de propulsion...

— N'en profite pas pour insinuer que les femmes ne sont pas à leur place ici, dis-je à Jean. Ça aurait pu arriver tout aussi bien à un gars.

Comme beaucoup d'hommes, Jean n'a rien contre les femmes en particulier; il est seulement prisonnier de la tradition, et il faut bien reconnaître que la présence des femmes à bord des brise-glace ne va pas de soi.

Vers une heure du matin, le bruit de l'ancre me réveille. L'équipe de la manœuvre s'active sur la proue, éclairée par les projecteurs. Dans l'après-midi, nous repartons pour le cap Pembroke, au nord-est de Coats, notre dernière étape. Avant de prendre la route de Déception, nous faisons une nouvelle fois le plein d'eau de mer. Le *Rogers* nous attend pour nous emprunter du carburant.

Pas de *happy hour* cette semaine, car on compte franchir le cercle polaire dans les jours qui viennent. «Ça va être ta fête, Monique, on va te peindre en bleu!»

On verra bien. En attendant, les géologues et les arpenteurs ont accepté, sur ma proposition, de nous parler de leurs travaux. Une trentaine de gars — la moitié de l'équipage — sont venus assister à cette conférence improvisée; les autres sont couchés ou de quart. Cette marque d'intérêt confirme à mes yeux la nécessité d'une bibliothèque arctique à bord des navires.

Les arpenteurs-géomètres sont principalement chargés de l'amélioration des cartes, et en particulier de la position des îles et des terres par rapport au nord astronomique. Aujourd'hui encore, l'Arctique est l'une des régions les plus mal cartographiées; de nombreuses imprécisions subsistent. Il est vrai que de tels relevés coûtent cher dans des territoires aussi vastes que ceux-là, presque inhabités, et encore peu utilisés.

Dans le Grand-Nord, il n'est possible de faire des relevés précis qu'après le dégel. C'est à ce moment-là seulement que le contour des lacs se distingue nettement, et que les corrections nécessaires peuvent être effectuées.

— Nous sommes en train de mettre en place un système de «dopplers», c'est-à-dire d'antennes réceptrices de satellite, qui nous permettront de déterminer les latitudes, les longitudes ainsi que les hauteurs au-dessus du niveau moyen des mers aux endroits où sont placées ces antennes, explique le géomètre. Avec ce système, plus besoin de points de repère tels que lacs, montagnes, etc.

L'exposé de l'arpenteur est passablement ardu, mais les gars ne se laissent pas démonter. L'un d'eux fait remarquer qu'il reste encore pas mal d'imprécisions sur les cartes, même sur celles du Saint-Laurent! Bien qu'il ait du mal à s'exprimer en français, notre géologue est tout à fait captivant. Il nous dit encore qu'il est chargé de confirmer les interprétations faites à Ottawa par les spécialistes de glaciers d'après les différents types de dépôts laissés par les glaciers et la mer sur ces îles jaillies de l'eau à mesure que la couche de glace fondait.

Il y a dix mille ans, c'étaient 2000 mètres de glace qui pesaient sur l'île Coats et ses voisines — une pression formidable! Lorsque la glace s'est retirée, les terres sont remontées, formant ces îles dans la baie.

Notre conférencier nous parle ensuite des sites archéologiques de l'époque Dorset découverts sur les plages de Southampton. Il doit également rapporter des échantillons de roches volcaniques et sédimentaires prélevés sur chacune des îles et qui seront étudiés à l'aide de techniques visuelles et chimiques.

Les scientifiques tentent de reconstituer le puzzle de cet archipel arctique. Fait-il partie d'un plateau qui a bougé? Des roches identiques ont été trouvées près de... Québec, mais d'un âge différent. De grosses calottes glacières encadraient jadis la mer d'Hudson. Elles ont coulé en se rencontrant. Il n'est guère aisé de comprendre le comportement actuel des glaciers. Tantôt ils avancent, tantôt ils reculent. Tout cela soulève de passionnantes questions. La période d'observation, par rapport à leur histoire, est encore trop courte pour qu'on émette autre chose que des hypothèses.

La discussion dévie ensuite sur les formidables ressources de gaz et de pétrole décelées dans l'Arctique. Et l'uranium?

— Il ne fait pas partie de nos objectifs, répond le géologue, mais si nous en découvrons au hasard de nos travaux...

Visiblement, cette conversation a soulevé un vif intérêt parmi les marins. Après tout, ils vont chaque été dans l'Arctique. C'est leur gagne-pain — mais c'est aussi autre chose, dont ils ne parlent pas volontiers. La plupart du temps, ils expliquent qu'ils sont là pour gagner leur vie, que leur père était déjà marin... Quand vous les entendez blasphémer contre leur sort, ne vous avisez surtout pas de critiquer le navire ou l'eau qui le porte, car vous les verriez aussitôt faire volte-face et défendre avec vigueur ce qu'ils viennent de dénigrer.

La nuit des ancres

Juste avant que nous entrions dans la baie de Déception, je suis réveillée par un bruit inhabituel des moteurs. Est-ce qu'on accosterait déjà?

Je me lève pour aller voir ce qui se passe.

Ce sont les hélices qui refusent de tourner à l'envers, rendant impossible toute marche arrière.

— C'est le directomatic! lâche Marcel, qui s'affaire sur son tableau de bord.

Toute l'équipe des mécaniciens est sur pied de guerre. Rien de plus beau que l'électronique quand elle refuse de fonctionner! Ils lancent les moteurs à pleine puissance puis les diminuent et... arrière toute! Mais les hélices ne veulent rien savoir. Après bien des essais, finalement, ça remarche sans que les mécaniciens comprennent pour autant quelle idée facétieuse a bien pu concevoir le cerveau électronique de propulsion du navire (c.f. Annexe II).

Inutile de se recoucher, le petit déjeuner embaume déjà dans les couloirs: pommes de terre rôties et jambon froid.

L'accostage avec le *Rogers* est prévu pour 8 h 30, et c'est une chose à ne pas manquer. Tout le monde est sur le pont, où souffle un vent musclé. Le béret de François s'envole. Pour protéger la coque du choc, si faible soit-il, les gars installent à tribord une série de «défenses» en bois très résistant — pin ou cyprès — pareilles à des traverses de chemin de fer et amarrées à des câbles d'acier. On en fabrique aussi en manille, mais elles coûtent plus cher.

Le moteur de propulsion latéral a été réchauffé pour la manœuvre. Les commandants des deux brise-glace échangent quelques mots par téléphone. C'est le nôtre qui est chargé de la manœuvre. D'un navire à l'autre, les gars se reconnaissent, s'interpellent. Les amarres jaillissent de part et d'autre. Au moment où les deux coques se touchent, le bois grince. Dès que la passerelle est lancée, les hommes se précipitent à la rencontre les uns des autres. On se serre la main, on se frappe dans le dos, on rit. Des gars de l'hiver 1977-1978 et de l'été suivant me reconnaissent. Je suis invitée à déjeuner sur le *Rogers*, mais il me faut une autorisation officielle. Le premier officier me conduira pour me présenter au capitaine, après quoi je pourrai descendre au réfectoire.

— Il faut fêter ça, dit un marin, qui brandit un litre de rouge.

Ils me parlent des articles que j'ai écrits l'an passé; ils ont tous été frappés par le terme de «saint-bernard des glaces» que j'avais employé pour désigner le brise-glace.

Le plus émouvant, c'est la rencontre de deux frères, l'un premier mécanicien sur le *Radisson*, l'autre huileur sur le *Rogers*. Leurs retrouvailles ne vont durer que le temps de transférer le combustible.

Mais voilà que le vent s'en mêle. Dans l'après-midi, nous arrêtons le pompage pour permettre à l'hélicoptère de décoller. Il doit ramener les scientifiques à terre et rapporter du chargement qui nous est livré par le *Rogers*.

Le vent, de plus en plus violent, nous force à nous détacher du *Rogers* pour nous ancrer plus loin, et cette fois avec deux ancres. Trois heures après, c'est au *Rogers* qui, entre-temps, a mêlé ses ancres, de nous accoster. Nous remontons l'ancre bâbord et, une fois le *Rogers* à nos côtés, la grue hisse les siennes sur notre pont avant. Les gars se mettent au travail. Démêler les chaînes va les occuper toute la nuit, tandis que le transfert du combustible reprend. Le *Rogers* a bien tenté de déprendre ses ancres, mais en vain, et le vent augmente à nouveau. L'accostage a d'ailleurs été plus sec que celui du matin. La houle a atteint la baie. Il fait vraiment froid et la nuit tombe. Le travail se poursuit à la lueur des projecteurs.

La lune, ronde et pâle, nous observe, appuyée sur le bastingage. Pour que les deux chaînes retrouvent leur indépendance, il faut recourir au chalumeau. Des gerbes d'étincelles jaillissent des maillons enchevêtrés et le maître d'équipage, par précaution, a branché la lance à incendie. Un peu avant minuit, les ancres du *Rogers* sont remises à l'eau et l'une d'elles retrouve aussitôt son écubier.

Il faut attendre que le transfert des 275 tonnes de combustible soit achevé. Vers 2 h 30, le *Radisson* est paré à manœuvrer. Par haut-parleurs, les marins du *Rogers* sont priés de regagner leur navire, et à 3 heures tapant, nous appareillons. Cap sur Nanisivik — *Nanasivik*, comme disent les gars.

Inconscients ou intrépides?

Il est interdit de fumer dans l'infirmerie. Pas seulement pour des raisons de santé, mais aussi à cause des bouteilles d'oxygène qui s'y trouvent. Or, hier soir, Lise a eu la frayeur de sa vie. Elle a remarqué des traînées le long d'une paroi. C'était une fuite de JP 4, le carburant éminemment explosif utilisé pour l'hélicoptère. Et l'infirmerie est installée juste au-dessous du garage de l'hélico...

Lundi en milieu de journée, nous sommes au large de l'île Wales et de Maricourt (Wakeham). Nous allons traverser le détroit en diagonale pour en sortir entre la pointe sud de la terre de Baffin et l'île Résolution, ou plus exactement entre les îles inférieures des Sauvages et l'île Résolution. En sept heures, de 1 heure à 8 heures du matin, nous avons croisé une centaine de gros icebergs.

En fin de matinée, au large de Black Bluff (île Edgell), nous entrons en contact avec un yacht de 12 mètres, le *Katahdin*, en provenance de Saint-Jean de Terre-Neuve. Il fait route vers Frobisher pour... des vacances! Nous diminuons notre vitesse. Le yacht se range contre notre coque et nous lui lançons du pain.

A table, la conversation roule sur les voiliers qui s'aventurent dans la glace. Certains — et c'est la majorité — les jugent tout simplement inconscients; d'autres les envient. Un gars se souvient qu'en 1976, lorsque le *J.-E.-Bernier* a fait le tour du continent nord-américain en passant par Panama, Vancouver et le passage du Nord-Ouest, il avait recueilli, dans les glaces du passage, un couple qui tentait de le franchir avec à bord... un bébé de quinze mois!

Depuis qu'Amundsen a franchi le passage en 1903-1905, aucun petit bateau n'avait réussi à refaire ce trajet avec succès, et il a fallu attendre 1977 pour que deux voiliers y parviennent. L'un, le *Williwaw*, un yacht belge de 13 mètres en acier avec pour tout équipage un homme d'affaires, Willy de Roos, qui s'était découvert sur le tard une passion pour le yachting. En 1978, ce fut au tour du Québécois Réal Bouvier et de son équipage du *J.-E. Bernier-II*, un sloop en acier de 10 m 50, parti de Montréal l'année précédente mais qui avait été contraint d'hiverner à Holsteinborg, sur la côte du Grœnland. Les deux bateaux se sont d'ailleurs rencontrés en route. Dans le livre qui retrace cette équipée, Willy de Roos raconte que, durant la traversée du détroit de Béring, un calcul rénal suivi de coliques néphrétiques l'a handicapé! Je ne suis pas la seule...

Nous nous préparons à franchir le cercle arctique. Un comité a été mis en place, qui placarde des affiches mystérieuses et pleines de menaces. Neptune et ses acolytes complotent à longueur de journée. Un timonier m'apporte une paire de ciseaux pour que je lui coupe les cheveux. Quand je veux avoir la paix, je vais m'asseoir sur le pont de l'hélico, tournant le dos au navire, les pieds dans le filet de sécurité, et je m'absorbe dans la contemplation du paysage ou des remous de notre sillage. Le soir, après avoir avalé en hâte mon hachis canadien, j'emprunte quelques cassettes au buandier qui a emporté avec lui une véritable installation hi-fi. Il était du reste tellement absorbé par sa musique, l'autre jour, lorsque le commandant et sa suite inspectaient les cabines, qu'ils ont contrôlé la sienne et sont ressortis sans même qu'il s'en aperçoive.

Pour atteindre le détroit de Lancaster, le commandant choisit sa route à la fois en fonction des rapports de glace et de la météo, et de l'expérience des années précédentes. Il traverse le détroit de Davis en direction de l'île Disko, puis poursuit droit au nord, évitant ainsi les grands champs de glace, jusqu'à la baie de Melville où il vire en direction du passage.

N'empêche que ce n'est pas la glace qui manque, en ce matin du mercredi 8 août. Toute la journée, on n'entendra parler que de champ de glace, de pack serré, de brume épaisse, de mini-icebergs. Vers 18 heures, nous franchissons le cercle. La visibilité est nulle. Je ne me sens pas très bien — plutôt mal dans ma peau — et je n'ai guère le cœur à la fête. Lise tente de me dérider en esquissant des pas de sirtaki sur la musique de Zorba. On frappe à la porte de ma cabine et, comme l'été dernier, des gars s'emparent de moi et me conduisent au gymnase.

Je revêts la combinaison en papier blanc qu'on me tend. Par les haut-parleurs, toutes sortes de bruits, de cris, le rire énorme de Neptune, incarné par Jean le mécano, envahissent le local. Après une demi-heure de conditionnement, René, le second officier, nous adresse un discours qui se termine par: «Acceptez tout, sinon ce sera pire!»

Les hommes me coincent la tête et les deux mains dans un joug fabriqué pour la circonstance. Les yeux bandés, je dois me diriger le long du couloir. Avec la vague, je cogne contre les parois et la peau de mon cou commence à souffrir du bois mal équarri. Même chose pour les poignets.

Je sens que j'entre dans une pièce où il y a du monde. Chuchotements, fous rires. «A genoux!» Et comme j'hésite, un gars me bouscule.

— Il faut que tu embrasses Neptune. Allez!

Je ne sais pas ce que j'embrasse. C'est dur et froid. J'ai un mouvement de recul qui déclenche les rires, et on m'enlève mon bandeau. Sur un plat que tient Neptune, une grosse tête de cochon congelée — c'est ça que j'ai embrassé! Le second tient le rôle de l'avocat de la défense et Marcel, le mécanicien, celui de l'accusation. Tous sont déguisés, maquillés, Jean-Neptune, fièrement assis, tient son trident en roulant des yeux:

— Et maintenant, jure... en posant ta main sur ce poisson!

La truite en question est humide et reliée à un fil électrique. Il faut tenir la main à plat quelques secondes en endurant les secousses électriques. Comme je ne peux absolument pas supporter le courant et que ma main tressaute dès que j'ai effleuré le poisson, je dois être punie. On me bande de nouveau les yeux.

— Bois la potion magique!

J'avale le contenu d'un verre écœurant et fort à la fois.

— Ton péché est d'être revenue narguer Neptune!

Flashes, rires, cris. A la fin, j'ai droit à un collier rigide en alu. A porter jusqu'à minuit, sous peine de connaître la pire des punitions!

Maintenant, je peux regagner les rangs du public. Mais auparavant, je m'éclipse en direction des W.-C. La houle et le breuvage ont eu raison de mon estomac. Certains ont connu un traitement plus dur. Une tarte crémeuse appliquée en pleine poire!

Farine ou plâtre? En tout cas, ça ne partait pas facilement. La cérémonie a donné lieu à un film vidéo que nous avons regardé après le buffet froid. On est quatorze à y avoir passé. En principe, j'aurais dû faire partie des anciens, puisque j'avais déjà franchi le cercle arctique l'été dernier, mais je ne voulais pas les priver de ce plaisir...

Rencontres dans les glaces

Au large d'Holsteinborg, nous croisons une douzaine de bateaux de pêche encadrant un navire-usine. Probablement des Danois aux prises avec un banc de morues. Là où les courants froids et chauds se rencontrent, les eaux sont très poissonneuses. A 8 heures jeudi matin, le SAT/NAV indique notre position: 69°14′ N et 52°09′6 W. Nous sommes donc au large de l'île Disko. La journée se termine dans la brume. Nous longeons la route des icebergs qui flottent en sens inverse.

Vendredi, aux premières heures du jour, nous en croisons toute une flottille — plus de cent. Il y a quelques années, lors d'un comptage photographique, la Garde côtière des Etats-Unis a repéré 40 000 icebergs dans la baie de Baffin. Poussés par les courants, ils dérivent jusqu'à Terre-Neuve et fondent dans les bras tièdes du Gulf Stream.

Devant nous, le *Federal-Hudson* demande notre aide. Le commandant réclame quatre diesels pour le rattraper.

Aujourd'hui, c'est l'anniversaire d'une des deux cadettes.

Dix-huit ans, ça se fête! La femme fatale du premier *happy hour* redevient petite fille.

A hauteur de la baie de Melville, nous entamons la traversée de la mer de Baffin. La visibilité baisse sans arrêt, mais les parages sont moins déserts qu'il n'y paraît. Le *Louis-S.-Saint-Laurent* — brise-glace géant, tant par sa dimension que par ses 24 000 CV — est au large de l'île de Devon (île Philpots). Nous allons le croiser. Quant au *D'Iberville*, il mouille dans Navy Board Inlet, l'anse qui sépare l'île de Bylot de la péninsule de Borden.

Lorsque le soleil perce la couronne de brume, il nous fait cligner des yeux. Nous stoppons d'un seul coup, et c'est l'attente.

Chacun, sur le pont, scrute la ouate aveuglante.

— Le voilà! crie un matelot en pointant son bras vers le *Louis-S.-Saint-Laurent* qui émerge de la brume à la manière d'un fantôme.

Il était beaucoup plus près que nous ne le pensions. Sa silhouette blanche à peine sortie de la brume y retourne aussitôt, et pourtant ce n'était pas une vision. Il se trouve ici pour effectuer des travaux de sondage. On envisage de construire un quai sur l'île Philpots pour les besoins d'une compagnie gouvernementale, Petro Canada.

Nous le quittons vers midi, lorsque notre hélicoptère revient avec un plongeur destiné au *Labrador*, que nous croiserons demain. Avant notre rencontre avec le *D'Iberville*, nous apercevons le *Sierra-de-Halifax*, un navire de recherche. Vers 16 heures, enfin, le *D'Iberville* est en vue. Tout l'équipage est sur le pont et nous adresse de grands signes. Jumelles au poing, le commandant me demande:

— Avez-vous reconnu le bosco avec son parka vert?

En effet, sa silhouette familière ne m'a pas échappé. Nous échangeons notre stock de films avec le *D'Iberville*, et certains médicaments. Le reste de la journée n'a été qu'attentes, départs, dérives dans la grosse glace.

Nous ne nous éloignons pas trop du *Federal-Hudson* qui aura sérieusement besoin de nous pour parvenir à la mine de Nanisivik.

Ça sent le changement d'équipage, cette fois.

— J'ai hâte de revoir mon petit, il a mis deux dents.

— Mon maïs doit avoir poussé!

Le maître d'équipage est plutôt renfermé ces jours-ci. Pourtant, lui aussi repart dans le Sud.

Dimanche à l'aube, nous cherchons à entrer en contact avec le *Federal-Hudson*. Un peu plus tard, l'hélico s'en va en patrouille de glace. L'escorte commence vers 10 heures. Rares sont ceux qui ont dormi cette nuit. Nous sommes restés à la timonerie, à parler de tout et de rien, à passer en revue les relations entre commandants et équipages, le couple, la famille, les femmes à bord...

La patrouille de glace de l'après-midi m'invite à l'accompagner. J'ai un moment d'angoisse quand l'appareil se pose sur la croûte glacée. Si elle cédait? Mais devant le calme olympien du pilote et le flegme imperturbable de l'observateur anglophone, je garde mes craintes pour moi. Au retour de la patrouille, le pilote décrit un grand cercle et je peux photographier le brise-glace ouvrant la voie au cargo. Il fait très clair, mais d'une lumière mate, sans éclat, qui fige tout. Un blanc tamisé, un blanc du Nord, inquiétant, isolant, cosmique. Qui vous flanque le moral à basse altitude. Nous attendons la visite d'un hélicoptère militaire. L'armée canadienne doit croiser dans les parages, mais motus, on ne me dit rien.

On m'a déjà traitée d'espionne; je ne vais pas me mettre à poser des questions!

L'engin se pose, c'est un Sea King. Des gars en descendent, harnachés comme des paras. L'officier grimpe à la timonerie pour s'entretenir à l'écart avec notre commandant. Entre-temps, les soldats nous invitent à monter dans leur machine, un modèle impressionnant, qui paraît gigantesque à côte de notre Jet Ranger de poupée. Trente minutes après, ils reprennent l'air et disparaissent aussi mystérieusement qu'ils étaient venus.

— Ils ont besoin de notre appui pour escorter un navire, lâche le premier officier.

Nous n'en apprendrons pas davantage; c'est frustrant de ne pas savoir ce qui se passe.

Au début de la soirée, nous pénétrons dans le détroit de Strathcona. Nanisivik est en vue, et le *Labrador* aussi, à l'ancre. Notre hélico s'envole avec le plongeur. A 21 heures, l'escorte prend fin, Le *Federal* s'allonge contre le quai tandis que nous mouillons l'ancre bâbord au milieu du détroit. Nous sommes contraints d'attendre que son chargement de zinc et de plomb soit terminé pour le faire ressortir. La glace est si compacte qu'il ne pourrait pas passer. Et le *Labrador* n'est pas encore opérationnel. Nous attendons également six officiers supérieurs de la Garde côtière américaine qui viennent nous rendre visite pour une petite

En haut: Ralph, l'observateur de glace, lors d'une patrouille en hélicoptère. Ses relevés seront indispensables, notamment au commandant qui s'en servira pour tracer sa route.

En bas: Falaises millénaires sculptées par l'érosion à la sortie du détroit de Strathcona.

Pages suivantes:
A gauche: Minuit face à la mine de Nanisivik (zinc et plomb).

A droite: Moment critique. Le cargo est entièrement pris dans les glaces et le Radisson, *aidé du* Labrador *(à droite), tente de le dégager. La manœuvre est délicate et la tension monte à la timonerie.*

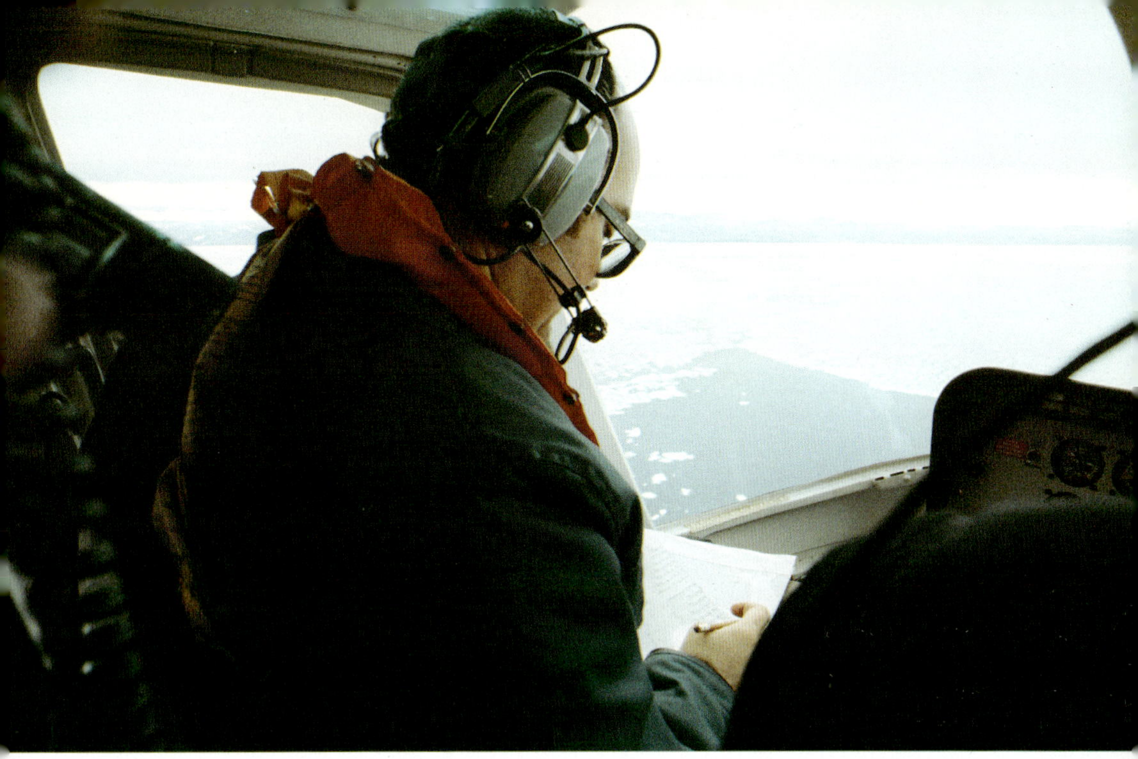

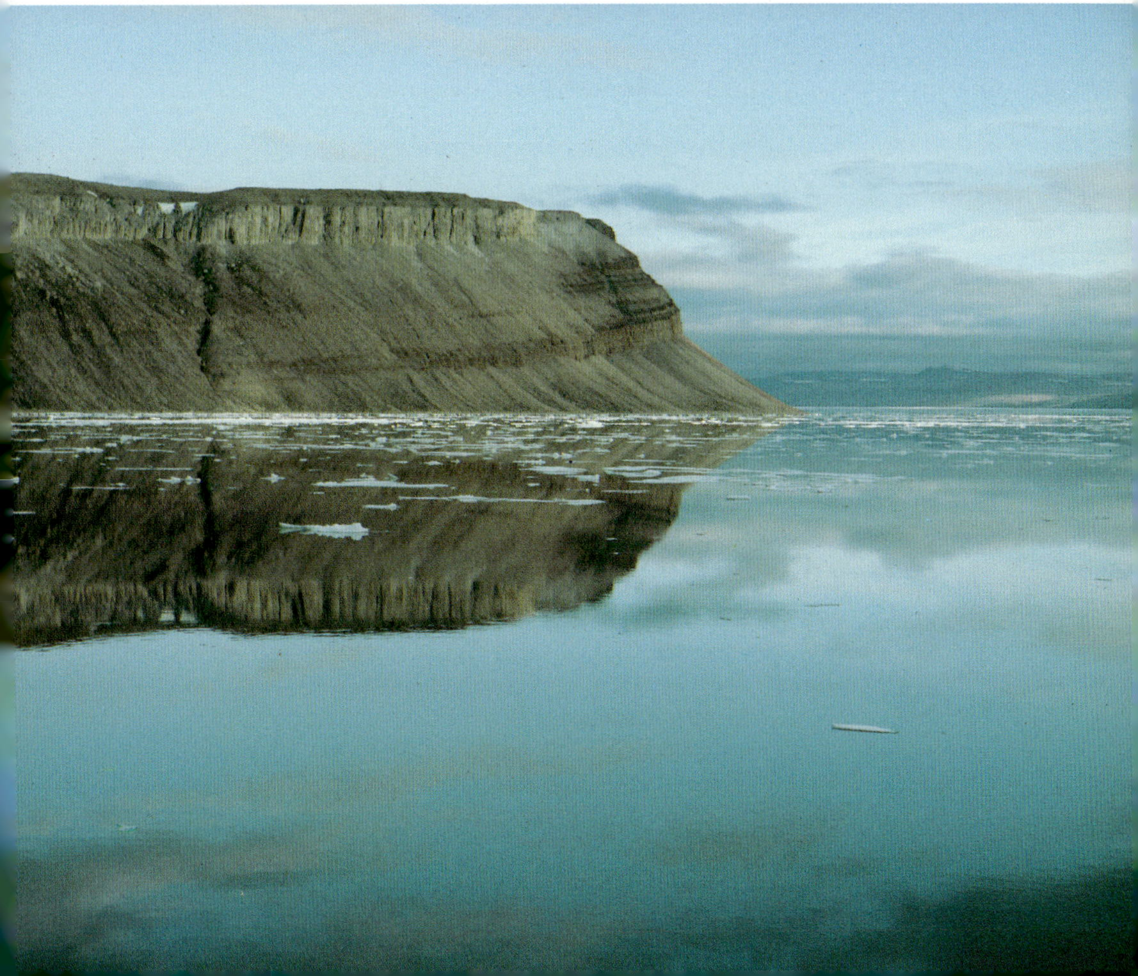

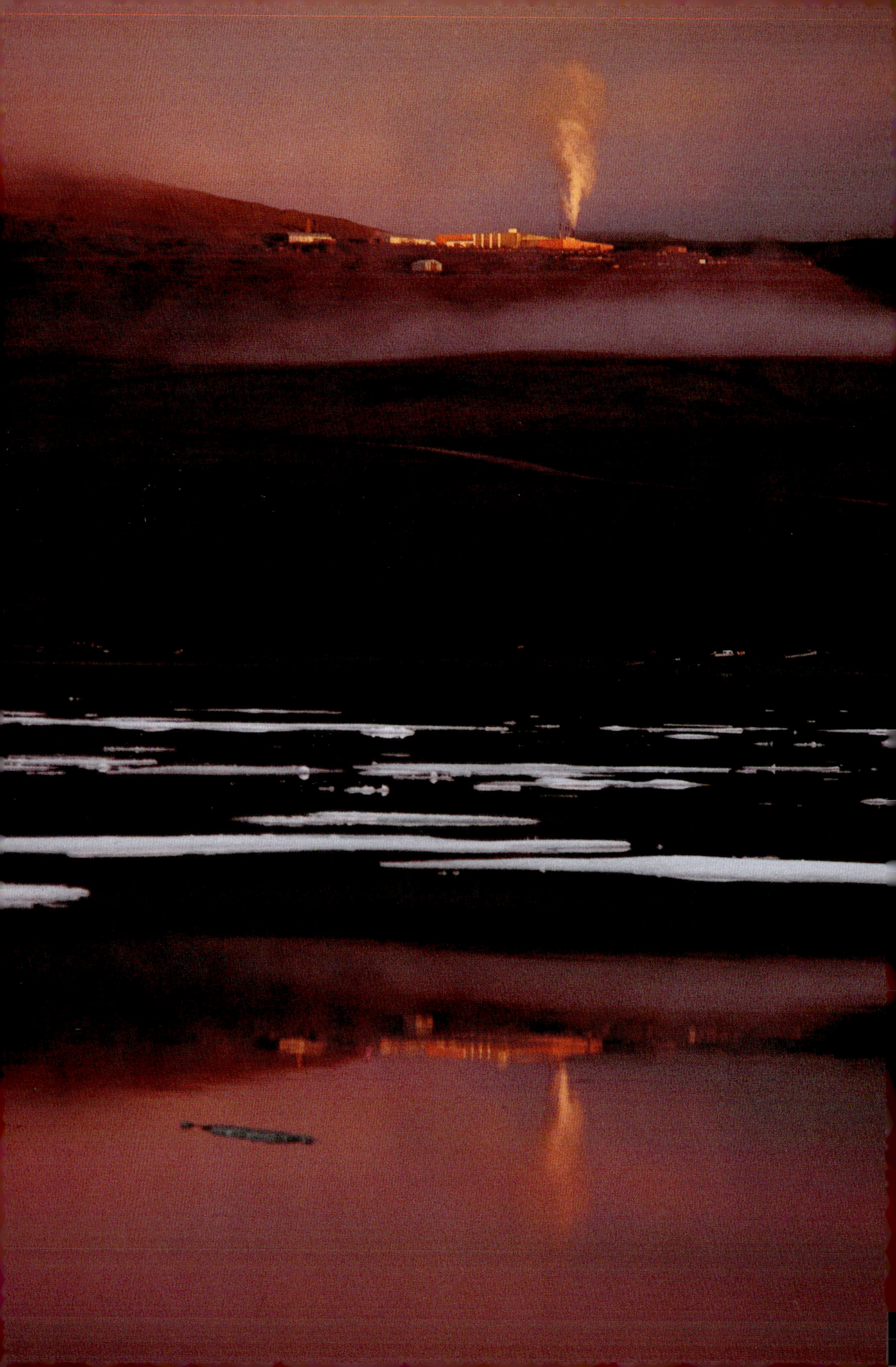

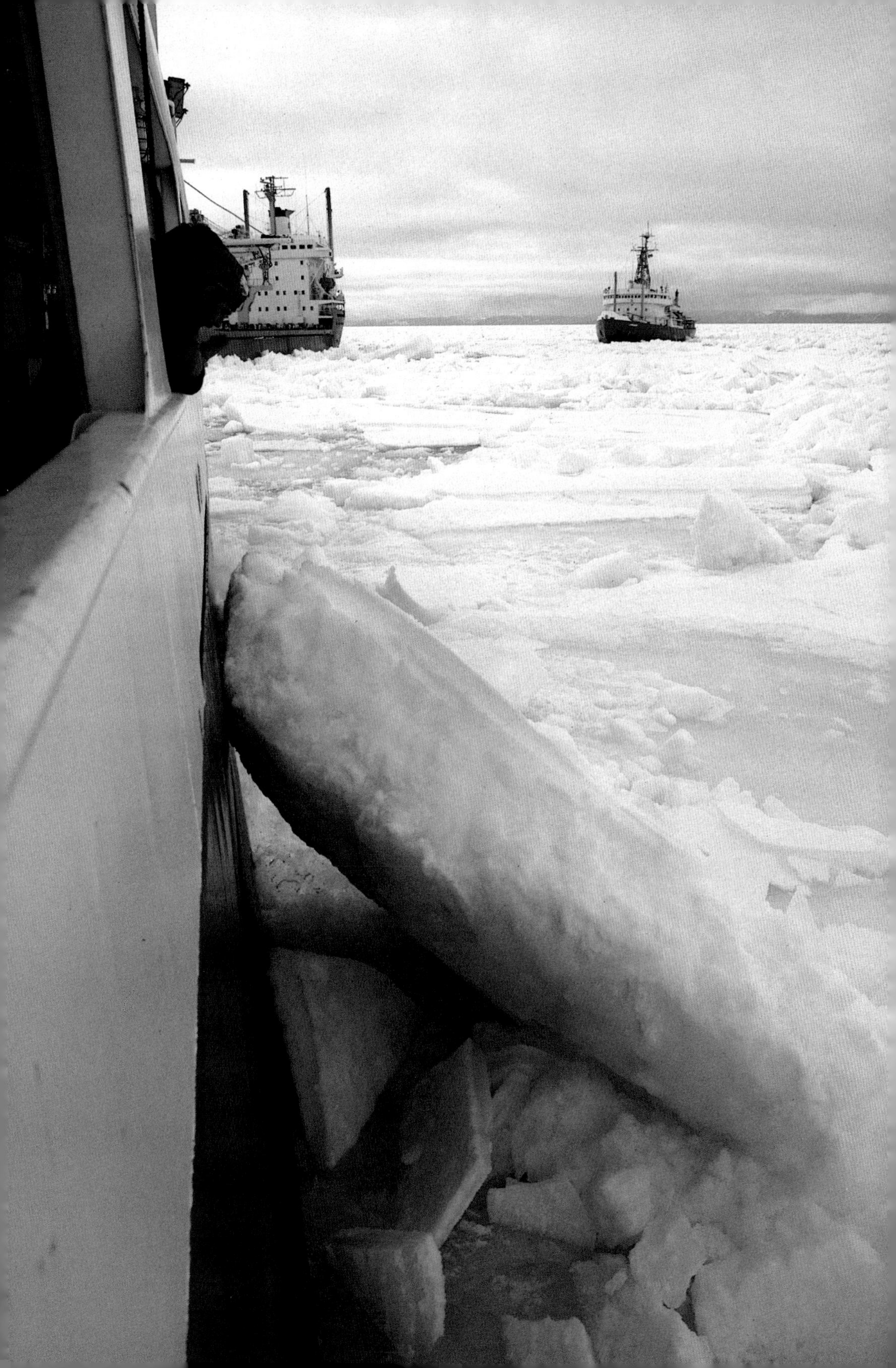

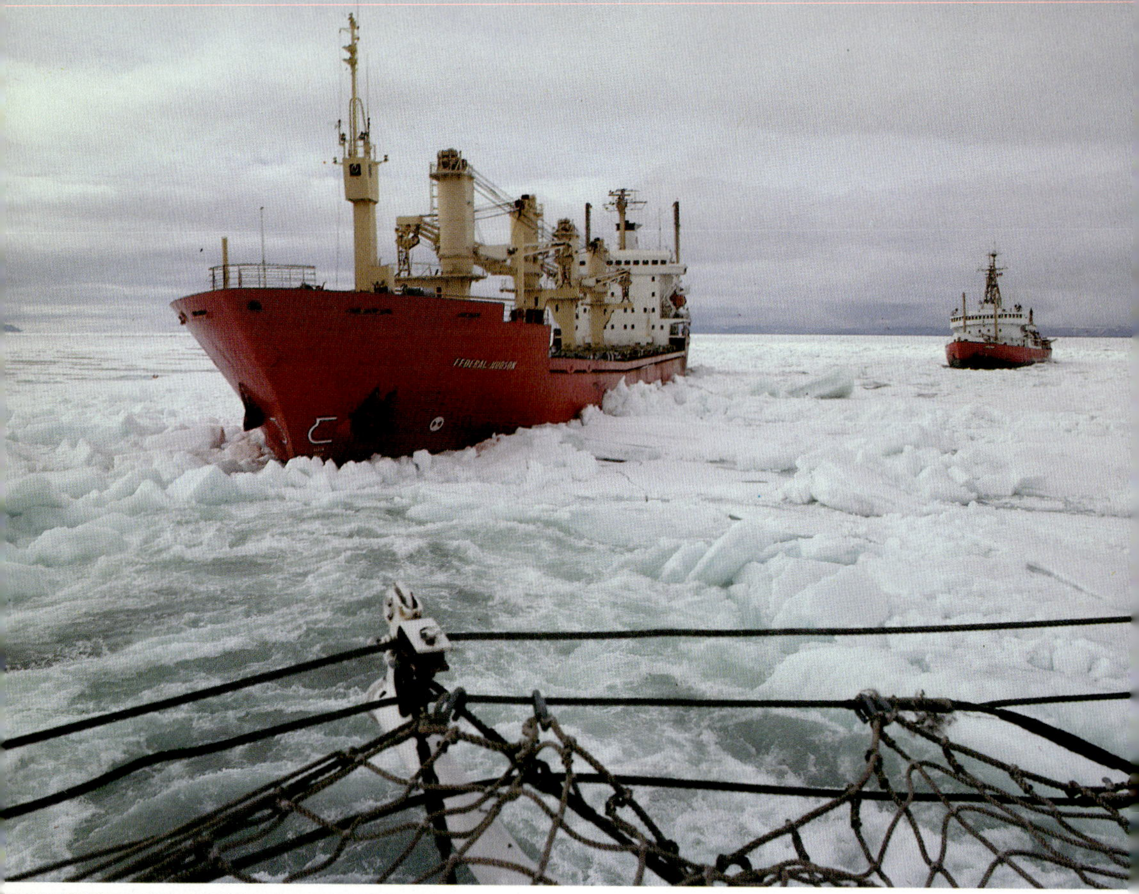

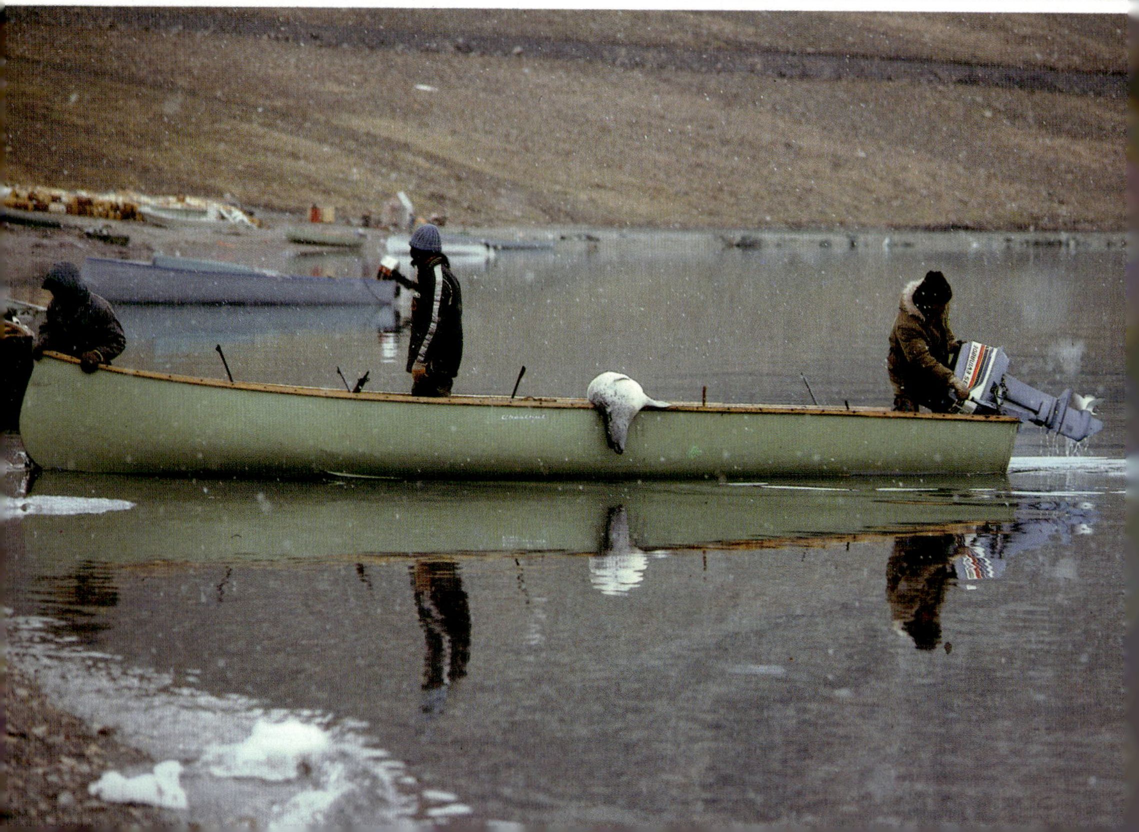

semaine afin d'observer le *Radisson* et son fonctionnement dans la grosse glace.

Deux yachts sont en train de tenter la traversée du passage du Nord-Ouest. Un japonais, le *Mermaid*, et un allemand, le *Solaris*. Décidément, le quartier est de plus en plus fréquenté.

— Vu l'état des glaces, ça m'étonnerait qu'ils passent, murmure le commandant.

Il fait sombre, ce soir. Les rayons du soleil, rasants, rougissent la coque du cargo et seule la fumée rose de la mine allège un peu le décor austère de la pierre chauve et brune.

Un équipage sur le qui-vive

Le changement d'équipage est pour demain. Les valises sont prêtes. La tension est montée d'un cran. Ça perturbe toujours un peu cette perspective de changement. Le commandant préside aux adieux et remet à chacun son certificat de passage du cercle arctique. Il a aussi rédigé une note qui dit en substance:

«A ceux qui s'en vont se faire bronzer, un humble merci pour leurs bons services. Bonnes vacances sans brume... Et à ceux qui restent, toute mon admiration pour leur persévérance. La saison sera bien remplie et le temps passera vite... avec du beau soleil émanant de chacun de nous.»

Lundi 13, 9 heures, Lise vient me chercher. Elle se rend à Nanisivik et aimerait que je l'accompagne. La brume est telle que l'hélicoptère effectue une petite reconnaissance avant de nous embarquer, puis il nous dépose sur la rive avec le sac postal. A nous de grimper jusqu'au village,

En haut: Dire que des voiliers s'aventurent dans le Haut-Arctique!
Là même où il faut plusieurs heures d'efforts à deux brise-glace pour sortir
un vraquier de sa mauvaise posture...

En bas: Retour de pêche au phoque à Arctic Bay. Il neige, nous sommes en août.

où il viendra nous reprendre. La brume mouille presque autant que la pluie et nous nous abritons un moment sous le hangar de la mine. Deux employés, dont une femme, et un policier viennent vers nous. On discute en anglais, et j'apprends que la femme a une sœur mariée... à Zoug, en Suisse!

Finalement, c'est la voiture de police qui nous conduit au village. Nanisivik a été bâti de toutes pièces autour de sa mine de plomb, zinc et argent, et compte environ 250 habitants. Les premiers prospecteurs sont arrivés il y a une vingtaine d'années; ils ont emporté des échantillons de roche dans le Sud pour revenir ensuite. En 1974, le gouvernement a autorisé l'ouverture de la mine et s'est associé à la Nanisivik Mines Ltée de Calgary. Un aéroport, quelques kilomètres de route, un quai pour les cargos, une poste, une infirmerie, une école, un restaurant, des logements, une église, une banque, un poste de police — rien ne manque.

Les maisons sont arrivées par bateau, les véhicules par avion dans des Hercules ventrus. Avec ses façades vives, rouges, vertes, jaunes, bleues, ses formes qui rappellent l'igloo, le village est l'un des plus modernes du Nord. L'eau potable provient d'un lac proche. A une vingtaine de kilomètres de là se trouve un village esquimau, Arctic Bay. Ses habitants ont assisté avec appréhension à l'installation des Blancs. Ils ont participé aux travaux, mais ont refusé de venir habiter Strathcona Sound, préférant rester à Arctic Bay, quitte à faire le trajet. Des Esquimaux d'autres villages sont venus également. Pour pouvoir continuer à mener leur vie, ils ont proposé un système de rotation dans le travail. Mais ce n'était pas, à vrai dire, le seul sujet d'inquiétude des Inuit: l'exploitation d'une mine constitue toujours une menace pour l'environnement — l'air, l'eau, la terre, la faune. Il est indispensable, à cet égard, de lire le premier ouvrage rédigé par les Inuit eux-mêmes à ce sujet, et intitulé *Nous ne vivons plus dans des igloos*. Ce livre relate précisément les changements intervenus à Arctic Bay depuis l'arrivée des Blancs. Les plus âgés se souviennent encore du voyage de Bernier au début du siècle et des baleiniers antérieurs à l'installation de la Compagnie de la Baie d'Hudson dans le village. «La première fois que j'ai vu des hommes blancs, c'était en 1927, se souvient un Esquimau. J'ai eu peur; ils paraissaient si grands!» Peu à peu, c'est toute la vie qui s'est transformée à Arctic Bay, les maisons, la nourriture, les moyens de transport.

Pendant que Lise se rend au dispensaire, j'entre à la poste située juste en face. Mary, la préposée, parle français; elle est de Montréal. Elle revient juste de vacances... en Afrique, et me fait cadeau du dernier *Paris Match*. Jamais nous n'aurons eu de nouvelles aussi fraîches. Le numéro date du 10 août et nous sommes le 13!

J'apporte le courrier du *Radisson* et repars avec deux sacs, dont l'un destiné au *D'Iberville*. J'aimerais bien parler un moment avec Mary, mais j'entends déjà le bruit de l'hélico.

— Je pourrai peut-être revenir, car nous restons quelques jours dans les parages. Salut!

A bord, l'ambiance n'est pas à la fête. Le changement d'équipage est compromis à cause de la brume; les gars sont sur le qui-vive. Vers 15 heures, la nouvelle tombe comme un couperet: «Le vol en provenance du Sud est annulé. Impossible de se poser à Nanisivik, la visibilité est nulle. L'avion attendra quelques heures à Frobisher avant de tenter un nouvel atterrissage au cas où le brouillard se dissiperait.»

Les gars se remettent lentement au travail, mais l'atmosphère est franchement pénible. Ce soir, une barge se rendra à terre, mais même cette proposition ne soulève pas l'enthousiasme.

Mardi matin, la brume est toujours omniprésente. Le cargo nous fait savoir qu'il sera prêt à appareiller dans l'après-midi. Je retourne à terre et j'en profite pour revoir Mary. On a juste le temps de boire un café avant l'ouverture de la poste. Mary, vêtue d'un jean et d'un parka esquimau, comme tout le monde ici, vit là depuis trois ans, date à laquelle sont arrivées les premières familles; la majorité des habitants sont encore des hommes seuls. Sur une population de 250 âmes, on compte une cinquantaine de femmes mariées, pas mal d'enfants et seulement quelques Inuit. Une dizaine d'Européens — Yougoslaves, Hollandais, Allemands. L'an dernier, le cuisinier était un Suisse.

— L'été ne dure qu'un mois et demi, de la mi-juillet à fin août, me dit Mary, et la saison noire quatre mois. C'est déprimant. Vers le 15 février, lorsque le soleil fait sa réapparition, tout le monde court à l'aéroport pour l'apercevoir ne serait-ce qu'un instant. La montagne que vous voyez là, et qu'un Japonais de passage a baptisée le Fuji, retarde de trois semaines la venue du soleil au village. On finit par devenir un peu sauvage, à vivre ici. Les avantages sont le salaire et les vacances. Et pourtant, bien qu'on se sente parfois très isolés, je crois qu'aucun de nous n'aimerait retourner à la vie normale. Ceux qui le veulent peuvent aller dans le Sud tous les trois mois — quinze jours aux frais de leur employeur et une semaine à leurs frais.

Mary et son époux voyagent autant qu'ils le peuvent. Ils reviennent tout juste du Sahara et songent à se rendre en Arabie... Au demeurant, ils ne se plaignent pas. Les maisons sont confortables et ils disposent de tous les services — y compris d'une piscine. La température est acceptable: environ 10° en juillet et −25° en janvier, et il ne neige pas tellement — moins d'un mètre pour tout l'hiver.

— Il y a deux avions par semaine, reprend Mary, des bateaux de temps en temps, ceux d'Europe qui viennent chercher le minerai, les brise-glace et quelques ravitailleurs.

Quand son mari et elle veulent s'évader, ils vont à Arctic Bay, distant d'une vingtaine de kilomètres, et quelquefois plus au nord, à Grise Fjord (76°25′ N) où les possibilités de chasse et de pêche sont plus grandes qu'ici.

Mary aime beaucoup les Inuit.

— Ils sont calmes, dit-elle, ils ont l'air heureux et rient souvent. Ils ont bien fait de repousser une partie de ce que les Blancs leur offraient. Ils sont intelligents et tentent de préserver leur mode de vie. Avec eux, on parle anglais, mais ils aiment le français et le parlent assez bien.

Mary avoue avoir changé depuis qu'elle vit ici.

— Je me sens plus mûre, je vis plus tranquillement, plus simplement. Fini de courir.

— Il faut que tu changes de cabine, Monique, la tienne est destinée aux V.I.P., m'annonce Hercule à mon retour.

Ma nouvelle cabine est à l'étage au-dessous. Je rejoins l'équipage. Ce qui m'inquiète un peu, c'est qu'elle jouxte le gymnase, mais ce n'est pas de là que viendra le bruit — plutôt du frottement de la glace contre la coque, très atténué dans les étages supérieurs. En fait, c'est un grand service qu'on me rend là, sans l'avoir voulu. Je vais mieux connaître la vie d'en bas, assez différente sous bien des aspects. La seule chose qui me dérange vraiment, c'est l'impossibilité d'ouvrir le hublot. A ce niveau, ils sont fixes. Je n'ai qu'un lavabo, pas de douche ni de W.-C. comme en haut, mais c'est secondaire. Plus ennuyeuse est la musique dans le couloir, trop forte à mon goût.

Les gars d'en bas m'ont adoptée sans trop de réticences, sauf peut-être quand j'ai voulu monopoliser la petite douche/W.-C. pour les cadettes et moi-même, mais nous avons fini par obtenir gain de cause.

Drôle de journée. Au magasin de Nanisivik, cet après-midi, comme j'achetais des journaux, un enfant esquimau a tiré sur l'une des courroies de mon attirail photo et l'un de mes appareils est tombé. J'ai peur qu'il soit cassé et je n'ose plus l'utiliser. Quant à ma réserve de piles pour le magnétophone, elle a baissé considérablement en raison du froid et il va me falloir en user avec discernement.

Après le souper, les gars qui doivent nous quitter débarquent, car le *Radisson* doit absolument sortir le *Federal-Hudson* du détroit pour y faire entrer le *Gothic-Wasa*. On risque de n'être pas de retour pour l'avion, de la 10/10es sous pression nous guettant à la sortie. L'hélico emmène les marins par groupes de trois, et nous tenons compagnie à ceux qui attendent leur tour sur le pont. Une heure après le départ des derniers, nous levons l'ancre et commençons l'escorte. L'ambiance à bord est si déprimante que je choisis d'aller dormir. Dans un moment, ça va secouer; mieux vaut prendre du sommeil d'avance.

De l'eau libre, nous passons à de la glace 7/10es, puis 8/10es et 9/10es. Les bras de Morphée deviennent plutôt inconfortables.

Vers 8 heures, j'entends l'hélico qui s'éloigne, sans doute pour une patrouille de glace. En fait, ce n'est pas ça du tout. Lorsque j'arrive à la *pantry*, surprise! Le garçon de table qui fait tranquillement la vaisselle est l'un de ceux qu'on a embrassés hier soir sur le pont. C'est une blague, ou quoi? Au même moment, deux autres apparaissent. «Vous êtes revenus?» Eclat de rire général. Le vol a été annulé une fois de plus pendant la nuit et ils me racontent leur odyssée. Quand ils ont appris à l'aéroport, tout d'abord que l'avion aurait du retard, puis qu'il ne viendrait plus, ils sont redescendus et ont été transportés sur le *Labrador*, dont l'équipage les a d'ailleurs accueillis plutôt froidement. Et ce matin, l'hélico du *Radisson* est allé les chercher. La plupart n'ont pas dormi, mais tous sont déjà au boulot.

— Vous laissez pas abattre, faut fêter ça!

Pour le moment du moins, plus question de débarquer. Le changement est remis à plus tard et il n'est même pas certain qu'il se fera.

L'eau solide

A 9 heures, le brise-glace entre dans de la 10/10es sous pression et le commandant réclame 110% de la puissance du navire. Le *Labrador* nous a rejoints. Nous ne serons pas trop de deux pour sortir le cargo de là. Pour la première fois depuis le début du voyage, le livre de bord accuse un trou! Tous les officiers sont sur la passerelle. La manœuvre est délicate. «Il est encore bloqué!» soupire l'officier aux commandes, jumelles braquées sur le cargo. Sa cheminée donne à fond, mais il n'avance plus et paraît définitivement immobilisé.

Aussi loin que porte le regard, la surface est blanche. Pas une goutte d'eau. On en vient à douter d'être en mer!

Le *Labrador* reste coincé à son tour. Un chenal se profile à l'avant, encore faut-il l'atteindre. Un des gars crie: «La mer!» comme autrefois les marins criaient: «Terre!»

La brume s'en mêle et du *Radisson* on ne distingue plus les deux navires qui nous suivent. Nous progressons lentement — parfois même, nous reculons. A minuit, nous croisons au large du cap Joy. La brume rend les ponts glissants. Notre système de roulis par transvasement d'eau de bâbord à tribord fonctionne à plein; ça évite au brise-glace de rester pris. Le bateau a très bien travaillé tout le jour, l'épaisseur de la glace était de trois mètres et parfois plus. Dommage que les Américains ne soient pas encore arrivés: ils auraient vu ce qu'ils auraient vu!

Le capitaine qui dort peu, fatigué par la tension constante, garde tout son calme; mais il ne parle presque plus, juste pour les ordres. A peine ouvrons-nous une brèche dans le champ de glace sous pression qu'elle se referme et se soude à nouveau. Tout est à recommencer. Impossible de ne pas être sensible à cette force que la coque dégage dans la glace...

D'énormes cubes se soulèvent, se retournent; la surface se lézarde loin à la ronde. Là où il y a des encrêtements, le *Radisson* se heurte à une résistance accrue et le choc le fait vibrer de tout son long. Il s'arrête et repart à la charge — ballet au ralenti de trois navires fantômes traçant un sillon invisible dans une demi-nuit de cauchemar.

La fatigue rend les impressions plus fortes, plus aiguës. Sur le pont principal, plus près de «l'eau», l'agression de la glace s'accentue; elle grimpe même contre la coque pour atteindre et parfois dépasser le bastingage. Au moment où on pense qu'elle va embarquer, elle se renverse et retombe. Le navire est dans son élément; l'escorte, c'est son travail, et les gars semblent avoir oublié leur déconvenue de la nuit précédente.

Assise à ma table, j'essaie d'écrire. A la main, impossible, et à la machine, les doigts tapent souvent à côté des touches.

Je suis sans cesse projetée de droite et de gauche sur ma chaise au rythme du grondement sourd de l'acier qui résonne.

Pas de radio, on est en plein black-out; les explosions solaires perturbent les ondes.

Le jeudi, le *Radisson* déguste du pack serré pendant les sept premières heures. Le *Federal-Hudson* sorti d'Admiralty Inlet, nous allons chercher le *Gothic-Wasa*, un navire suédois, au large du cap York. Sa coque noire, renforcée pour la glace, l'aide un peu.

Nous sommes de retour à Nanisivik au début de la soirée. Les Américains qui sont arrivés entre-temps embarquent. Je compte les ficelles sur leurs manches — trois ou quatre: des capitaines, des commandants. Le *Radisson* aura à cœur de se montrer sous son meilleur jour.

Chaque jour apporte son lot d'événements d'importance diverse. Le troisième cuisinier s'est coincé un doigt dans une porte; il va débarquer. Mauvaise nouvelle pour la cuisine, où ils n'étaient déjà pas de trop à trois, et cela juste au moment où le menu ne doit souffrir aucune négligence à cause de nos hôtes! Le chef, qui habituellement compose les menus, s'occupe des viandes et des soupes, et le second, qui est chargé de la pâtisserie, devront se partager la tâche du blessé — à savoir les chaudrons et la préparation des légumes. Sans compter que le chef cuisinier doit encore mettre ce voyage à profit pour former son second...

En l'absence du commissaire, qui nous a quittés à Déception pour aller rejoindre sa femme en train d'accoucher, c'est son adjoint, Hercule, qui a la charge du secteur approvisionnement. Hercule est tout le contraire de ce que son prénom laisserait supposer. J'ai de la sympathie pour cet homme qui ne cache pas qu'il y a quinze ans il était alcoolique et que son penchant lui a fait perdre de bien belles positions dans l'hôtellerie. Aujourd'hui redevenu parfaitement sobre, il est heureux de naviguer.

Un jour, alors qu'il travaillait encore au château Frontenac, à Québec, il s'est laissé glisser du haut de la falaise pour atterrir sur les brise-glace. J'adore l'entendre bougonner, jamais satisfait des autres ni de lui-même. Combien de fois l'ai-je surpris en train d'effacer une tache avec son mouchoir ou de nettoyer un coin de poussière qu'un garçon d'étage, pressé d'en finir, avait négligé...

— C'est un travail ingrat que le nôtre, maugrée-t-il. Les gars sont de plus en plus exigeants. Vous êtes là pour nous torcher, torchez-nous! Et mon lit n'est pas bien fait, et vous avez oublié de rajouter de la glace dans mon thermos! Faut toujours être à leur service. Si encore on était appréciés, mais je t'en fiche! Il y a même des officiers qui disent qu'on n'aurait pas droit aux galons!

Et pourtant, du commissaire et de son adjoint dépendent bien des choses, à commencer par tout l'approvisionnement en vivres et en matériel, l'entretien des cabines des officiers et des passagers, le choix des menus avec le chef, l'animation des soirées, toute la paperasse, l'affichage des nouvelles en provenance de la timonerie, l'entretien de la lingerie, l'établissement des listes et inventaires en tout genre...

Au milieu de la nuit, le *Labrador* réclame notre aide; un moteur de propulsion a flanché. Il est vrai que le navire n'est plus tout jeune.

Aujourd'hui, vendredi, deux missions: se rendre à Gascoyne Inlet, à l'angle sud-ouest de l'île de Devon, à 180 milles de Nanisivik, afin d'y chercher une cargaison de barils destinés au *Louis-S.-Saint-Laurent*. C'est lui, finalement, qui se rendra à Eureka en remplacement du *D'Iberville*. A Gascoyne, nous embarquerons deux gars à destination de Resolute. Le pack s'est relâché pendant la nuit. Dans le détroit de Lancaster, en fin de journée, nous apercevons le *D'Iberville* dans le couchant, royal. Les nouveaux brise-glace, plus compacts, ont moins de prestance. Son hélico nous rend une petite visite. L'équipage n'a pas volé depuis... Québec! Tiens, mais je les reconnais, ce sont eux qui m'ont transportée de Québec à Baie-Comeau, au début juillet. «Vous avez meilleure mine aujourd'hui!» me disent-ils en riant.

Sanglés dans leur uniforme bleu royal, les Américains ont commencé leur visite du *Radisson*. Ils viennent de Washington D.C. et appartiennent à une équipe d'ingénieurs, d'architectes et de dessinateurs qui construisent les brise-glace américains destinés aussi bien au pôle Sud qu'à l'Alaska. Ils n'ont pas cessé de prendre des notes, de tracer des croquis. Il s'agit d'un échange, d'une collaboration canado-américaine. «Y sont pas gênés d'apprendre, me dit en passant un officier canadien, et pourtant ils sont plus forts que nous!» Lorsque les Américains avaient envisagé leur fameux brise-glace *Polar-Star* (*60 000 forces*, turbines à gaz), ils étaient venus étudier de près le système d'admission d'air aux turbines sur le *Rogers*. Les Canadiens utilisent essentiellement une machinerie américaine fabriquée sous licence au Canada. Cette fois, ils sont là pour voir la coque dotée du «long couteau» qui rend l'étrave plus efficace.

Dans la journée, j'ai capté un concert en FM, les *Danses hongroises* de Brahms. Divin! J'ai enregistré pour en faire profiter tout le monde.

Samedi, lors du chargement du matériel, un matelot reçoit de l'acide de batterie dans les yeux. Les gars qui surveillaient les barils à terre montent à bord. Ils s'envoleront pour le Sud à Resolute; notre hélico les y conduira. A l'aube, nous entrons en contact avec le yacht *Solaris*. Par radio, le brise-glace lui communique les conditions de glace qui l'attendent jusqu'à Resolute. Le ciel est dégagé, frais mais beau. Les rochers proches sont tailladés, striés, égratignés par des siècles de glaciations et d'érosion. Nous repartons de Gascoyne vers 16 heures, en direction de Resolute, puis, une fois les gars débarqués et l'hélico rentré, nous revenons à Nanisivik.

Dans la matinée, nous croisons les deux yachts — le *Solaris* et le *Mermaid* — et le seul mot que les Américains prononcent est: «Crazy!» («Dingue!») On repense à eux lorsque les conditions de glace changent brusquement à l'entrée d'Admiralty Inlet.

Un ours surgit à tribord et les Américains se précipitent pour prendre des photos. De notre côté, nous faisons comme si nous étions complètement blasés. Ils sont pourtant charmants, ces Américains, et parlent à tout le monde. Avant qu'ils ne nous quittent, je propose de faire une photo de famille réunissant les officiers des deux pays.

En arrivant dans le détroit, nous recevons un appel du *Gothic-Wasa* qui a tenté de repartir seul et qui se retrouve bloqué. Cette fois, la démonstration est superbe.

Le *Radisson* manœuvre à moins de 15 mètres du cargo. Les conditions de glace sont très dures: empilements, encrêtements. La résistance est grande. Autour de nous, tout est blanc, la mer se confond avec la côte enneigée. Pour diminuer la pression exercée par cette glace de plusieurs années sur la coque du *Gothic*, le brise-glace ouvre une déchirure à peu de distance de son flanc.

Par radio, le *D'Iberville*, tout proche, nous indique qu'il est à l'eau libre. Donc, le Suédois sera bientôt tiré d'affaire et nous pourrons remettre le cap sur Nanisivik pour y débarquer non seulement les Américains mais aussi Peter, l'observateur de glace que l'hélico du *Louis-S.-Saint-Laurent* nous a amené dans la journée. C'est lui qui était à bord du *D'Iberville* l'été dernier. Notre propre observateur est ravi: enfin un anglophone à qui parler. C'est bien la première fois que Ralph, en jean et arborant un large sourire, descend de son perchoir pour participer au *happy hour*.

Au moment où le *Gothic* nous quitte, son commandant sort sur le pont pour faire un grand salut au *Radisson*. Auparavant, notre propre capitaine l'a appelé par téléphone pour lui souhaiter bonne route. Il y a encore des usages dans la marine.

Lundi au petit déjeuner, le *Radisson* lâche l'ancre au large de la mine. L'hélico se rend à terre avec plusieurs passagers, et le commandant me propose de faire un saut rapide à Arctic Bay. Comme les gars ne peuvent pas descendre, je leur demande s'ils veulent que je leur rapporte quelque chose. «Des cartes postales!» me disent-ils. Le temps n'est pas très engageant. La plage d'Arctic Bay est déserte. Je commence ma visite par l'école, vide elle aussi, mais ouverte, comme tout ici. Les Inuit que je rencontre ne parlent pas anglais. Je fais un saut à la coopérative et je ressors. De la baie me parvient l'écho de coups de carabine. Une petite neige tombe dans la brume. J'aperçois une embarcation. Malgré les facilités nouvelles que leur offrent les Blancs en matière d'approvisionnement, les Inuit continuent à chasser pour se procurer leurs viandes favorites: phoque, caribou, poisson, etc. Je guette le retour des pêcheurs sur la grève. Pourvu qu'ils reviennent avant l'hélicoptère! C'est toujours la course contre la montre. Ça y est, la barque rentre, un phoque jeté sur le rebord et les Esquimaux debout. Faute d'autre langage commun, nous échangeons des sourires amicaux. Je prends quelques photos pendant qu'ils déchargent l'embarcation. Ils empoignent le phoque par ses nageoires et le traînent jusque chez eux pour l'y dépecer. Je voudrais les suivre, mais mon pilote est en train d'atterrir à quelques centaines de mètres de là. Je le rejoins. Nous survolons l'aéroport et déjà le *Radisson* se profile dans le détroit. A présent, il neige pour de bon.

L'après-midi, les gars vont visiter la mine de Nanisivik. Ils m'invitent à les accompagner. Je n'ai que le temps de changer de souliers et de sauter dans la barge. «Ton gilet de sauvetage!» Un matelot m'en lance un par-dessus bord.

Une fois à quai, certains grimpent dans un camion, les plus courageux font la route à pied.

— Dieu aurait bien dû prendre un jour de plus pour planter quelques arbres par ici! observe Jean, notre Neptune.

La remarque met le groupe de bonne humeur. C'est vrai que le paysage pèse parfois sur le cœur, surtout un jour comme aujourd'hui.

Pour la visite, nous devons chausser des bottes, mettre des lunettes de protection et un casque. La seule image que j'en garde est celle de ce minerai grisâtre et liquide, passant dans des enchevêtrements de machines. Il y a l'électricité partout, pour éclairer les ténèbres — un vrai décor de fiction. Nous en avons oublié l'heure du retour, et lorsqu'un poids lourd nous dépose sur le rivage, nous avons juste le temps de voir le troisième officier repartir avec la barge. Par chance, l'hélico n'a pas terminé ses navettes et revient nous chercher.

Demain, nous irons faire le plein de carburant à Dundas Harbour. Nous passerons la nuit ici, à l'ancre.

Une curieuse odeur plane dans les couloirs au niveau de la cuisine. Le chef et Hercule se grattent la tête. Par terre, des cageots pleins de fruits et de légumes dégagent une senteur de pourriture. La marchandise a voyagé trop longtemps. Elle devait nous être livrée lors du changement d'équipage qui ne s'est pas fait, et les allers et retours entre Montréal et le Nord ont passablement avarié les denrées fraîches. Il faut consommer au plus vite ce qui peut encore l'être. Les gars se jettent sur les fruits, et les cuisiniers vont nous gaver de légumes et de salades pendant trois jours. On commençait à en manquer; dommage qu'il faille maintenant mettre les bouchées doubles.

Mardi soir, le *Radisson* appareille pour Dundas Harbour, à 110 milles à l'est, sur la côte sud de l'île de Devon. La brume nous surprend à la sortie de Strathcona, puis le pack assez serré ralentit notre marche. Chaque été, un pétrolier vient ravitailler les brise-glace en carburant. C'est l'*Arthur-Simard* qui nous attend à Dundas. Le *Louis-S.-Saint-Laurent*, déjà sur place, a la priorité. L'endroit est grandiose, escarpé. Autrefois, c'était un poste de la Gendarmerie royale du Canada, mais il ne reste plus aujourd'hui qu'une cabane en bois et des tombes. Un drame a dû s'y dérouler ; on raconte que deux des policiers qui y étaient en poste (pour deux ans et parfois plus) se seraient entre-tués.

— C'est un bon coin pour les bœufs musqués, dit l'officier de quart en pointant ses jumelles sur la côte. J'en aperçois un, venez voir !

L'animal, trapu, massif, recouvert de sa précieuse laine, se confond avec la roche. Ce vestige des temps préhistoriques, mi-bœuf mi-mouton, ressemble un peu à un gros bélier. Le front baissé, il broute lichens et mousses. Sa formidable toison brune le protège du blizzard. En cas d'attaque, les bœufs musqués, qui vivent en troupeaux, forment un carré pour protéger leur progéniture et, en dépit de leur poids, ils sont capables de charger avec une rapidité incroyable. Le Canada les protège depuis 1917. Il en resterait environ 10 000 dans le Grand-Nord canadien. On en trouve aussi au Grœnland et en Alaska.

Nous commençons par transférer le chargement embarqué à Gascoyne Inlet sur le *Louis-S.-Saint-Laurent*. Après quoi, le pompage de 1400 tonnes de carburant nous prendra toute la nuit. Comme le bruit de la pompe empêche de dormir, les gars en profitent pour bavarder avec l'équipage du pétrolier, des francophones comme eux, et qu'ils connaissent pour la plupart. Les commandants, eux, échangent leurs souvenirs. Mais attention aux rentrées tardives : la neige qui ne cesse de tomber rend les ponts glissants. L'hiver est en avance de quinze jours, cette année.

Vers midi, nous repartons pour Nanisivik. On commence à connaître le chemin !

Transfert sur le D'Iberville

Changement de programme, une fois de plus. Le *Radisson*, après Dundas, a rendez-vous avec le *D'Iberville* qui lui remettra le matériel nécessaire aux opérations de sondage — ainsi que deux hydrographes. Ce travail conduira le brise-glace dans les parages de Wellington Channel, entre les îles de Devon et de Cornwallis. C'est la dernière fois que nous croiserons le *D'Iberville*, et c'est l'heure pour moi de changer de navire.

En hâte, je récolte mes derniers questionnaires. J'avais dressé une liste de questions auxquelles les marins pouvaient répondre en toute liberté et avec l'assurance de ma discrétion.

«Y z'aiment pas les papiers, vous n'allez guère avoir de réponses», m'avait-on dit. Contre toute attente, les deux tiers des questionnaires m'ont été rendus.

Il y a bien un gars qui a répondu de façon fantaisiste, mais comme c'était le seul, j'ai trouvé ses réponses amusantes.

Age: 23 ans. Combien d'enfants: 18 et 1/2. Si d'autres membres de votre famille naviguent, précisez le lien de parenté: Noé! Votre fonction à bord: clown. Je vous fais grâce du reste. Le questionnaire s'étendait sur trois pages. Une première partie concernait leur situation sociale et familiale; une deuxième leur carrière maritime, leur formation, leurs motivations, leur avis sur les avantages et les inconvénients de la profession. La troisième et dernière partie, enfin, mettait l'accent sur les voyages du Nord. Les trois secteurs, pont, machines et approvisionnement ont répondu à peu près dans les mêmes proportions et presque tous ceux qui l'ont fait sont natifs des rives du Saint-Laurent — la plupart sont issus de familles de marins. Un tiers, seulement, étaient les premiers de leur famille à naviguer. Un tiers sont mariés, deux tiers célibataires, mais il est vrai que beaucoup sont encore jeunes. La plupart n'ont jamais eu d'autre employeur que la Garde côtière, mais un tiers ont travaillé auparavant pour des compagnies privées ou dans la marine militaire, sur des navires aussi différents que des destroyers, des cargos, des minéraliers, des pétroliers ou des remorqueurs. Ceux qui sont depuis toujours au service de la Garde côtière ont très souvent navigué sur des bateaux autres que les brise-glace: baliseurs, barges, etc. Les avantages du métier le plus souvent cités sont, dans le désordre, le voyage, la liberté, de longues vacances. Sécurité de l'emploi et travail moins routinier qu'à terre, voilà en gros ce que les marins apprécient. Quant aux inconvénients du voyage du Nord proprement dit, ce sont, bien entendu, l'éloignement des familles, le manque de vie intime avec une femme, l'isolement, l'ennui, le manque de communications, le mauvais acheminement du courrier, l'impossibilité d'une vie sociale dans le Sud à cause des absences trop longues et trop fréquentes, la température (ils sont privés de l'été), la rareté des escales... et la bureaucratie qui envahit même la vie à bord. Un seul gars a mentionné le mal de mer.

En pénétrant dans Strathcona, je remarque que l'iceberg qui était l'autre jour collé à la falaise a maintenant entièrement traversé le détroit, dont il garde l'entrée comme un sphinx.

La porte de la timonerie s'ouvre. C'est Henri, le commandant du *D'Iberville*, «casquetté» de blanc, qui débarque de son hélicoptère.

— On n'a pas pu faire le changement d'équipage, nous non plus. Décidément, l'aéroport de Nanisivik ne convient pas. C'est trop risqué.

Le plafond de brume est tout aussi épais que l'autre soir. Demeurant parfaitement indifférents à nos problèmes d'humains, les goélands, majestueux dans le couchant, jouent avec les courants, tracent des courbes harmonieuses, des cercles souples autour des navires qui se rapprochent. C'est tout juste s'ils se tiennent à distance des hélicoptères qui travaillent de concert pour l'échange des personnes et des marchandises. Hercule est allé chercher du pain et de la farine sur le *D'Iberville*. Il en revient avec les deux hydrographes. Les matelots chargent et installent leur bateau à bord.

Le jeudi 23 août, à minuit, je passe du *Radisson* au *D'Iberville* qui mouille à un jet de pierre.

— Etes-vous prête?
— Pas vraiment, mais j'y vais.

Je fourre toutes mes affaires en vrac dans de grands «sacs à vidanges» et les gars m'aident à les transporter jusqu'à l'appareil. Rapides adieux à ceux qui ne sont pas couchés, et un mot griffonné en hâte et épinglé au babillard pour les autres.

— Bienvenue à bord! Vous allez retrouver votre cabine de l'an dernier, elle vient d'être refaite.

Je repère tout de suite plusieurs gars de l'été 1978; je ne serai pas trop dépaysée, quoique l'atmosphère soit très différente d'un navire à l'autre, comme j'aurai bientôt l'occasion de m'en rendre compte.

Le chef officier m'avertit tout de suite. Les gars ne sont pas très contents, le changement a raté et notre problème à la coque nous empêche d'aller à Eureka. Certains, qui naviguent depuis plus de dix ans, ne sont jamais allés si haut et ils sont déçus.

Vers 3 heures du matin, nous nous apprêtons à lever l'ancre, précédés par le *Radisson*. Nos routes se sépareront à la sortie du détroit de l'Amirauté. Nous allons à Dundas faire le plein à notre tour, alors que le *Radisson* oblique vers l'ouest pour escorter un cargo finlandais, le *Lunni*, du côté de Rae Point, au sud-est de l'île Melville, dans le détroit du Vicomte-Melville.

A partir de maintenant, la température va plus souvent être au-dessous de zéro qu'au-dessus. Les belles journées sont passées. Peu avant que les deux navires se séparent, l'officier de quart du *Radisson* s'est moqué en riant de la fumée dégagée par le *D'Iberville*. «Tu pollues pas mal!» a-t-il lancé par radio, tout en prenant sa vitesse de croisière sur son navire tout électrique. Notre commandant, piqué au vif, a appelé la salle des machines et donné l'ordre à Pamplemousse de mettre toute la vapeur afin de ne pas se laisser distancer par ce navire trop neuf! Orgueil légitime de marin.

Une dernière tentative de changement d'équipage est prévue à Nanisivik le 26, dans deux jours. C'est le dernier espoir des gars qui veulent rentrer dans le Sud. Si ça ne marche pas non plus cette fois, ils devront faire le voyage jusqu'au bout.

Vers midi, nous lançons nos amarres au pétrolier. Le pompage commence. Le *Bernier* est de l'autre côté et je décide d'y aller faire un tour. Peut-être y rencontrerai-je des visages connus. Cette journée est si grise que ça ne pourrait que me faire du bien. Je descends l'échelle, passe sur l'*Arthur-Simard*, le pétrolier, et grimpe à bord du *Bernier*, un modèle plus petit que les deux autres brise-glace d'où je viens, ce qui ne l'a pas empêché de faire deux fois le tour du continent nord-américain.

Paul Toussaint, le marin de La Petite-Rivière, est justement à bord.

— On travaille dur, me dit-il, mais l'ambiance est sympathique.

Non sans surprise, je croise l'opérateur radio resté en rade à Frobisher.

— Mais qu'est-ce que tu fais là? Je te croyais viré?

— Ben non, y devaient manquer de gars.

Toujours aussi insouciant et de bonne humeur, celui-là!

Il y a une maxime propre au *D'Iberville* qui dit en substance: «Pas assez fin pour vivre en ville, pas assez fou pour l'asile: bon pour le *D'Iberville*.» Ou pour n'importe quel brise-glace...

Au retour, je passe voir le commandant du pétrolier, Jean-Paul, lequel n'aime guère Dundas Harbour.

— Ce n'est pas l'endroit idéal pour ravitailler des brise-glace, me dit-il. Le fond n'est pas bon pour l'ancrage, et le vent y souffle assez fort. On doit toujours se tenir prêt à partir, parce que si la glace arrive ici, on ne pourra plus sortir. L'*Arthur-Simard* a bien une coque renforcée, mais ça ne suffit pas toujours. L'été dernier, nous avons été pris comme ça par un champ de glace, et sans l'aide rapide d'un brise-glace, je me demande ce que nous aurions fait! Or, les brise-glace ne sont pas toujours là. Nous les attendons parfois plusieurs jours. La vigie n'a pas intérêt à fermer l'œil, car à la moindre alerte, on s'empresse de sortir de la crique. C'est que ça voyage, la glace! Et nous ne disposons pas de vos cartes. Il y a même des fois où l'on ne voit pas trop où on va. C'est pour ça que, l'autre jour, j'ai demandé au capitaine de me donner les cartes qu'il avait, ce sont les plus récentes sur l'état des glaces, ça nous aidera. Nous avons ravitaillé le *Louis-S.-Saint-Laurent* une première fois et le *Radisson*. Aujourd'hui, c'est vous, le *D'Iberville*, demain le *Bernier*, et nous devons encore attendre que le *Louis-S.-Saint-Laurent* revienne d'Eureka pour lui donner ce qui nous restera. Alors seulement, nous pourrons retourner dans le Sud. Ici, la glace commence à prendre dès septembre — sans compter l'obscurité et les tempêtes de neige. On a hâte de partir. Vous comprenez, pour nous, c'est pas comme pour les brise-glace qui bougent, qui vont d'un point à l'autre. Nous restons toujours au même endroit, à attendre, et l'équipage s'ennuie vite.

Vers 5 heures, le *D'Iberville* se détache du pétrolier et quitte Dundas en suivant une route de 235° de façon à éviter le haut-fond. Après avoir avalé 2258 tonnes de mazout et une soixantaine de tonnes de diesel, nous faisons de nouveau route vers Nanisivik pour une ultime tentative de changement d'équipage. A 18 heures, nous lâchons huit maillons à l'eau en face de la mine.

Les pronostics vont bon train: partiront, partiront pas? La brume va et vient sur les sommets. Il a fallu attendre jusqu'à 23 heures pour que les haut-parleurs annoncent: «Il n'y aura pas de vol ce soir.» Pas un mot de plus. Une clameur monte dans les couloirs. Nervosité, ras-le-bol, déception. Au même moment, l'hélico, qui se trouve à l'aéroport, nous indique qu'il n'est pas en mesure de revenir. Trop de brume!

Nous attendons qu'il puisse nous rejoindre et comme une banquise se dirige vers nous, nous levons l'ancre en vitesse. Il est minuit. Cap sur Broughton Island, sur la côte est de la terre de Baffin où des navires réclament une escorte. Les gars sont à cran.

A bord du *D'Iberville*, outre l'infirmière et deux cadettes sur le pont, il y a une cadette dans la salle des machines — ce qui est tout à fait nouveau — et l'observateur de glace est également une femme, Cheryl. Malgré son jeune âge, Cheryl a déjà passé plusieurs années à la station météo septentrionale d'Eureka. Elle y vivait seule avec neuf gars!

Le navire s'engage dans Navy Board Inlet et contourne l'île de Bylot par le sud plutôt que par le nord, car le capitaine craint que la houle ne fasse déborder les réservoirs remplis à ras bord. A l'heure du souper, je suis invitée à la table du commandant. Tout est bon, en ce moment, pour se remonter le moral. L'atmosphère est vraiment sinistre. Seul espoir des gars, un rapide retour dans le Sud. Ils comptent les jours.

Notre commandant a des méthodes assez différentes de celles de la plupart de ses collègues. Il distribue les ordres sans fournir d'explications et communique le moins d'informations possible à l'équipage. Un des officiers m'a même dit qu'il gardait les messages d'Ottawa dans la poche de sa chemise. Dans l'Arctique, il est particulièrement pénible d'être privé d'informations; les gars en ont déjà si peu. Et pour peu qu'ils aient navigué avec d'autres commandants, qui affichent régulièrement des notes, ils supportent assez mal ce retour aux méthodes du passé. Mais il est vrai que ce commandant a d'autres qualités. Grand et sec, celui qu'on surnomme le «grand-père» parce qu'il n'est pas loin de l'âge de la retraite a un beau regard bleu pâle. Sa grand-mère, Joséphine Bernier, était la cousine de J.-E. Bernier, l'intrépide navigateur qui a sillonné l'Arctique au début de ce siècle.

Maître après Dieu

— Il paraît qu'il y en a qui font des syncopes parce que je n'affiche pas de messages!

La remarque du capitaine m'est évidemment destinée, mais je fais comme si je n'avais pas entendu. Il reprend:

— Il y en a qui viennent d'un autre navire et qui...

Cette fois, je ris franchement... et c'est le début d'une assez bonne entente. Il n'est pourtant pas très facile de l'approcher. Henri est maître après Dieu sur le *D'Iberville*. Un caractère, décidément — mais après tout, ce n'est pas fait pour me déplaire.

J'essaie de m'expliquer:

— Avec cette foutue brume qui noie le paysage, si en plus on ne sait pas où on va, alors rien ne va plus!

Il sort un message de sa poche et le lit:

— Escorte requise pour le *Maurice-Desgagnés* et l'*Edgar-Jourdain* au large de Broughton.

Je tends la main en disant:

— Donnez, on va l'afficher!

Il le remet prestement dans sa poche.

— Les timoniers se chargent déjà de véhiculer les nouvelles! dit-il sèchement.

Peut-être, mais si on le faisait officiellement, ce ne serait pas plus mal...

Non seulement le capitaine ne se laisse que difficilement photographier, mais il répond aux questions avec une infinie pudeur. Entré dans la Garde côtière canadienne en 1944, comme simple matelot, il l'a quittée en 1947 pour aller voir du pays — Brésil, Venezuela, sud des Etats-Unis, France — et l'a réintégrée en 1950 pour n'en plus partir.

— J'ai lavé la vaisselle pendant six mois sur le *McLean!* aime-t-il à rappeler quand je le qualifie de «maître après Dieu». C'est un excellent marin, et bien des hommes lui sont attachés. D'autres préféreraient néanmoins le voir adopter des méthodes plus souples.

Il est le seul à avoir refusé de changer de navire. Si bien que, depuis 1970, son nom est indissociable de celui du *D'Iberville* qu'il a accompagné comme deuxième officier, en 1953, en Angleterre. A l'époque, le collège de la GCC n'existait pas. Il a appris la mer... en mer, et pour lui, rien ne peut remplacer la pratique. Ça n'a pas dû aller tout seul entre lui et les cadets frais émoulus du collège !

— C'est dans la tempête qu'on juge un gars, me dit-il. Sur les initiatives qu'il prend pour assurer la sécurité du navire.

Henri se souvient qu'à ses débuts, il fallait charrier l'eau potable dans des chaloupes. C'était dangereux. Son premier commandement, il l'a exercé sur le *Montmorency*, un baliseur et ravitailleur de phares qui faisait la navette entre Québec, la basse Côte-Nord et la baie des Chaleurs. Il avait dû retarder son départ d'une heure pour éviter de commencer sa carrière un... vendredi 13 ! Quant à l'Arctique, il l'a découvert à bord du navire-hôpital, le *C.-D.-Howe*. A cette époque, vers 1950, la GCC n'envoyait qu'un seul bateau par an au-delà du 66e parallèle ; les cargos ne dépassaient pas le détroit d'Hudson et la baie, pour aller chercher le grain à Churchill.

— Maître après Dieu... ironise Henri. Vous voulez dire maître après le radiotéléphone et la paperasse. Aujourd'hui, on ne parle plus que de lois, de règlements, de syndicats... aussi. Il se peut que certains capitaines aient abusé de leurs droits, mais à présent c'est l'inverse ; l'équipage abuse du capitaine.

Il y a deux étés de cela, Henri s'était distingué en retrouvant certains documents déposés par J.-E. Bernier sur l'île Melville, en 1909. Il s'était intéressé aux voyages du navigateur et avait repéré les emplacements décrits par celui-ci. Il a eu la chance de découvrir les cairns où les messages se trouvaient toujours. « Il n'y fallait qu'une bonne connaissance de l'Arctique et un peu d'intuition », dit-il. Mais si ces découvertes lui ont procuré beaucoup de plaisir, elles lui ont également attiré les foudres des autorités, car il faut une autorisation spéciale des Territoires du Nord-Ouest pour se livrer ainsi à la recherche de ces documents historiques, et quand on en trouve, on doit se contenter de les signaler. Henri les a remis aux Archives publiques à Ottawa où ils sont précieusement conservés. On lui a ordonné de cesser ses recherches, mais il a néanmoins reçu des photocopies des documents. L'un d'eux est une déclaration datée du 9 juillet 1909, dans laquelle Bernier annonce sa prise de possession des îles Banks, Victoria et King William, au nom du Dominion du Canada.

Il y a pôle et pôle

La brume se lève, faisant apparaître un ciel clair sur lequel se détachent nettement les silhouettes des icebergs descendant du nord et qui vont désormais jalonner notre route. La côte est de Baffin est toute en dentelles, découpée par les fjords, les montagnes et la glace. Un peu avant la fin du jour, nous entrons en contact avec le *Maurice-Desgagnés* qui se trouve à hauteur de Cape Dyer, non loin du cercle. Nous allons à sa rencontre. Nous avons parcouru 297 milles aujourd'hui.

Le *Radisson*, lui, n'est pas près de quitter les parages de Resolute, qui sont aussi ceux du pôle Nord magnétique, que l'on situe à quelque 125 milles de là. C'est en 1831 que le navigateur et explorateur anglais James Clarke Ross a découvert le pôle Nord magnétique, qu'il ne faut pas confondre avec le pôle Nord géographique, situé, lui à 90° N. Le pôle magnétique n'est pas fixe; il voyage. On le situe actuellement quelque part au sud de l'île du Roi-Christian, proche du 78e parallèle, alors qu'en 1831, au moment de sa découverte par Ross, il se trouvait sur la côte ouest de la presqu'île de Boothia, par 70°5 17′ N et 96°46′ W — soit à des centaines de kilomètres plus au sud. Non seulement le pôle magnétique bouge constamment, mais ses déplacements sont imprévisibles et dépendent, croit-on, de l'activité nucléaire du magma qui se trouve au centre de la planète. L'activité de ce magma dégage une grande chaleur et celle-ci produit à son tour de l'électricité. «Si l'activité du magma est intense, explique un géomagnéticien canadien, elle influe sur sa position. L'électricité produite tourne d'est en ouest et crée un champ magnétique nord-sud. Les pôles magnétiques sont les extrémités de ce champ, là où il sort de la terre pour l'envelopper.»

Quant au pôle Sud magnétique, il ne fut découvert qu'en 1909 lors de l'expédition de l'Irlandais sir Ernest Shackleton. Shackleton voulait être le premier à parvenir au pôle Sud géographique qu'il n'atteignit d'ailleurs pas. C'est une de ses équipes (David-Mawson-MacKay) qui réussit à déterminer le pôle magnétique qu'elle situa alors par 72°25′ S et 115°16′ E sur la Terre Victoria.

Le pôle Nord géographique, lui, a été vaincu par l'Américain Robert Edwin Peary, le 6 avril 1909. Il était accompagné de cinq hommes, dont Matthew Henson, son domestique noir. Les autres étaient des Esquimaux: Sigloo, Eghingwah, Ootah et Ooqueah. Peu mentionnés dans la littérature à l'exception du livre de Robert E. Peary. Cette découverte du pôle Nord géographique a suscité l'une des plus grandes controverses de l'histoire polaire, car un autre Américain, le Dr Frederic Albert Cook, a prétendu avoir atteint ce point avant Peary. On jugea ses preuves insuffisantes et l'exploit fut attribué à Peary, mais le débat n'est pas clos. Le pôle Sud géographique, lui, ne fut atteint que deux ans plus tard, le 14 décembre 1911, par le Norvégien Roald Amundsen, précédant d'un mois l'Anglais Robert Falcon Scott qui paya cette expédition de sa vie.

Le *Radisson* est encore pour un mois dans les parages du détroit de Lancaster. En octobre, il prendra lentement le chemin du Sud par Pond Inlet — où nous serons nous-mêmes dans quelques jours — et le détroit d'Hudson, pour escorter les derniers cargos qui font encore à cette saison la route de Churchill (Manitoba). Puis, vers la mi-novembre, lorsque tous les navires auront quitté l'Arctique, le *Radisson* fermera la voie et mettra le cap sur Québec, où son arrivée est prévue pour la fin novembre. Un voyage considéré comme exceptionnellement long: cinq mois.

En soirée, le temps se gâte à nouveau. C'est de saison. Sylvain, le deuxième officier a, comme on dit, «le nez dans le châssis». Il ne quitte pas la mer des yeux. On ne voit même pas à cent mètres et, naturellement, la densité de la glace augmente en même temps que la brume. Sylvain se donne une peine folle pour m'expliquer tout ce que je n'ai pas encore compris. Je lui en suis très reconnaissante, les autres étant plutôt silencieux.

On glisse à 5 nœuds.

— Le pire, me dit-il, c'est l'association brume-houle et *bergy-bits* ou *growlers*. On distingue assez mal ces blocs de glace au radar, leur surface ayant été nivelée à la longue par les vagues. On a parfois des frissons lorsqu'on passe à côté d'un de ces blocs qu'on n'avait pas repéré. On se dit qu'on aurait pu le heurter — et c'est dur comme du ciment, ces trucs-là!

Nous sommes encore à 100 milles du cargo, que nous ne rejoindrons qu'en soirée, à cette allure-là. De temps à autre, la brume nous cache le beaupré, et l'on est forcé de stopper si on est entouré de glace. Au même moment, le *Maurice-Desgagnés* nous appelle pour nous prévenir qu'il est lui aussi contraint de s'arrêter. Nous nous communiquons nos positions respectives et seul le *D'Iberville* poursuit sa marche au ralenti.

Dans la brume, surtout quand elle dure plusieurs jours, non seulement la tension monte, mais on perd vite le sens du temps. On se repère mal dans la journée.

Les réserves de la *pantry* s'en ressentent. Le stock de thon et de fromage danois fond rapidement. Les gars qui sont allés voir le film *Duel dans le Pacifique* ne se sont même pas aperçus qu'on avait enfin trouvé le cargo

et fait demi-tour pour le précéder dans la glace. Destination: Clyde River. Sur la passerelle de navigation, où il fait particulièrement sombre, c'est au tour du premier officier de dicter la course au timonier.
— 0.3.5!
— Au 0.3.5! répond l'homme de roue.

Ces brèves indications sur fond de cliquetis du gyrocompas troublent à peine l'épais silence des lieux.

Sur le fleuve Saint-Laurent, le navigateur se dirige d'après un point à terre ou sur des alignements. Ici, dans la glace, le cap est donné par rapport au Nord. De même, on note la position à chaque heure. Sur le fleuve, c'est par rapport à des endroits connus des navigateurs.

Outre leurs quarts réguliers, chacun des trois officiers de pont assume une tâche distincte. Le premier a la charge des timoniers, de la sécurité du navire (système de feu, chaloupes de sauvetage, portes étanches, etc.). Le deuxième s'occupe du bon fonctionnement des instruments de navigation (gyrocompas et autres) ainsi que des cartes (corrections éventuelles), et des livres relatifs à la navigation.

Quant au troisième, il seconde le premier. C'est parfois un nouveau, mais cela peut être également un ancien qui poursuit sa carrière à ce niveau. Le chef officier (appelé chef maître) est responsable du secteur pont, des manœuvres concernant l'ancre ou l'hélicoptère, ainsi que des matelots et du maître d'équipage qui fait le lien entre eux.

N'abîmez pas le gazon!

Il va y avoir une semaine que je suis à bord du *D'Iberville*, et j'ai déjà croisé pas mal de gars qui étaient là l'été dernier: Pamplemousse, Jacot, René le *bosun*, Yvon, le chef cuisinier. Pamplemousse me confie qu'en vingt-cinq ans d'Arctique, son plus beau voyage a été celui de l'année dernière. Les gars, c'est comme les tissus au lavage, certains résistent très bien, d'autres déteignent — et ceux-là ne sont pas d'une compagnie très agréable. Au petit déjeuner de ce mercredi 29 août, la radio nous apprend qu'un bimoteur s'est écrasé à Frosbisher au moment de son atterrissage. Les neuf occupants ont péri. L'accident est imputé au mauvais temps. Les victimes regagnaient le Sud après un mois de travail sur un puits de pétrole dans le détroit de Davis.

— Il y avait un photographe parmi eux, précise l'opérateur. Tu fais un métier dangereux, Monique!

— Moi, peut-être pas, mais c'est vrai que les reporters paient un assez lourd tribut ces temps-ci un peu partout dans le monde. Les gens ne s'en rendent même pas compte; ils trouvent tout naturel d'être informés à propos de tout.

Au début de l'après-midi, la terre est en vue et, vers 15 heures, nous pénétrons dans Clyde Inlet. Je jette un coup d'œil à la carte. Comment se fait-il que je n'aperçoive pas le village qui y est indiqué?

— Ne cherchez pas Clyde par là, me dit en souriant le timonier, ça fait une dizaine d'années qu'ils ont déplacé le village de l'autre côté.

Tandis que le *Maurice-Desgagnés* procède à son ancrage, notre barge fait quelques allers et retours afin de rapporter à bord du matériel destiné à Pangnirtung, une prochaine étape.

Le pilote et le mécanicien de l'hélicoptère sont censés débarquer ici — chose toujours incertaine par les temps qui courent! C'est même devenu un sujet de plaisanterie. La meilleure — et aussi la plus courte — étant: «Adieu, je reste!» A dire absolument sur un ton déclamatoire.

Le brise-glace a repris sa route, mais pour où? «Dieu seul le sait, me dit-on. Et le diable s'en doute!»

Je ne peux m'empêcher d'interroger le capitaine, c'est sûrement la dernière chose à faire, mais tant pis.

— Mon commandant, est-ce que je me trompe ou bien est-ce que nous dérivons?

Succinctement, Henri nous fait savoir que le *D'Iberville* fait route au fond d'Inugsuin Fjord, un couloir d'eau presque parallèle à Clyde Inlet. Nous devons y reprendre du matériel pour Pang. Le soleil perce un instant la brume et transforme le décor. Falaises et gigantesques coulées de glacier. Les gars fredonnent une chanson de leur composition: «Emmène-moi au bout du monde, dans l'Arctique, pour un voyage de noces au Frobisher Inn...» Y en a qui paient cher pour venir ici, et nous, on est payés!

En effet, de quoi se plaint-on?

— Si la glace aggrave la fissure...

— Parle pas de ça devant le capitaine...

— Ça aurait pu arriver à n'importe quel navire. Le dernier-né a bien brisé son hélice...

Le troisième officier passe tout son temps libre à confectionner une maquette de brick-goélette. Sur le *Radisson*, le mécanicien de l'hélico travaillait des bouts d'os ramassés sur les plages et en faisait toutes sortes d'objets — animaux, bijoux — d'inspiration esquimaude.

Souper chinois. Un mécanicien veut me faire croire que les morceaux de bœuf sucrés proviennent du bœuf musqué aperçu à Dundas.

— O.K., montre-moi ses cornes!

A la veillée, je bois un verre d'alcool. Gaston (celui qui n'avait pas pu embarquer l'été dernier et qui en pleurait), chargé du bar, a la main lourde ce soir et les rations, si elles n'arrivent pas à animer la veillée, vont faire dormir les gars.

Une fois de plus, la brume a empêché les remplaçants d'arriver. Maintenant, il fait trop sombre et l'hélicoptère ne pourra regagner le bord qu'à l'aube. Il ne vole pas de nuit; c'est trop risqué. Prochaine et dernière tentative: Broughton Island, plus au sud, où nous devons accompagner le cargo qui redescend demain matin.

On devrait organiser des paris à bord, sur la réussite ou l'échec de l'échange. L'opérateur radio reçoit des nouvelles du *Radisson*. Son équipage a plus de chance que le nôtre: son transfert a finalement pu s'effectuer à Resolute. Hercule doit être content. Je grimpe quatre à quatre la passerelle qui conduit au local radio:

— Je peux leur dire un mot?

L'opérateur transmet:

— Salut à tous, veinards. Ici, plus question de transfert, sauf peut-être pour l'équipe volante. Je vous fais la bise!

L'opérateur du *Radisson* doit nous quitter, car le *Rogers* l'appelle à son tour. Il y a en ce moment une grève tournante dans les stations de radio à terre et les brise-glace ne peuvent plus compter que sur eux-mêmes pour certains messages. C'est ainsi que le *Radisson*, bien placé, centralise et rediffuse nos messages météo.

Quand l'opérateur nous rappelle, il nous demande gaiement:

— Voulez-vous les résultats de la Loto-Canada?

Ils ont dû recevoir des journaux récents. Notre opérateur me tend une image qu'il vient de capter sur son bélino. Une nouvelle d'United Press!

— Comment as-tu fait?

Pas de réponse. Je n'insiste pas.

— Si tu en as d'autres, ne te gêne pas. Les nouvelles sont si rares, je suis preneuse!

L'image est un peu déformée, mais c'est assez fantastique de la recevoir ici, en plein Arctique.

C'est un bonheur d'être opérateur radio dans des conditions semblables.

L'hélico est rentré aux premières heures et le brise-glace glisse à présent sur les traces du cargo qui nous a précédés jusqu'aux glaces. Le livre de bord ne varie guère: brume, brume, brume. Le soleil ne fait que de furtives apparitions, lueurs anémiques perçant par instants la couche ouatée. Nous longeons une lisière de glace formée à la fois par les courants descendants et le vent contraire. La glace est épaisse, mais pas d'une très grande largeur, et elle ondule à la cadence de la houle. A contre-jour, on dirait que la mer a une carapace de crocodile. De vieux icebergs nous offrent leurs parois verticales grises, en se laissant doubler.

A l'heure du petit déjeuner, Broughton Island s'encadre dans nos hublots. Position: 67°33′ N, 64°02′ W.

Les matelots sont en train de laver les ponts. L'hélicoptère est déjà à terre. Avec le tandem volant, deux autres gars ont débarqué, un blessé et un dépressif. En nous quittant, le pilote a eu un bon mot: «A demain, les gars!» Je ne crois pas; cette fois le ciel est dégagé.

«La barge ira à terre à 13 heures et reviendra à 16 h 30», annonce l'interphone. J'ai juste le temps de terminer quelques lettres. On s'entasse sur l'embarcation. Certains vont à terre pour la première fois depuis six semaines!

— N'abîmez pas le gazon! nous lance Gaston qui a trop à faire pour nous accompagner.

Il m'a confié que depuis dix-sept ans qu'il navigue, c'est la première fois que l'équipage débarque aussi peu souvent.

La barge nous dépose à un kilomètre du village, là où la plage le permet, et notre petite troupe se met en marche. On dirait une armée en déroute, une bande de réfugiés hirsutes: barbes et cheveux ont beaucoup poussé. Des chants s'élèvent, des rires aussi.

— Ce sont de bons gars, me glisse à l'oreille un vétéran des voyages du Nord.

On coupe à travers le désert pierreux. Aéroport est un nom bien pompeux pour cette piste de terre, affublée d'une modeste tente en toile de bâche militaire. Dans la baie, encombrée de morceaux de glace, l'eau scintille. A cette latitude et en cette saison, le soleil ne chauffe pas beaucoup, mais du moins il éclaire. Quand nous entrons dans le village, une nuée d'enfants vient à notre rencontre.

— Tu t'appelles comment?
— Monique.

Ils se dispersent en courant, criant nos noms à toute volée! Alors que si souvent les enfants fuient les photographes, ici, ils sont heureux d'être sollicités.

Devant chaque maison ou presque, des peaux de phoque ont été mises à sécher, tendues sur leurs cadres. De vieux tonneaux peints de couleurs vives ont été disposés tout autour du préau de l'école. La poste est tenue par des Inuit; la coopérative aussi. Il fait beau et tout le monde est dehors. Des enfants jouent au ballon, une femme est agenouillée sur des peaux qu'elle racle avec son *ulu*, le couteau en demi-lune des femmes esquimaudes.

Je me dirige vers la maison qui abrite le magasin de la Baie d'Hudson, située à l'autre bout du village, pour m'approvisionner en films, quand je croise Jean-Paul, le pilote d'hélicoptère de l'été dernier, et Michel, son mécano.

— Eh! salut, comment ça va?

Ils ont appris que l'atmosphère à bord du *D'Iberville* était plutôt morose cette année, en raison de ses différents avatars, mais comme le voyage doit normalement se terminer dans un mois, ils ne s'en font pas trop.

Plusieurs personnes parlent français. Au petit café, des groupes se forment. L'Esquimaude qui sert sourit en me voyant sécher sur mes cartes postales. Quelques gars profitent de ce qu'ils sont à terre pour téléphoner chez eux. Des Inuit jouent dans un coin. S'il n'y avait pas les Esquimaux pour nous rappeler qu'on est dans l'Arctique... Entre un Français — ce qui est plutôt rare à cette latitude:

— Merde, j'ai perdu ma veste!
— Vous êtes sur le cargo?
— Non, je travaille ici.

Nous n'en apprendrons pas davantage; il est ressorti.

Broughton (370 habitants) doit un fréquent passage de voyageurs et de touristes à la proximité du célèbre parc national d'Auyuittuq. Le village a vu le jour dans les années 1956-1957, lorsque les gens sont arrivés de Kivitoo, un ancien centre de pêche à la baleine situé à 400 milles au nord et aujourd'hui abandonné, pour construire la ligne DEW.

J'accompagne l'équipe de l'hélico à la poste pour prendre l'hypothétique sac de courrier destiné au navire. Quelques jeunes femmes marchent devant nous, sur la route. Elles ralentissent leur promenade pour être à notre hauteur et nous observer tout en nous adressant un tranquille sourire. Dans le profond capuchon de l'une d'elles, un bébé somnole.

— Tu rentres avec nous?

Je décline l'offre de l'hélico, ne voulant pas apparaître privilégiée par rapport aux gars. Je repartirai en barge, avec tout le reste de la troupe.

Je presse le pas car l'heure a tourné et je n'ai plus beaucoup de temps pour le chemin qu'il me reste à couvrir jusqu'à l'embarcation.

Au pays du pergélisol

— Zut!

Dans le terrain, tantôt dur comme pierre, tantôt mou à cause du pergélisol, je me tords un pied et perds l'équilibre.

Je n'arriverai jamais à temps! Je décide de me rapprocher de la route: si, par miracle, il passait un véhicule... Par chance, une jeep surgit à ce moment-là, tirant un char. Les gars m'invitent sur la banquette, mais je saute sur le char. Méfiance bien inutile, peut-être. Je leur fais signe en désignant ma montre et le navire. Ils ont compris et foncent. Ceux qui ont déjà voyagé sur un tel char sauront à quel régime j'ai été soumise! Tant pis pour moi: je n'avais qu'à accepter leur offre de prendre place dans le véhicule.

Il était temps, les gars ont presque fini d'embarquer.

— T'as pas pris l'hélico?

— Eh non, j'suis pas encore lassée du bateau!

— Tu rapportes de la lecture, à ce que je vois?

— Non, les journaux étaient tous vieux de quinze jours. C'est de la documentation sur les parcs canadiens, les réserves comme celle d'Auyuittuq. Il y avait un bureau de Parcs Canada au village, et comme le gars m'a laissé faire, j'ai raflé toute la paperasse que j'ai pu.

— Figure-toi, Monique, que nous partons pour Cape Hooper.

— Comment l'as-tu appris? Tu as volé les messages dans la poche du commandant ou bien tu as soudoyé l'opérateur?

— Chacun ses informateurs...

Nous n'arrêtons pas de plaisanter pendant tout le trajet entre la rive et le brise-glace — une façon comme une autre de conjurer la mélancolie que provoquent toujours les liaisons téléphoniques avec le Sud.

En notre absence, les glaces de dérive se sont avancées dans le couloir d'eau séparant l'île de la côte de Baffin. En 1972, à la fin août, les conditions étaient telles à cet endroit que les Inuit avaient accueilli les navires de ravitaillement non pas en canots, mais en motoneiges.

Certains n'ont pas reçu de courrier et le troisième officier, en entrant dans la salle à manger, au souper, s'en aperçoit tout de suite. Il sort alors une lettre de sa poche et dit à la ronde:

— Si quelqu'un veut lire la lettre de ma femme, je l'ai terminée.

Il y a un peu de houle ce soir et nous ne dormons pas très bien. Cape Hooper, un peu plus au nord, est une station radar de la ligne DEW, juchée sur un énorme rocher face à la mer. Du point d'ancrage au pied de ce promontoire, où nous parvenons peu avant midi, l'impression est vertigineuse. Depuis ce matin, les matelots ont préparé le grand mât de charge, car nous allons devoir prendre à bord un chaland d'une vingtaine de tonnes. Je mets ces manœuvres à profit pour faire des photos. Le maniement de l'ancre aussi est prétexte à de beaux clichés: la lourde chaîne dévidant ses maillons à toute allure par l'écubier, la masse de fer rouge de l'ancre plongeant dans l'écume, le nuage de rouille qui s'ensuit et le charpentier aux petits soins avec le guindeau comme une mère avec un berceau.

Depuis hier, il fait très beau. Après des semaines de brume, ce plein soleil sur les ponts fait du bien. Je m'installe pour lire près de la loge de l'observatrice de glace, Cheryl, qui ne parle que l'anglais et se montre toujours très discrète. Pour l'instant, Cheryl procède à des relevés toutes les trois heures et note la température de l'air, celle de l'eau à trois mètres de profondeur, fait la description du ciel en précisant la force et la direction du vent. Aujourd'hui, dimanche 2 septembre 1979, à hauteur de Cape Hooper (68°24′ N, 66°36′ W), la température de l'air varie entre 1,1 et 3,4, celle de l'eau entre 1,4 et 1,9. Ensoleillé, quelques nuages, pas de vent.

A Cape Hooper, comme un peu partout dans l'Arctique, l'hiver commence en octobre et se termine en mai. L'été dure quatre mois, de juin à septembre. La température la plus chaude enregistrée en près de quarante ans d'observation a été de 18-19 degrés en juillet-août, et la température la plus basse de $-41°$ en décembre. Mais la moyenne est de $-20°$ à $-28°$ pendant les mois froids, de $-3°$ à $+8°$ en été et de $-5°$ à $-20°$ durant les mois intermédiaires. C'est là une situation moyenne pour l'Arctique. On peut avoir jusqu'à 20° ou 25° en été, et $-50°/-55°$ en hiver. Mais pendant quelques semaines seulement. Il gèle 327 jours par an et la couche de neige est permanente de novembre à juin.

En fait, les conditions climatiques varient beaucoup d'une région à l'autre et, contrairement à ce qu'on pourrait imaginer, les précipitations sont peu importantes — et principalement sous forme de neige, que le vent se charge de répartir très inégalement.

Il existe sous ces latitudes boréales un phénomène qu'on ne rencontre nulle part ailleurs: le pergélisol (ou *permafrost* en anglais), terme qui désigne le sol perpétuellement gelé. Au Canada, sa limite méridionale coïncide approximativement avec celle des arbres, ou encore avec l'isotherme annuel de 10°. On distingue deux grandes zones, celle du pergélisol continu (qui comprend l'archipel arctique canadien et la partie nord des Territoires du Nord-Ouest, plus l'extrême pointe du Labrador et du

Nouveau-Québec) et celle du pergélisol discontinu, au sud, c'est-à-dire au Labrador, au Nouveau-Québec, au sud des Territoires du Nord-Ouest et dans la partie nord des autres provinces canadiennes continentales.

L'île de Baffin que nous allons longer pendant plusieurs jours, du nord au sud et du sud ou nord sur la côte est, fait partie de la zone du pergélisol continu. Seule une mince couche de son sol, en surface — le mollisol — dégèle pendant l'été. Ce mollisol peut avoir de cinq centimètres à deux mètres d'épaisseur. Il contient l'eau de fonte et celle des précipitations que le pergélisol empêche de s'infiltrer plus bas, ce qui permet à la végétation d'en tirer le maximum. Mais pour tout ce qui est constructions — maisons, routes, aéroports, installations de pipe-line — le pergélisol est incommode. Cependant, le pire ennemi reste le vent. Bien que parés pour y résister, hommes, animaux et plantes en redoutent les effets.

C'est dimanche, et ceux qui l'avaient oublié y repensent en s'adonnant machinalement à l'exercice d'abandon du navire. Le soir, le commandant décrète un *happy hour*, car demain, premier lundi de septembre, c'est la Fête du Travail au Canada. Après quelques verres, l'humeur est à la poésie. Chacun tente de se souvenir des chansons qu'il a apprises. Voici même Lamartine, mais pour une strophe seulement, la première du Lac:

Ainsi, toujours poussés vers de nouveaux rivages,
Dans la nuit éternelle emportés sans retour,
Ne pourrons-nous jamais sur l'océan des âges
Jeter l'ancre un seul jour?
O temps! suspends ton vol...

Impossible d'aller plus loin, mais qu'importe la mémoire défaillante; cette minute de poésie a captivé l'auditoire tout entier, qui pousse un «Ooh» mi-appréciateur, mi-ironique.

— C'est beau, conclut à voix haute un matelot. Personne ne connaît la suite?

Quand je vais me coucher vers 22 h 30, tout a l'air de bien se passer. Un peu plus tard dans la nuit, de ma cabine, j'entends l'interphone réclamer l'infirmière d'urgence. Un malade? En fait — nous l'apprendrons au petit déjeuner — une altercation a opposé deux marins pris de boisson et l'incident s'est soldé par la chute de l'un d'eux dans les escaliers. Commotion et pouce fêlé.

— Les ennuis viennent toujours des nouveaux, me dit le commandant, pas des vieux loups de mer.

Conséquence immédiate: plus de *happy hour* jusqu'à la fin du voyage.

— La bière les calme, mais l'alcool fort les excite, commente le maître d'équipage.

A quoi un marin réplique:

— Pourquoi punir soixante gars pour deux fautifs?

L'équipage sera désormais privé de boissons fortes — pas les officiers — et devra se contenter de bière.

Les *happy hours* étaient moins nombreux à bord du *D'Iberville* que sur le *Radisson*. Certains pensent que l'alcool fait moins de dégâts si on offre régulièrement aux hommes la possibilité d'en boire; d'autres préfèrent les priver. Sur ce chapitre, chaque commandant a sa politique.

La journée est aussi calme que la nuit a été agitée. En pianotant sur ma radio, je réussis à capter un bulletin d'informations. Grève des boulangers à Jérusalem. Me voilà bien avancée...

Demain à l'aube, nous serons au large de Pond Inlet. «C'est un village historique, un très bel endroit, m'avait-on dit sur le *Radisson*. Si vous avez l'occasion d'y aller, ne la manquez pas.» Est-ce que ce sera possible?

— Pas de problème, m'assure le commandant.

Les enfants de Pond Inlet

Vers 3 heures, le ralentissement de la marche du navire me réveille. Les petites lumières qu'on aperçoit là-bas doivent être celles du village. Après avoir accosté l'*Arthur-Simard* pour lui soutirer du carburant, nous jetons l'ancre en face de Pond Inlet vers 7 h 35. Il fait clair et je distingue maintenant le *Louis-S.-Saint-Laurent*, ancré un peu plus loin, ainsi que le *Ludger-Simard*, chargé de ravitailler le village en carburant pour l'hiver. Le radio me conseille de rappeler au commandant sa promesse de la veille.

— Vous pourrez embarquer dans l'hélicoptère à 9 heures.

L'appareil nous dépose sur la plage et l'électronicien m'accompagne jusqu'au village. Il a un coup de fil à donner. Je m'arrête à l'école. C'est la récréation, ou bien la rentrée n'a pas encore sonné. Je suis aussitôt entourée par une bande d'enfants intrigués par mon magnétophone. Ils sont gais, rieurs, et pas timides du tout.

Les institutrices nous rejoignent. L'une est Canadienne de langue anglaise, l'autre Esquimaude. J'amerais que les enfants répondent à mes questions et chantent au micro. Pour les besoins de ma radio, je pose mes questions en français. La première institutrice les traduit en anglais pour la seconde qui, à son tour, les traduit en inuktitut à l'intention des enfants. Même chose en sens inverse pour les réponses. Ça prend un peu plus de temps, mais à travailler ainsi tous ensemble, la confiance s'établit plus vite.

Sur l'une des tables trône une mappemonde. J'indique à la classe le pays d'où je viens et leur montre, car ils sont encore petits, celui où ils habitent. Cet après-midi, s'il fait beau, il n'y aura pas classe, les enfants profiteront du soleil et je les retrouverai sur la plage.

L'hélicoptère me ramène à bord en compagnie des agents de la Gendarmerie royale du Canada en poste à Pond Inlet. Je passerai les voir, le capitaine veut bien m'accorder une interview.

— Fais attention, Monique, me prévient-on, pas de réflexions sur la reine Elisabeth. Ce gars-là vient du Nouveau-Brunswick; il est assez royaliste...

Avant de prendre la barge de 13 heures avec les gars affectés aux manœuvres de chargement de toute une machinerie destinée à Pangnirtung, plus au sud, je descends à la cuisine pour demander au chef s'il n'aurait pas la gentillesse de préparer des brioches pour les enfants de l'école.

— Tu peux prendre celles du dessert de ce soir, j'en ferai d'autres.

De retour au village, je remets mon chargement sucré aux institutrices et les enfants m'accompagnent sur le chemin du retour. Nous traçons les lettres de chaque prénom sur le sable humide. Je note au passage que tous les enfants ont des prénoms qui leur viennent des Blancs. L'influence des missionnaires, sans doute. Et puis, nous dansons sous le regard amusé des matelots. Tous chaussés de bottes caoutchoutées, les enfants s'amusent dans la vague qui leur apporte des algues à mâcher, fraîchement échouées entre les pierres à fleur d'eau. Espérons qu'à cet endroit le taux de mercure n'est pas trop élevé, sans quoi cette friandise pourrait bien se transformer en poison. A en juger par les spasmes de la marée montante, la houle doit être assez forte au large.

Les successeurs de la Police montée

Le baraquement de la GRC se trouve à la limite de l'herbe, sur la plage. C'est la Compagnie de la Baie d'Hudson qui s'est établie la première ici — en 1921 — puis la Gendarmerie royale (1922) et enfin les missions catholique et anglicane. La première école a été ouverte en 1960; elle va de la maternelle à la neuvième année. Pour les Inuit, Pond Inlet est un lieu historique (culture de Thulé), et c'était aussi un carrefour de pêche pour les baleiniers de jadis. Aujourd'hui, l'économie du village repose sur la chasse au phoque et encore un peu à la baleine, la pêche, le piégeage et la sculpture. Narvals, caribous, ours blancs font partie du gibier potentiel. La corne du narval, en ivoire, qui peut atteindre 2 m 10 à 2 m 40 de long, est très recherchée.

Le village, qui compte environ 600 habitants dont 170 enfants, dispose des équipements collectifs indispensables. L'électricité est fournie par une génératrice diesel de 825 kW, et l'eau est distribuée par un camion-citerne, à forfait. L'évacuation des égouts se fait de la même façon. On se chauffe à l'huile. Une infirmerie, une bibliothèque (à l'école), un hôtel-restaurant, une liaison aérienne, une poste, le téléphone, la radio et la télévision complètent les services. L'école secondaire et l'hôpital les plus proches sont à Frobisher Bay, à 1000 km au sud, toujours sur la terre de Baffin. Il n'y a pas de transports en commun, puisqu'il n'y a pas de route. En revanche, nombreux sont les Inuit qui possèdent une de ces petites motos à trois roues fréquentes dans la région.

Munie de ces quelques renseignements, je frappe à la porte de la GRC, représentée ici par deux agents. Les successeurs de la fameuse Police montée ne portent plus le feutre brun, la tunique rouge à boutons dorés, le pantalon noir à passepoil jaune, les bottes et les gants bruns qui les ont rendus célèbres. En 1973, lors du centenaire de la glorieuse troupe, les agents ont remis la culotte de cheval et les bottes garnies d'éperons; mais ce n'était guère pratique, les éperons se prenaient... dans le tapis de la voiture! Pourtant, la Police montée n'a pas complètement disparu. Il reste un échantillon de ce corps d'élite à Ottawa: une ferme où l'on élève les chevaux et où se perpétue l'entraînement des cavaliers du Carrousel — quarante-cinq hommes qui voyagent maintenant autour du monde et se produisent un peu partout.

— Le dernier détachement à cheval avait cessé toute activité bien avant ma naissance, me dit en riant le caporal qui m'accueille. De nos

jours, cette image appartient au folklore.
	Je remarque une brosse à chevaux sur la table.
	— Ah, dit-il sur le même ton, je l'utilise pour mes pantalons!
	Peter vient du Nouveau-Brunswick, dans les Provinces Maritimes. Il a passé quatre ans à Québec. Il est donc parfaitement bilingue et ses enfants apprennent l'inuktitut.
	— Personne n'est affecté d'office à l'Arctique, me dit-il. Il faut en faire la demande. Ma femme et moi sommes jeunes, nos enfants en bas âge, et pour nous tous c'est une expérience formidable, même si c'est un peu dur l'hiver. Nous comptons rester deux ans ici. Les Canadiens du Sud ne savent rien du Nord. Ils imaginent toutes sortes de choses fausses. J'ai du gazon devant ma maison!
	Le rôle du policier n'est pas le même à Pond Inlet que dans une ville du Sud. Ici, il s'agit davantage d'aider que de réglementer. Il y a bien quelques rixes d'ivrognes, mais l'alcoolisme n'est pas pire que dans le Sud. La plupart des plaintes sont liées à de simples chicanes familiales, et il n'y a pratiquement pas de vols. Les Inuit ne se volent pas entre eux; ils s'empruntent ce dont ils ont besoin et tout ce qui est dans le village appartient à tout le monde. En fait, les gendarmes doivent plutôt protéger les Inuit contre les Blancs qui, eux, ne se gênent pas pour ramasser ce qui traîne. Lorsqu'il y a un vol, à Pond Inlet, le coupable est toujours un Blanc. Quant aux meurtres, le dernier remonte à cinq ans, et l'assassin était un malade mental. Le précédent s'était produit il y a quinze ans... Les bagarres au couteau ou à l'arme à feu sont très rares, et l'Esquimau ne cache pas ce qu'il a fait. Peut-être parce qu'il ne comprend pas que c'est contre la loi. On estime d'ailleurs qu'il vaut mieux parler avec eux plutôt que de les traîner devant un tribunal. Au reste, tout le monde se connaît ici, et la communauté est parfaitement apte à trouver la solution d'un conflit, comme à déterminer la punition d'un crime.
	Sur une population d'environ 600 personnes, on dénombre seulement 35 Blancs. Un peu plus l'été, en raison de divers travaux qui s'effectuent dans la région. Il n'y a jamais de problèmes entre les deux races.
	Quand il fait beau, comme aujourd'hui, les Inuit n'hésitent pas: ils ferment les magasins pour aller chasser ou pêcher. En ce moment, c'est la saison du caribou. Pour les ours polaires, des quotas sont attribués à chaque région. Ainsi, Pond Inlet reçoit dix-neuf permis pour les ours blancs. Grise Fjord, plus au nord, une trentaine. Il faut être résident depuis au moins deux ans pour obtenir un tel permis.
	La gendarmerie est aussi là pour protéger... les ours. Deux d'entre eux viennent d'être abattus en un mois dans la région. Légitime défense, bien sûr; ils s'étaient introduits dans un campement, et il est vrai que lorsqu'il

sent la nourriture, l'ours polaire peut se montrer dangereux. Les hommes ont alors le droit de se défendre — à charge pour les gendarmes d'aller vérifier que c'était bien le cas, sans quoi il pourrait y avoir des abus. Aux Blancs qui viennent travailler ici de manière temporaire, on apprend à tirer de manière à effrayer l'ours plutôt qu'à le blesser.

Il arrive que des Blancs, amateurs de chasse et d'aventure, rachètent un permis aux Inuit. Mais il s'agit là d'une distraction onéreuse, car il leur faudra chasser selon la tradition, avec traîneau, chiens et guide. Au total, cela peut leur coûter plus de 10 000 dollars et ils ne sont jamais certains de trouver leur ours. Les Inuit, eux quand ils en tuent un, envoient la peau dans le Sud (une peau non préparée peut déjà valoir 2000 dollars) et ils se partagent la viande. Récemment, un envoyé du gouvernement est venu ici pour effectuer une étude sur les ours polaires. Il cherchait les ours en hélicoptère, jaugeait leur poids pour évaluer la dose de drogue qu'il faudrait leur administrer au moyen d'un fusil pour les endormir, le temps de les étiqueter à l'oreille et de leur tatouer la lèvre. Il a même passé autour du cou de quatre d'entre eux un collier dans lequel était incorporé un petit radiotransmetteur permettant de les suivre dans leur trajet, qui peut être très long. On peut aussi aujourd'hui suivre leur route par satellite. Certains ont ainsi parcouru 900 milles, de Frobisher vers le Haut-Arctique. Il y en a même un qui s'est rendu en URSS!

Rencontre polaire au large de l'île Coats. L'ours blanc, ce marathonien de l'Arctique, se double d'un nageur olympique, rapide et souple en dépit de son poids. Il est amateur de viande de phoque, mais les toasts que nous lui lançons font son affaire aussi.

Pages suivantes:
A gauche en haut: Le commandant (à gauche) et le chef mécanicien (lunettes) encadrent les cadets et cadettes pour mettre à l'eau une chaloupe de sauvetage.

A gauche en bas: Timonerie dernier cri pour le Radisson. *Malgré une eau momentanément libre de glaces, la vigilance ne se relâche pas.*

A droite en haut: Pond Inlet avec, en face, les montagnes de l'île Bylot. Cet enfant a raison de regarder la mer avec inquiétude. On y trouve un peu trop de mercure... L'enfant inuit pourra-t-il encore longtemps manger comme une friandise les algues que les vagues rejettent sur le rivage?

A droite en bas: Sur la façade d'un bâtiment de Pond Inlet, un échantillon de l'écriture des Inuit, l'«inuktitut».

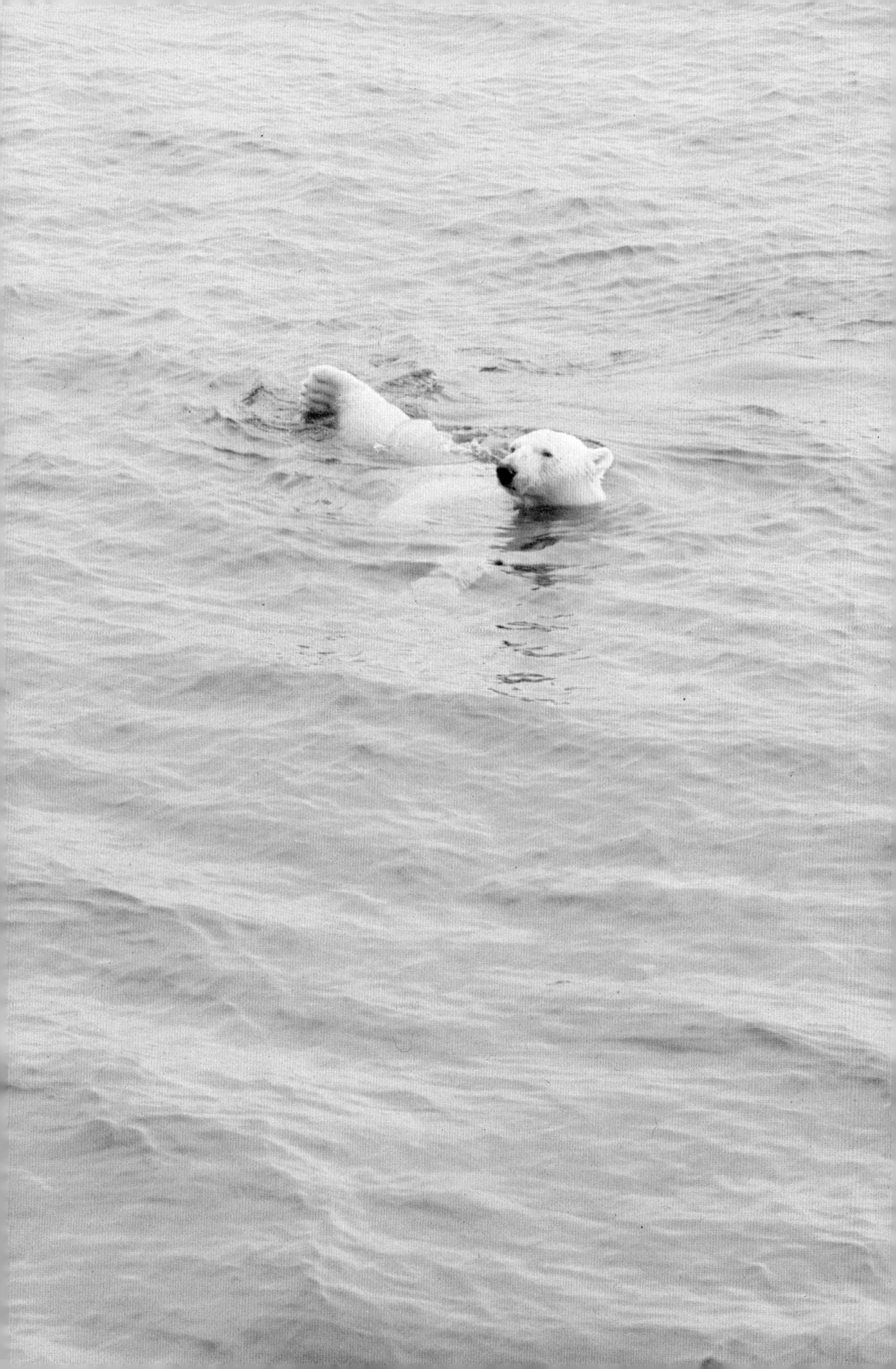

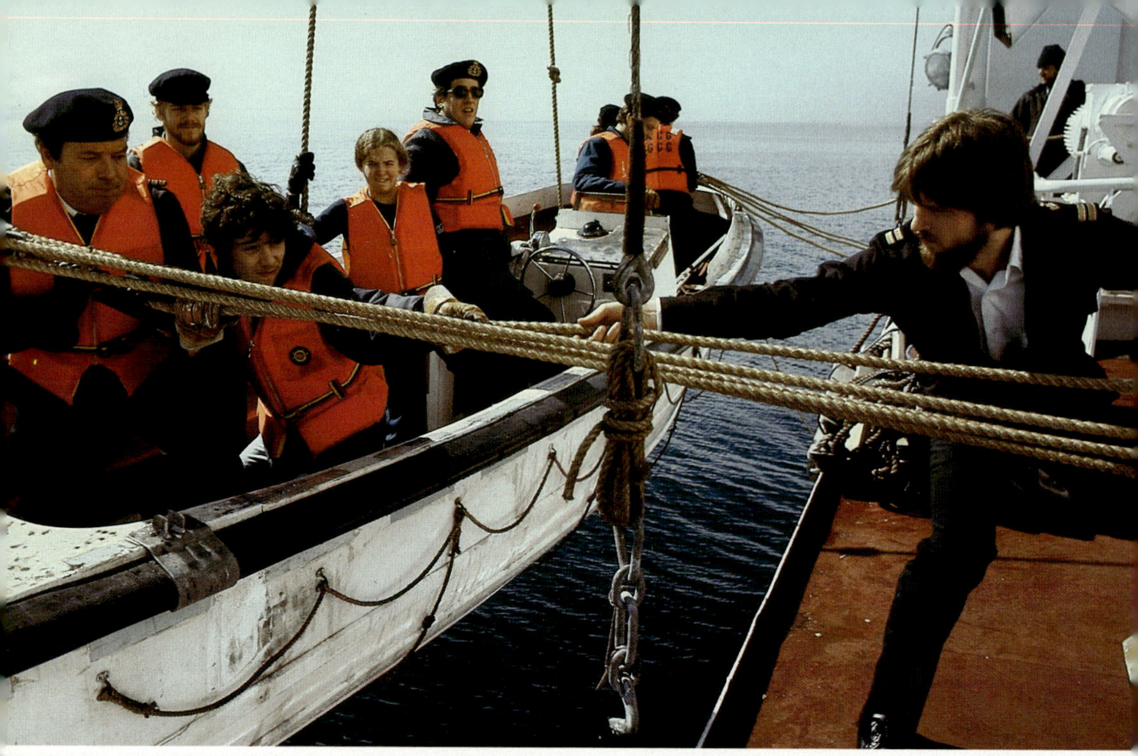

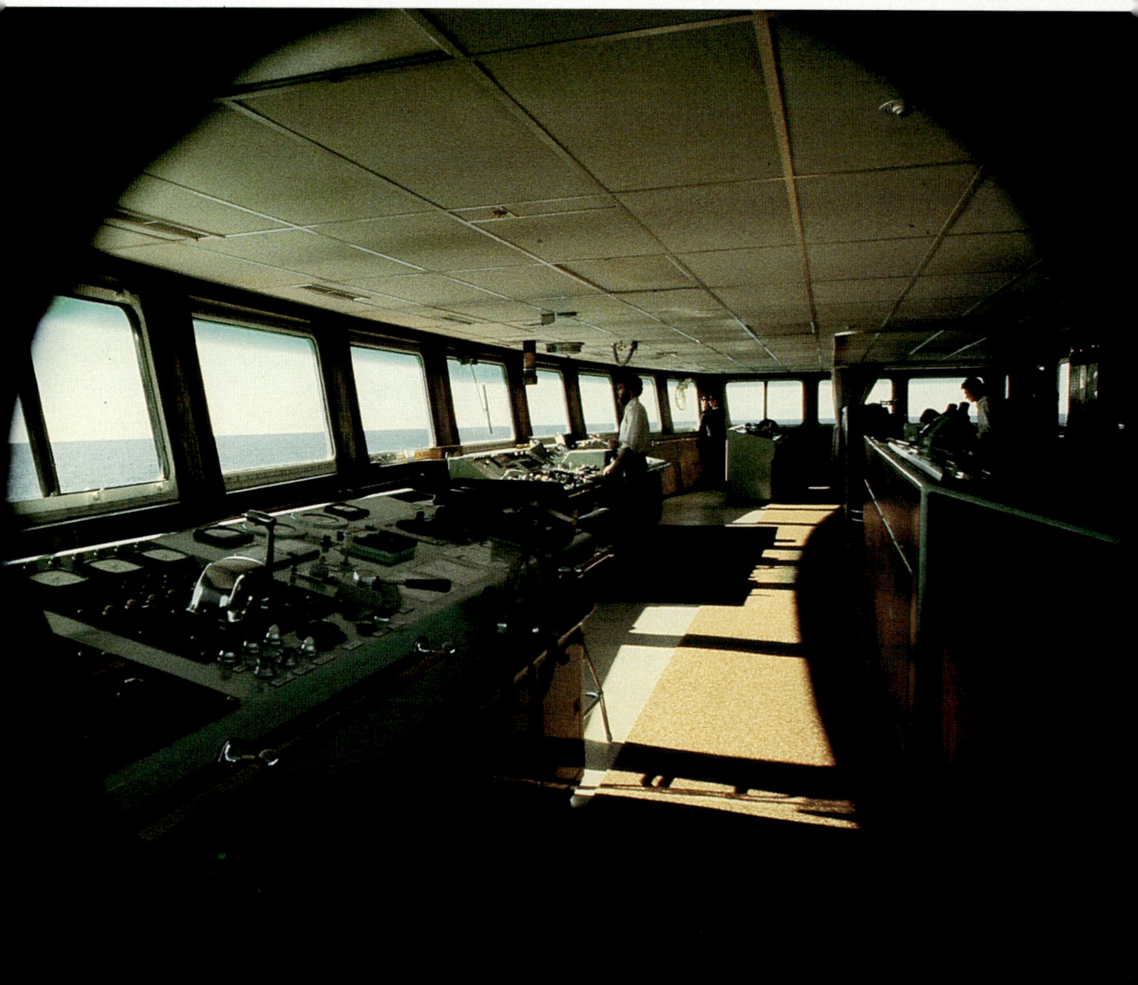

ᑕᑭᔪᐊᓗᒃ TAKIJUALUK

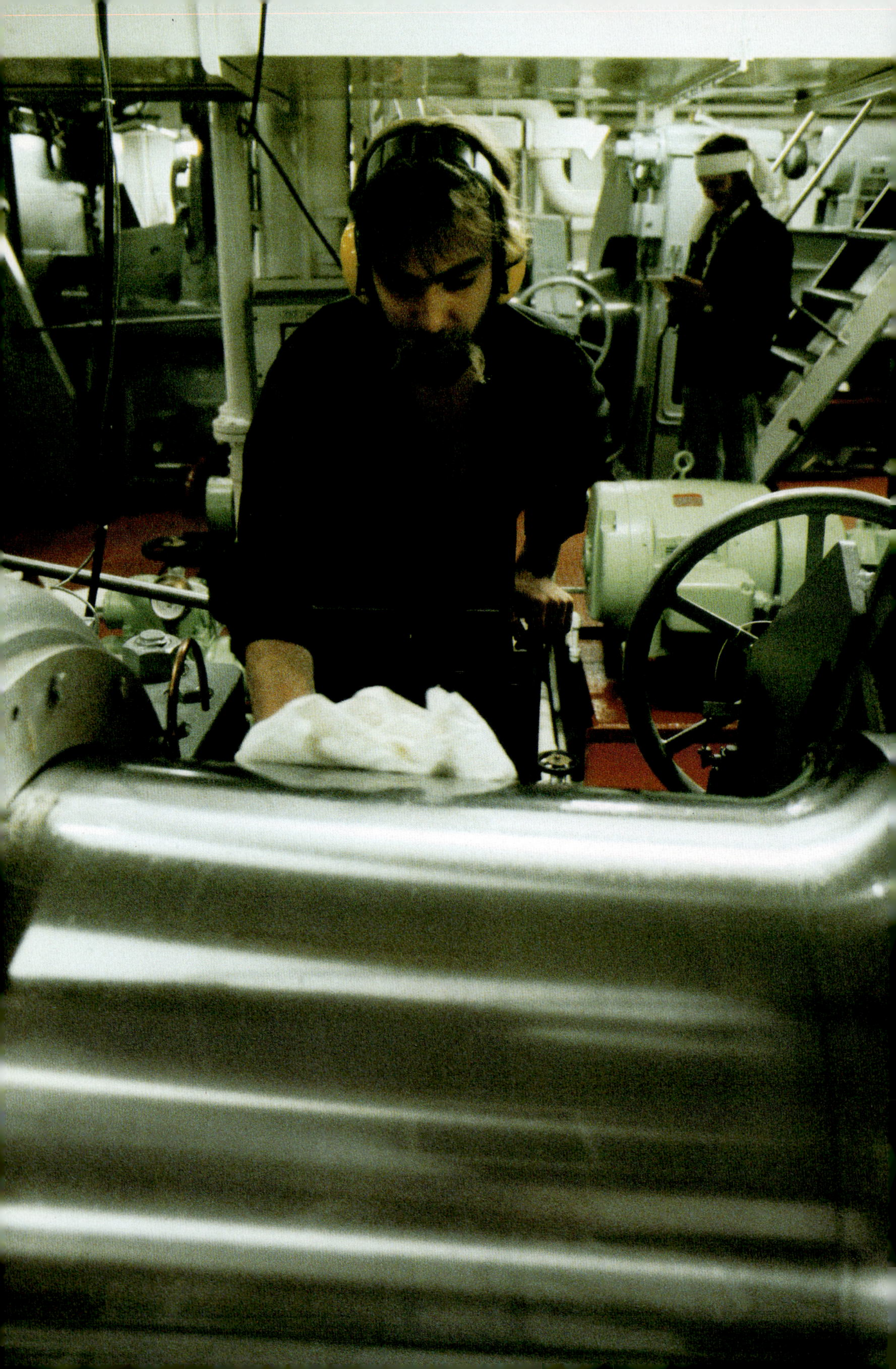

Ici, la GRC ne dispose pas d'hélicoptère. L'été, les gendarmes se déplacent en canot, l'hiver en motoneige. Ce qui ne les empêche pas de rendre régulièrement visite à un groupe d'une vingtaine de personnes qui habitent toute l'année un camp situé à 70 milles de Pond Inlet, où ils vivent de chasse et de pêche, ne venant au village que pour y chercher de la farine, du sucre et du thé.

Bien que vivant très à l'écart du monde civilisé, ces gens parlent néanmoins l'anglais. Ils l'ont appris autrefois, dans les hôpitaux où ils soignaient leur tuberculose. Jadis, les Inuit avaient une espérance de vie de 35 à 45 ans; aujourd'hui, ils atteignent un âge plus avancé, grâce aux soins médicaux qu'ils peuvent recevoir. Les infirmières d'ici sont parfaitement qualifiées et il faut vraiment qu'un homme soit très malade pour qu'on l'envoie à Frobisher ou à Montréal.

Cimetière esquimau et funérailles anglaises

Lorsque je quitte le poste de la GRC, les matelots ont presque terminé le chargement de la machinerie sur le chaland que la barge va pousser jusqu'au *D'Iberville*. Je prends congé des enfants et grimpe dans l'embarcation. Ça tangue drôlement. Partirons-nous ce soir? Ceux qui ont des accointances à la timonerie essaient de se renseigner. Il nous faudra assister le *Ludger-Simard* quand il quittera le détroit d'Eclipse. Une barque d'Esquimaux rôde autour du brise-glace — peut-être en quête de bière.

Mercredi 5 septembre. Cinquième jour de soleil consécutif. Ça aide à supporter l'ancrage. Le tanker en a encore pour vingt-quatre heures à décharger son huile, et le commandant a autorisé l'équipage à aller à terre cet après-midi. Comme j'ai encore beaucoup de choses à voir, je m'inscris pour le passage.

La salle des machines du Radisson *brille comme un sou neuf.*
Le casque protège les oreilles du bruit.

Prenant la direction opposée au village, je grimpe en direction du cimetière qui surplombe le bras de mer. Le sol mou et abrupt ralentit la marche. Le chemin passe entre deux églises. Au sommet, je domine toute la surface d'eau visible. D'ici, la vue sur l'île Bylot, située juste en face, avec sa couronne de montagnes qui approchent les 2000 mètres, offre le vertige des grands paysages.

Je m'assieds entre deux rangées de tombes. Comme l'été dernier, dans Strathcona Sound, au pied de la mine de Nanisivik, je me laisse envahir par ce silence minéral. Soleil, isolement, splendeur en bleu et blanc. Le moindre bruit porte loin. J'entends même par moments l'interphone du navire!

Mon imagination dérape un peu, et j'essaie de superposer images et récits des explorateurs sur ce paysage fantastique, dans cette nature belle et cruelle, où l'eau et la glace ont enseveli des équipages entiers.

Est-ce cette association d'idées qui me fait me souvenir que je suis dans un cimetière? Le temps a filé sans que je m'en aperçoive. Je frissonne déjà sous le soleil qui s'est rapproché de l'horizon. Il faut vite que je fasse des photos. Les croix de bois alternent avec les stèles de bois arrondi des tombes esquimaudes. Pas de fleurs, sinon ici et là un bouquet en plastique. L'emplacement des tombes est délimité par de simples pierres disposées en rectangle. A l'écart, une de ces stèles, touchante de sobriété, gît près des hautes herbes. Un court instant, j'ai la tentation de l'emporter, mais bien vite je me ressaisis. Je ne me vois pas en profanatrice de cimetière! En replaçant la stèle près des autres, je repense à ce que disait l'agent de la GRC. Ici, les vols sont le fait des Blancs. Parce que les Inuit laissent traîner leurs affaires, ils s'imaginent qu'elles sont à prendre.

Je m'agenouille pour photographier les inscriptions. Certaines datent du début de ce siècle. C'est un peu bête à dire, mais j'aurais envie de parler à ces morts, qu'ils me racontent... A qui n'est-il jamais arrivé d'être jaloux de cette nature dont la survie est plus longue que la nôtre? Ces lichens qui dévalent la pente du côté de la plage ont peut-être été foulés par W. E. Parry ou par John Ross, voire par les derniers Esquimaux de Thulé. De nombreux sites de cette civilisation existent dans la région. On pense d'ailleurs que c'est d'ici que partirent les Esquimaux de la dernière migration, celle qui devait les conduire au Grœnland.

Je redescends. A mi-pente, une sorte de cairn surmonté d'une pierre plate attire mon attention. Sur la pierre est gravé un message en inuktitut. Elle est simplement posée sur son socle de pierre. Je la prends précautionneusement entre mes mains.

— Hello!

Un jeune homme blond est en train de gravir la colline. Il se présente comme étant le ministre anglican de Pond Inlet, un Ecossais né en Ecosse. Il me traduit l'inscription, qui relate le voyage effectué en 1925 par un père missionnaire, en traîneau à chiens, puis m'invite à prendre une tasse de café chez lui.

Sa maison donne sur la baie; je pourrai donc surveiller l'arrivée de la barge. Les cornes impressionnantes d'un bœuf musqué ornent l'entrée. Pendant que nous buvons notre café à la cuisine, un Esquimau fait irruption.

— Prenez donc la télévision, dit-il. Ils retransmettent les funérailles!

Le religieux remercie et s'empresse d'allumer son poste.

— Ce sont les funérailles d'oncle Louis.

Devant mon absence de réaction, il précise:

— De lord Mountbatten of Burma, l'ex-vice-roi des Indes, l'oncle du prince Philip.

C'est vrai, le prince Philip est Ecossais et mon hôte aussi. Décidément, le goût pour la monarchie est encore assez répandu, même parmi les citoyens du Royaume-Uni outre-Atlantique.

Pour ne pas froisser le pasteur, je regarde avec lui les funérailles de ce grand combattant né avec le siècle, et qui vient de perdre la vie dans un attentat à la bombe, attribué à l'Armée républicaine irlandaise, alors qu'il était en vacances au large de l'Irlande, sur son bateau.

Mon hôte me désigne chaque membre de la famille royale par son prénom, et même par son diminutif, comme s'il s'agissait de sa propre famille.

En jetant un regard par la fenêtre, j'aperçois la barge sur la plage. Seigneur, je vais la manquer! J'interromps les funérailles, salue prestement et sors au pas de charge. Je dévale la pente qui conduit à la rive. Des pêcheurs qui rentrent tirent leur barque sur la grève. Cela ferait une photo magnifique, à contre-jour, mais le temps presse, je risque de rater l'embarcation. En me retournant sur les pêcheurs, je n'ai pas vu l'obstacle à moitié enfoui, et je m'étale de tout mon long sur un amas de vertèbres de baleine encore soudées entre elles par un cartilage séché. J'en ramasse autant que je peux en porter et reprends ma course en direction des marins qui embarquent déjà. Heureusement, les gars m'aperçoivent et m'attendent. C'est le troisième officier qui conduit l'embarcation. Peut-être qu'avec un autre, la barge me filerait sous le nez; c'est déjà arrivé. Mais le troisième, lui, prend les choses avec philosophie.

— Tu as pris des couleurs! me dit-il seulement en me tendant la main pour m'aider à monter, quand j'arrive enfin, à bout de souffle.

Au lieu de nous diriger tout de suite vers le brise-glace, nous faisons un crochet pour passer au pied de l'iceberg géant qui nous tient compagnie depuis notre arrivée. Je n'ai jamais approché une montagne de glace d'aussi près et j'en photographie toutes les faces. Et s'il décidait de se retourner comme une crêpe au moment où nous le contournons? Cela se produit parfois lorsque la masse immergée se désagrège au point qu'elle déstabilise l'iceberg, qui se retourne alors sans prévenir. L'autre soir, des gars de la timonerie ont assisté à pareil spectacle. C'est assez rare, mais le danger est réel, même s'il n'a pas l'air d'impressionner les goélands qui jouent tout autour de l'iceberg.

En rangeant mes bobines de film, j'en laisse échapper une qui tombe dans la cage du moteur. Je la distingue tout au fond, au milieu d'une flaque d'huile. Un gars parvient à la récupérer, mais il y aura sûrement des dégâts sur la pellicule. Enfin, jusque-là, j'ai été plutôt chanceuse. Aucune perte, aucune avarie, rien.

En arrivant au *D'Iberville*, je fonce sous la douche. Hublot grand ouvert, l'air est vif mais plein de soleil. La vue sur Bylot est magnifique; cette beauté froide et silencieuse agit mieux sur mes nerfs que n'importe quel sédatif.

Hier, le *D'Iberville* a reçu l'ordre d'Ottawa de mettre son drapeau en berne pour lord Mountbatten. Cependant, le message n'indiquait pas les causes de sa mort. Les gars les ont apprises par la télévision.

Orgueil de marin

Le bruit de la chaîne de l'ancre me réveille à 6 h 30. Nous partons pour Clyde, au sud. L'escorte du *Ludger-Simard* nous prendra toute la journée. Le pétrolier doit encore ravitailler ce village en huile de chauffage et en carburant. Le soleil ne s'est pas levé ce matin. La radio nous apprend que le *Rogers* déguste une bonne houle depuis une semaine au sud de Frobisher.

Vingt-quatre heures plus tard, à dix minutes près, c'est encore la chaîne qui me tire de mon sommeil. Nous mouillons au large de Clyde. En atteignant Patricia Bay, nous avons pris à bord un canot qui dérivait. Les gars de la GRC viennent le chercher. On pensait qu'il s'agissait du canot de trois Américains partis quelques jours plus tôt pour une partie de chasse, ou encore d'un kayak esquimau dont on est sans nouvelles depuis huit jours, mais ce n'est pas cela.

Les agents expliquent qu'il faut être prudent en ce moment avec les ours; on en a vu beaucoup, cette année, sur la glace. Quand elle fond, ils reviennent sur terre et s'ils ont faim...

La barge ira à Clyde entre 18 heures, départ du premier voyage, et 21 h 30, retour du dernier. A la coopérative, je croise l'équipage du tanker. L'allure des gars tient à la fois du bûcheron et du marin breton.

— Ça doit pas être bien gai sur votre brise-glace, me disent-ils. La vie de caserne, quoi!

Piquée au vif, je réplique:

— Pas du tout. Et je trouve qu'après deux mois, il est bien agréable de déjeuner avec des gars rasés de près, plutôt que devant des barbes négligées. Quant à leur uniforme, il vaut largement votre tenue.

Nos interlocuteurs font une drôle de tête et ne comprennent pas que je décline leur invitation pour la soirée. Sylvain, le deuxième officier, me rejoint. Il a entendu notre conversation.

— Ben, dis donc, Monique, tu défends les brise-glace!

— Non mais, pour qui se prennent-ils ces pingouins!

Je suis certaine que je n'aurais pas tenu trois mois sur un navire marchand. La discipline a du bon. Cela dit, il est vrai que je me suis laissé gagner par l'instinct de propriétaire. C'est incroyable ce qu'on peut s'attacher à un navire. Hier, par exemple, j'ai arraché quelques débris de peinture à un endroit endommagé par un accostage brutal et je les ai enfermés dans une petite boîte. Souvenir du *D'Iberville*. En guise de ouate, j'ai mis des boules de linaigrette, le coton sauvage de la toundra.

A la coopérative, j'ai acheté un *ulu*, le couteau de la femme inuit. Le manche porte les initiales de sa précédente propriétaire. Je préfère les objets usuels aux sculptures, déjà si répandues dans le Sud. En fait, la mode des sculptures esquimaudes a commencé vers 1950.

Je n'ai jamais vu autant d'ossements de baleine qu'à Clyde. Le gérant m'a expliqué qu'il y avait un dépôt tout près de là et que cette matière était vieille d'un siècle.

Le magasin de la Baie d'Hudson a ouvert une demi-heure spécialement pour les marins. Comme je n'ai besoin de rien, je déambule dans la rue principale en compagnie des enfants et de leurs chiens. Sur le seuil de sa maison, un Inuk sculpte une pierre. Au-dessus de la porte, il a accroché une de ces outres faites d'une peau entière de phoque que les Inuit utilisent comme flotteurs quand ils vont pêcher.

Une fillette me présente ses deux petits chiens, des malamutes adorables. A l'âge adulte, ces chiens sautent sur tout ce qui bouge. Des fermiers en avaient adopté un ; il leur a «nettoyé» leur basse-cour en moins de temps qu'il ne faut pour le dire.

Sur la côte est de Baffin, Clyde River (70°27′ N et 68°33′ W) est à peu près à mi-chemin entre Pond Inlet au nord et Cape Dyer au sud. Bourgade d'environ 400 âmes, Clyde a commencé à se développer lors de la dernière guerre mondiale, en 1942, avec l'installation d'une station météo.

Il y avait autrefois une station Loran à Cape Christian, seize kilomètres plus au nord. Là comme ailleurs, le premier établissement permanent a été celui de la Compagnie de la Baie d'Hudson, en 1923.

De retour au navire, je gagne immédiatement ma cabine afin de compléter mes notes. J'ai pris du retard depuis mon arrivée sur le *D'Iberville*. Avant d'aller dormir, une petite promenade sur le pont, déjà glissant, s'impose. Nous sommes plusieurs à nous être astreints à cette discipline. Même aux alentours de minuit, il n'est pas rare de rencontrer des marathoniens.

Mieux vaut aller tous dans le même sens pour éviter les collisions, car le pont n'est pas très large.

Nous quitterons Clyde demain pour escorter le *Ludger* jusqu'à Broughton, au sud. Au matin, il neige. L'eau et l'air ne sont pas à plus d'un ou deux degrés. Au petit déjeuner de cette journée de dimanche, le troisième officier entre dans la salle à manger en annonçant sentencieusement, depuis le seuil :

— Il y a cinquante-deux ans, dans le comté de Charlevoix, naissait le plus beau bébé du monde. On le prénomma Antoine.

Après un temps, il conclut :

— C'était moi !

— Bon anniversaire, Antoine !

— Avez-vous bien dormi ? me demande un des coureurs de fond nocturnes.

— J'ai laissé le hublot ouvert. Avec le bruit de la vague contre la coque, j'avais l'impression d'être sur une plage en Floride — chaleur en moins.

Après dix-huit heures de route, nous jetons l'ancre à Broughton. Au dessert de midi, une Forêt-Noire, aussi enneigée que les sommets voisins. Le dimanche, le chef soigne ses clients. Le soir, il neige tellement qu'on se croirait à Noël, mais le proverbe « Le 3 fait le mois » s'est vérifié de nouveau. C'est vrai que nous n'avons pas manqué de soleil un seul jour depuis cette date.

Le village de Broughton, où nous nous trouvions il y a un peu plus d'une semaine, est niché derrière l'île qui fait face à la côte, et donc protégé du large et de ses colères.

Avec la première neige, le paysage est déjà hivernal. Des barques rentrent, glissant dans le gris-bleu du crépuscule. Les lumières du village s'allument, ainsi que le phare tournant de l'aéroport.
— Bob, je vais t'ennuyer, mais j'ai envie de fromage.
— Une femme qui ne pose pas de problèmes n'est pas une femme, me répond le garçon.
A en juger par le sourire de mon voisin de table, je dois vraiment en être une!
— Ne mangez pas trop, me dit le commandant. Ce soir, j'organise un souper pour le commandant du pétrolier et si vous le voulez, vous pouvez vous joindre à nous.
Le chef mécanicien, le commissaire et le chef officier sont également conviés au repas. La conversation se prolonge jusque vers le milieu de la nuit, après quoi chacun regagne ses pénates.
En matière de souvenirs, les marins sont aussi intarissables que les militaires. Leurs récits sont souvent macabres, comme l'histoire de ce matelot qui avait dit un jour à son supérieur, en voyant passer un corbeau: «Il y a de la mort dans l'air.» Le jour même, l'officier avait reçu l'annonce du décès de son père.
Au petit matin, comme l'heure du déjeuner n'a pas encore sonné, je m'en confectionne un à la *pantry*, et vais le prendre sur le pont, à l'arrière. Des matelots sont en train d'épisser des amarres et de les recouvrir de toile pour les protéger du frottement contre le bord du quai. Bien que les matières synthétiques aient envahi aussi la marine, les matelots sont encore capables de réparer des filets, des cordages et ils en sont fiers. Toutes les mesures de sécurité ont été prises. Le charpentier a apporté l'extincteur, car les gars, pour stopper l'effilochage d'une amarre en nylon, y mettent le feu.
A table, Pamplemousse fait des siennes. Après le pamplemousse matinal à la moutarde de Dijon, voici la couche de carottes rouges nappée de poivre. Une couche de poivre, une couche de tabasco. Cet homme doit avoir un estomac blindé! Il n'a même pas l'air de comprendre pourquoi tout le monde éternue autour de lui.
— Ne mange pas trop vite, me dit Claude, l'opérateur. Tu as tout le temps, on a 3600 secondes pour manger!
Si on découpait la vie en secondes, elle nous paraîtrait interminable.
Aujourd'hui, j'ai réussi à capter Radio suisse internationale, un service sur ondes courtes à destination du monde entier. Je suis tombée dessus par hasard. C'est une chose assez surprenante que l'accent helvétique à hauteur de l'île de Broughton. Il était question des prochaines élections en Suède.

Je partage ma découverte avec Claude, dans une salle de radio envahie de sons intersidéraux. Quelle friture! Comment s'y retrouve-t-il?
— Ça, c'est un rapport de glace... Là, les avis aux navigateurs... des rapports météo...
Il m'énumère le contenu de chaque fréquence. Il faut de l'oreille et de la pratique pour isoler la parole de la friture qui l'accompagne généralement. Claude transmet son propre rapport de glace à Frobisher, qui le répercute sur Ottawa. Ce rapport est ensuite diffusé partout, chaque jour, à chaque navire. L'avion de la patrouille des glaces envoie également le sien, dont les brise-glace reçoivent un fac-similé. Tous les renseignements sont centralisés à Ottawa et redistribués par l'intermédiaire des stations côtières. Soudain, la tonalité d'un message diffère: «Le *Labrador*», dit Claude. Peu après, c'est le *Bing-Crosby* qui émet depuis la baie de Baffin. La radio a supprimé la solitude en mer.

Cap au nord pour la dernière fois

Voilà quatre jours que nous sommes à l'ancre, mais le départ est pour cet après-midi. C'est la dernière fois que nous ferons route vers le nord. Il s'agit d'aller livrer du carburant au *Louis-S.-Saint-Laurent*, avec lequel nous avons rendez-vous à Pond Inlet. Après quoi, nous prendrons le chemin du retour, le chemin de Québec, via Pangnirtung (terre de Baffin) où nous avons du fret à décharger. Plus que d'une information réelle, il s'agit là d'une déduction — celle d'un mécanicien qui ajoute:
— Notre mission est terminée, car nous n'aurons plus assez de carburant. Ce n'est donc pas nous qui fermerons la voie, comme le bruit en avait couru, ni dans le détroit ni dans la baie d'Hudson. Un autre brise-glace s'en chargera. Notre voyage va s'en trouver raccourci. On peut d'ores et déjà pronostiquer notre arrivée à Québec pour la fin septembre.
La nouvelle se répand comme une traînée de poudre, et l'ambiance générale se modifie instantanément. Certaines figures retrouvent le sourire. Mais à vrai dire, le seul fait de sentir vibrer le plancher améliore le caractère des marins. A l'ancre, l'humeur s'assombrit vite. Quant aux deux sacs de courrier qui nous étaient destinés et que nous espérions rece-

voir à Broughton, ils sont retournés à Frobisher. Encore une énigme postale!

Au salon des officiers, l'infirmière me propose de me faire ausculter. Comme je vais parfaitement bien, je décline l'invitation. Elle me parle du voyeur qu'elle a surpris hier près de son hublot, avant de redescendre dans son infirmerie. Elle est bien pâle, ces jours-ci, et semble avoir plus besoin de soins qu'aucun d'entre nous. Notre remède à nous, il faut bien l'avouer, c'est la *pantry*. C'est souvent là que se tiennent les conversations les plus humaines. Entre le frigidaire et le pot de café noir. Ce soir, avec cette perspective d'un retour anticipé, c'est surtout de régime qu'il est question. Certains ont déjà renoncé à l'alcool, d'autres s'efforceront de dormir régulièrement, pour arriver le plus en forme possible. Chacun tient à faire peau neuve en même temps que bonne figure. Déjà, on oublie ce qui a pu ternir ce voyage. Je suis sans doute la seule à ne pas trop me réjouir de rentrer. J'aurais bien fait encore un mois ou deux.

Petite neige à l'aube. «Il fait un demi-degré», dit l'observatrice au déjeuner. Aucune confirmation officielle de notre prochain retour, mais certains signes ne trompent pas.

Ceux qui ont des rapports à rédiger les mettent au net, le commis de bureau ne sait plus où donner de la tête, les matelots ont reçu l'ordre de repeindre le mess, le commandant plaisante à tout bout de champ et la musique de bord s'est gonflée de quelques décibels.

Je ferais bien de compléter mes dossiers, moi aussi, bientôt les gars ne seront plus aussi disponibles.

Dans l'après-midi, exercice d'abandon du navire. Une grosse brume dégouline sur nous. Sitôt terminé, on rentre, sauf ceux qui ont pour mission de faire fonctionner les portes étanches.

Aujourd'hui, l'humidité est de 90%, contre 35 à 40% un mois plus tôt. Pendant l'hiver, très sec, on enregistre 15%.

Je bois la mer des yeux. Ces images, je le sais, ne s'effaceront jamais de ma mémoire. Un oiseau s'amuse à couper notre route à ras l'étrave.

Moins de deux jours se sont écoulés depuis notre départ de Broughton. Il est 8 heures quand nous entrons dans Pond Inlet. Le *Louis-S.-Saint-Laurent* nous y a précédés. Il effectue pour l'instant ses manœuvres de mouillage. Impossible de l'accoster tout de suite: trop de vent, trop de vagues.

Dans la matinée, le *Louis-S.-Saint-Laurent* tente l'accouplement. Au cours de la manœuvre, notre pavois est endommagé à tribord. Notre commandant sursaute au moment du choc et, de bleu, son œil vire au gris. Il décide de se séparer du *Saint-Laurent* pour aller s'ancrer en attendant que la houle faiblisse, mais c'est le contraire qui se produit. La patience est la première vertu du navigateur. Quand la mer commande, mieux vaut obéir.

Les cadets vont devoir emménager sur le *Saint-Laurent* qui les ramènera à Sydney. Debbie, si drôle, si enjouée jusqu'ici, ne rit plus. Fini la belle vie. La discipline à bord du gros brise-glace est plus stricte. Cette année, Pauline est contente d'y échapper, car en tant qu'élève de seconde, elle réintégrera le collège par avion (c.f. Annexe III).

Naufragé avant de naître

Nous avons encore quelques heures à tuer. Pour passer le temps, on fait appel aux souvenirs. Maurice, le chef officier, nous rejoint.

— Autrefois, dit-il, je naviguais sur le caboteur de mon père, un 600 tonnes, et un jour, ce fut le naufrage. Cette fois-là, le bateau transportait des explosifs, 125 tonnes de dynamite, un chargement assez payant étant donné les risques. Partis de Belœil pour Sept-Iles, nous avons heurté un gros cargo à hauteur de l'île d'Orléans, entre chien et loup. Sous l'effet du choc et de l'explosion qui suivit, le caboteur coula. Les six marins, qui savaient tous plus ou moins nager, se sont accrochés à des débris en attendant d'être repêchés. Il y avait des blessés, mais pas de morts. C'est moi qui étais de quart au moment de l'accident; quand on a vu l'autre bateau, il était trop tard, la collision était inévitable. Nous n'avons pas eu le temps de mettre la chaloupe à l'eau, ni même d'enfiler nos gilets de sauvetage. La plupart de nos gars dormaient. Ils ont trouvé l'eau assez froide! Quant au navire qui nous a heurtés, il n'a pu s'arrêter qu'un mille plus loin. C'est un bateau norvégien qui nous a repêchés. Après cela, mon père a racheté un bateau, mais mon frère a changé de métier. Sa femme était avec nous au moment du naufrage, et elle était enceinte de sept mois. Par chance, elle s'en est bien tirée, et son bébé est venu au monde à terme, normalement.

Un futur marin qui aura pu se vanter d'avoir navigué et même fait naufrage avant d'être né!

Aux dernières nouvelles, le *Saint-Laurent* a reçu l'ordre de se rendre à Resolute pour prendre à son bord le gouverneur général du Canada, en visite éclair de courtoisie. Comme la mer ne nous permet toujours pas de transférer le fuel, le navire s'en va, le temps d'un aller et retour. Auparavant, un de nos hommes dont la santé inquiète l'infirmière se fait examiner par le médecin du *Saint-Laurent*, seul brise-glace à en posséder un. Il n'est pas rare que, pour se rassurer ou pour confirmer un diagnostic, les infirmières des autres brise-glace communiquent avec lui par radio durant l'été.

Nous regardons le *Saint-Laurent* s'éloigner. Il faudra l'attendre deux ou trois jours. Dans l'Arctique, mieux vaut ne jamais faire trop de prévisions. Le programme d'un brise-glace est aussi variable et imprévisible que la météo.

Et, comme par un fait exprès, le *Saint-Laurent* vient à peine de contourner la péninsule de Borden que la houle se calme.

Le soleil inonde le détroit d'Eclipse et je grimpe sur le *top bridge*, le pont de navigation extérieur, pour goûter aux dernières heures de l'été indien arctique. A la mi-septembre, le climat peut offrir ici quelques splendides journées, un peu à la manière de l'été indien d'octobre dans le Sud.

Les gars ont reçu la permission de se rendre à terre.

Une brise imperceptible fait mollement onduler le nouveau drapeau. On a dû le changer, car la feuille d'érable commençait à s'effilocher.

Deux jours et demi après que le *Saint-Laurent* nous a quittés, nous nous apprêtons à aller à sa rencontre en direction de Wollaston Island, à la sortie de Navy Board Inlet, à la pointe nord-ouest de Bylot, via le détroit d'Eclipse. L'iceberg nous a faussé compagnie dans la nuit. Les marins de quart me disent qu'il a basculé à l'aube. J'aurais bien voulu voir ça.

Il n'y a pas que l'iceberg qui ait eu des problèmes cette nuit. Un gars des machines a été contraint de débarquer. «Indésirable» — c'est tout ce que j'ai pu obtenir comme explication.

En fin d'après-midi, nous franchissons une lisière de glace. Le *D'Iberville* trace un beau sillon d'argent. Vers 19 h 30, enfin, nous jetons l'ancre au large de Wollaston Island. Le *Saint-Laurent* nous rejoindra dans la nuit. A 1 h. 35, il nous accoste par tribord, et une heure plus tard, le transfert des 800 tonnes de carburant peut commencer. Froid, le mazout coule moins facilement. Cela signifie que l'opération prendra quelques heures de plus que prévu.

J'aurais bien aimé me rendre sur le *Saint-Laurent*, mais sans passerelle, c'est hasardeux. Ça n'a pas eu l'air d'effrayer les gars qui ont transféré plusieurs caisses de bière!

L'après-midi gorgé de soleil se déroule calmement. Une mer crêtée de blanc berce les coques rouges. L'eau qui s'engouffre entre les deux brise-glace vire au bleu turquoise. Les matelots rajoutent des défenses pour mieux protéger les bordages, ce qui n'empêche pas les deux navires de s'entrechoquer à un moment.

A l'instant où les deux navires s'apprêtent à se séparer, les gars, tous rassemblés sur le flanc tribord, entonnent «Ce n'est qu'un au revoir, mes frères».

Le *Saint-Laurent* s'éloigne et va mouiller plus loin. Dès qu'il a terminé ses manœuvres, nous levons l'ancre à notre tour. La minute est d'autant plus émouvante qu'elle est aussi celle du grand départ vers le Sud. Cette fois, nous tournons le dos au Haut-Arctique. L'opérateur me glisse à l'oreille: «La houle nous attend, Monique. Une basse pression longe la côte de Baffin.» Le commandant actionne son criard qui résonne dans le détroit et la nuit étoilée nous renvoie la réponse vibrante du *Saint-Laurent*. Trois coups longs, un court.

Une sacrée frayeur

L'officier de quart allume le projecteur et le dirige sur la route du navire afin de mieux apercevoir les *growlers*.

A chaque étoile filante, je forme un vœu — et d'abord celui de pouvoir revenir ici un jour. Presque tout le monde se rue vers les plages chaudes du globe, mais bien peu d'entre elles ont conservé leur beauté originelle, tandis qu'au nord, au froid, la nature est encore souveraine.

L'officier de quart scrute attentivement la mer. La timonerie n'est que chuchotements. La table des cartes est entourée d'un rideau, afin que la lampe ne gêne pas la vue du navigateur.

Deux lumières surgissent au loin, à ras de l'eau. C'est le *Labrador* escorté par un foreur/brise-glace qui se dirige vers le détroit de Lancaster. Nous les identifions en les croisant. Ils nous souhaitent bon voyage vers le Sud. Il y a si peu de monde par ici que quelques mots, surtout la nuit, sont toujours les bienvenus.

Un peu avant minuit, le timonier entre avec un plateau de café accompagné de toasts grillés et de fromage. Bonne idée. Un peu de réconfort avant le changement de quart.

— Cette fois, ça y est, me dit le timonier tout heureux. On a reçu l'annonce officielle du retour.

Plus que deux brèves étapes, Pangnirtung et Port Burwell. Avant d'aller me coucher, j'accompagne le *puncher*, autrement dit le poinçonneur, un des hommes de roue chargé de faire la tournée des points cruciaux du navire. La ronde de feu et de sécurité. C'est juste l'exercice physique nécessaire à un bon sommeil. Les vingt postes sont tranquilles, rien à signaler.

Nous avons doublé Cape Christian vers minuit. Claude ne s'était pas trompé hier soir: sitôt la côte de Baffin amorcée, la houle s'est levée. Après un coup d'œil par le hublot, je choisis de m'habiller en gris pour m'assortir au décor. Le ciel, la mer, la glace même — tout est gris. Le petit déjeuner doit toucher à sa fin; je suis en retard ce matin. Mais je n'ai pas oublié qu'il ne fallait jamais rester l'estomac vide par gros temps. Pour la première fois du voyage, j'appuie sur la sonnette.

— Qu'est-ce qui t'arrive, Monique?

C'est Bob.

— Je suis confuse, mais garde-moi quelques toasts et du café, j'arrive.

Ça tangue déjà dans le couloir, et en plus de ça j'ai mal au crâne.

Le matinée passe en rangements, j'amarre tout. Le repas de midi est une corvée et l'après-midi je me couche. Il n'y a rien d'autre à faire. Impossible de lire ni d'écrire. La mer n'est même pas assez démontée pour que le spectacle en vaille la peine. En soirée, pourtant, je décide d'aller prendre l'air. Je ne pouvais pas prévoir que ça aurait pu être ma dernière promenade!

Le pont est glissant et le navire roule. Comme je contourne le garage de l'hélico, le pont se soulève et me pousse brutalement à tribord. Rien à quoi me retenir. En un éclair, je me vois déjà passer par-dessus bord. Dans la nuit et par ce temps, personne ne se rendra compte de ma disparition. C'est fou tout ce qu'on peut penser dans un moment comme celui-ci! La chance veut que je heurte de plein fouet le piquet d'acier près de la grue. Sans lui... Je m'y agrippe en attendant que la houle soulève ce côté-ci du navire pour accrocher la première porte. Je regarde le filet de sécurité à côté duquel je serais sans doute passée si je n'avais pu saisir la chaîne métallique de protection. En rentrant, j'avale un cognac bien tassé.

Ces dernières vingt-quatre heures, nous avons parcouru 309 milles. Encore deux jours à ce rythme et nous serons à Pang (Pangnirtung), par 66°08′ N, 65°43′ W. Le village est situé au fond d'un fjord qui porte le même nom et qui présente le profil en U caractéristique des vallées glaciaires. Il s'ouvre sur la baie de Cumberland. Découverts (ou redécouverts) en 1585 par John Davis, ces lieux ont d'abord servi de base aux baleiniers. La Compagnie de la Baie d'Hudson y a installé un poste de traite en 1921, puis ce fut au tour de la GRC, en 1923. La mission anglicane existait déjà depuis longtemps. Le village s'est structuré progressivement. Logements, emplois, éducation, assistance sociale attirèrent les Inuit, et peu à peu les campements disséminés autour de la baie de Cumberland disparurent au profit de Pang, qui compte aujourd'hui quelque 900 habitants. La coopérative esquimaude a vu le jour en 1968.

Pour l'heure, l'économie de cette communauté est surtout fondée sur la pêche et la chasse au phoque, à la baleine, au morse et au caribou — sans parler, bien sûr, de la sculpture et de l'artisanat.

La localité peut également compter sur le tourisme, grâce à la proximité du parc national Auyuittuq, dont Pang constitue l'entrée principale. Ce parc est le royaume des alpinistes, et c'est à son paysage de hautes montagnes et de glaciers que Pang doit son surnom de «Suisse de l'Arctique».

J'ai passé une bonne partie de la nuit couchée à plat ventre pour résister à l'action du roulis qui me poussait imperceptiblement hors de ma couchette. La houle ne faiblit toujours pas; les tables se vident.

— Quelle journée tannante! marmonne un officier.

Ce soir, au cinéma, *La Bête à Plaisir*.

— Tu viens voir le film, Monique?

— Non, merci.

— Faut qu'on se recycle pour le retour, me dit le gars comme pour s'excuser.

Je m'installe au mess avec un livre et un pot de thé. Ceux qui passent dans le couloir à la recherche d'un interlocuteur s'arrêtent et tentent leur chance en m'adressant quelques mots, puis repartent pour me laisser travailler. Je devrais peut-être me montrer plus disponible, mais je suis fatiguée.

— Mets donc plus de lumière, tu vas t'arracher les yeux!

C'est le garçon de table, à la recherche du fer à repasser, qui s'inquiète pour moi. En sortant, il allume tout le circuit.

Cheryl, pas plus tentée que moi par le film porno, vient s'asseoir à ma table. Je pose mon livre, une leçon d'anglais m'attend! Pas facile de suivre la conversation d'une scientifique à cette heure de la journée.

Quand on ne se comprend plus, on se fait de petits dessins. Cheryl me promet, sitôt rentrée, de m'envoyer de la documentation sur les climats. Ça peut prendre du temps, car elle sait déjà qu'à peine arrivée à Québec il lui faudra repartir immédiatement pour Frobisher, où elle travaillera deux mois avec l'avion de la patrouille des glaces.

Nous avons dépassé Cape Dyer vers 22 heures et, un peu plus tard, le cercle arctique. Il nous reste à contourner la péninsule de Cumberland.

Au petit matin, le maître d'équipage a fort à faire à ramasser les oiseaux morts sur le pont. Eblouis par le projecteur, ils sont venus s'assommer durant la nuit contre la paroi du château. Les vitres de la timonerie portent des traces de sang. J'ai ainsi l'occasion de voir de près quelques spécimens de la faune arctique — hélas, sous forme de petits cadavres.

Encore 300 milles parcourus.

Aujourd'hui, dimanche 23 septembre, c'est le premier jour de l'automne. A l'aube, la houle a diminué. On va enfin pouvoir se remettre d'aplomb. A 8 heures, le *D'Iberville* entre dans la baie de Cumberland. Sur le pont avant, les matelots préparent la grue pour le déchargement du matériel. Mais comme nous arriverons seulement vers 18 heures au large de Pang, la marée, qui se retire vers 19 heures, nous contraindra à remettre au lendemain les opérations de déchargement. Le chaland, poussé par la barge, pourrait encore atteindre le rivage, mais il n'aurait pas le temps de revenir. Nous jetons l'ancre à l'heure du souper.

Un petit vent fait claquer le drapeau de la Garde côtière canadienne en haut du beaupré. Le crépuscule rosit le paysage. Les marins continuent de travailler tard dans la nuit afin de gagner du temps pour demain. Ils le font sans rechigner, comme tout ce qui est de nature à raccourcir le chemin du retour.

L'hélicoptère, lui, est allé voir s'il y avait du courrier. Il a dû récupérer les fameux sacs bleus, car l'interphone annonce qu'une distribution va avoir lieu au bureau du navire. Certains gars ne s'y rendent pas, de crainte d'essuyer un «Non, rien pour vous cette fois». Ils préfèrent attendre dans leur cabine qu'on leur apporte une lettre éventuelle.

Je vais me coucher tranquillement, le chef officier qui dirige les opérations ayant promis de me réveiller pour le départ de la barge, demain vers 5 heures. C'est l'unique occasion que j'aurai de voir Pangnirtung et je ne veux pas la manquer.

Durant une bonne partie de la veillée, les chèques de paie — arrivés avec le courrier — ont été au centre des conversations.

Plus rapide que l'oiseau

A peine ai-je fermé les yeux que le téléphone sonne. Déjà 5 heures.
— La barge part dans trente minutes. Habillez-vous bien; il fait moins dix ce matin.
Vite, un café sur le pouce à la *pantry*.
— Ceux qui ne seront pas installés dans la barge dans dix minutes descendront par l'échelle de corde, prévient le bosco.
Inutile de dire que nous sommes à l'heure.
La brume laque les sommets. Dans une demi-obscurité, la barge avance en poussant le chaland lourdement chargé. Une fois l'embarcation sans moteur échouée sur la plage, la barge la maintient dans cette position. Il reste néanmoins un espace de deux à trois mètres d'eau entre le rivage et nous. Les gars, chaussés de grandes bottes, me font marcher. «Débrouille-toi, t'as voulu venir...» Finalement, comme je m'apprête à sauter, ils s'offrent à me porter.
L'endroit est désert, silencieux. J'entreprends de faire le tour du village. De la viande de caribous noircie est pendue près des portes des maisons. Poissons et quartiers de viande sont également accrochés sous les avant-toits. Des poubelles émergent des têtes entières de caribous garnies de leurs andouillers majestueux.

Broughton Island vue d'hélicoptère. Nous sommes en plein été, mais tous les cubes de glace ne fondront pas. La première neige est déjà tombée. Le brise-glace attend sagement que le pétrolier ait ravitaillé le village pour l'escorter.

Pages suivantes:
A gauche en haut: L'Arctique est une école de patience mais la brume, toujours elle, vous met les nerfs à vif.

A gauche en bas: Le D'Iberville *fait route dans Inugsuin Fjord, dans le secteur de Clyde, bordé de falaises impressionnantes ponctuées de couloirs de glaciers.

A droite: L'homme isolé dans l'immensité minérale se réjouit de chaque rencontre vivante. La perdrix s'était assommée sur le pont. A grands renforts de soins, la voilà prête à s'envoler.

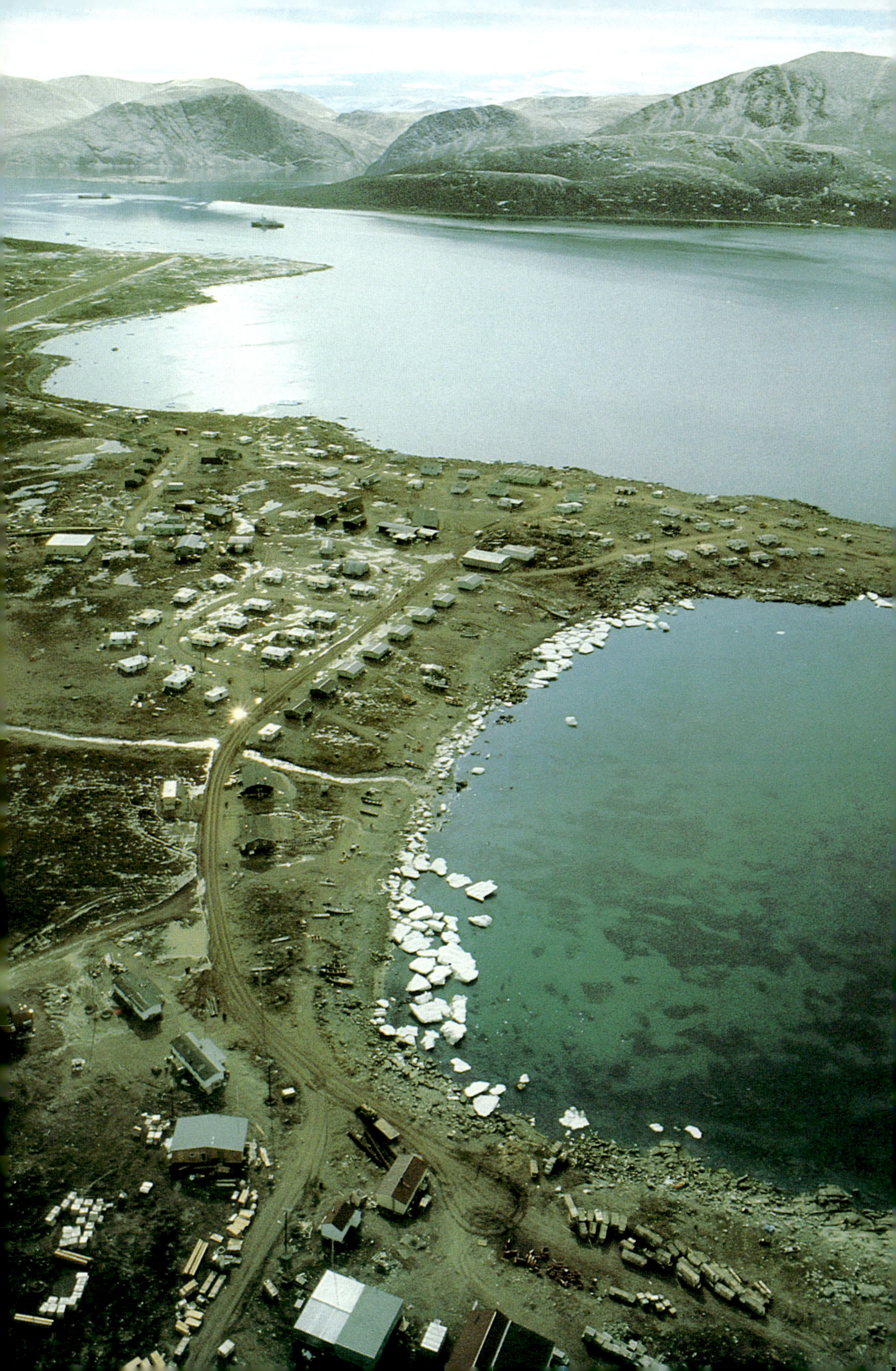

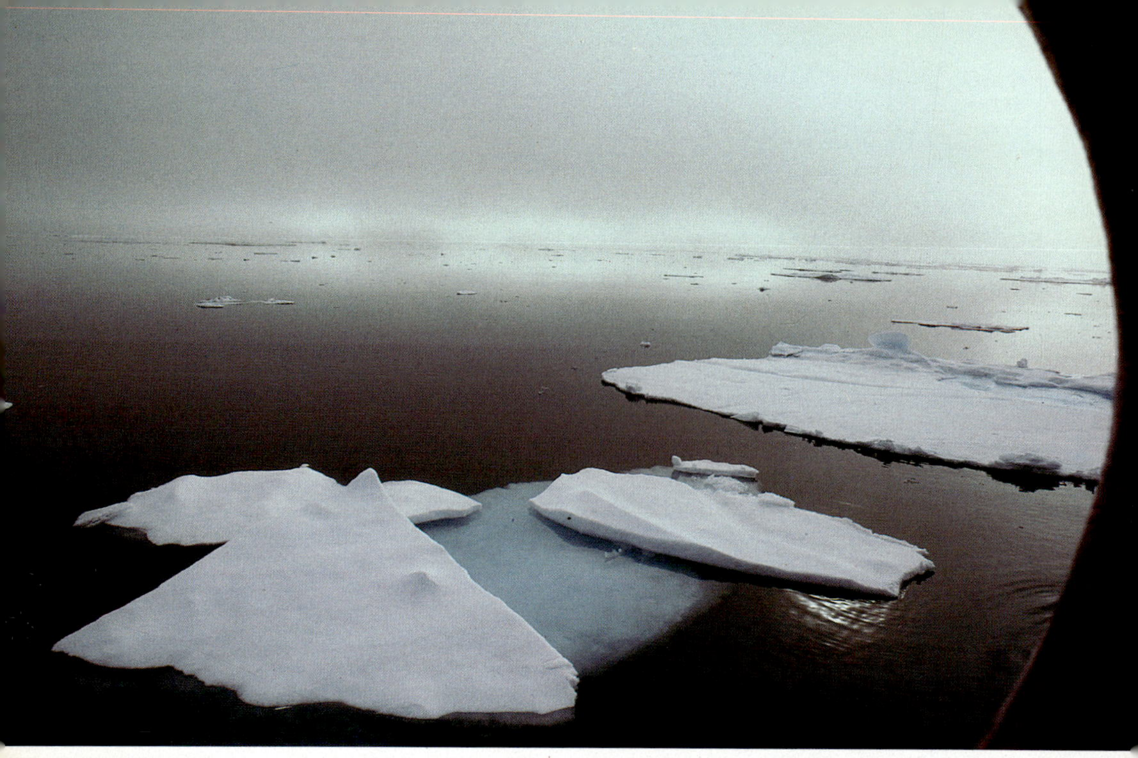

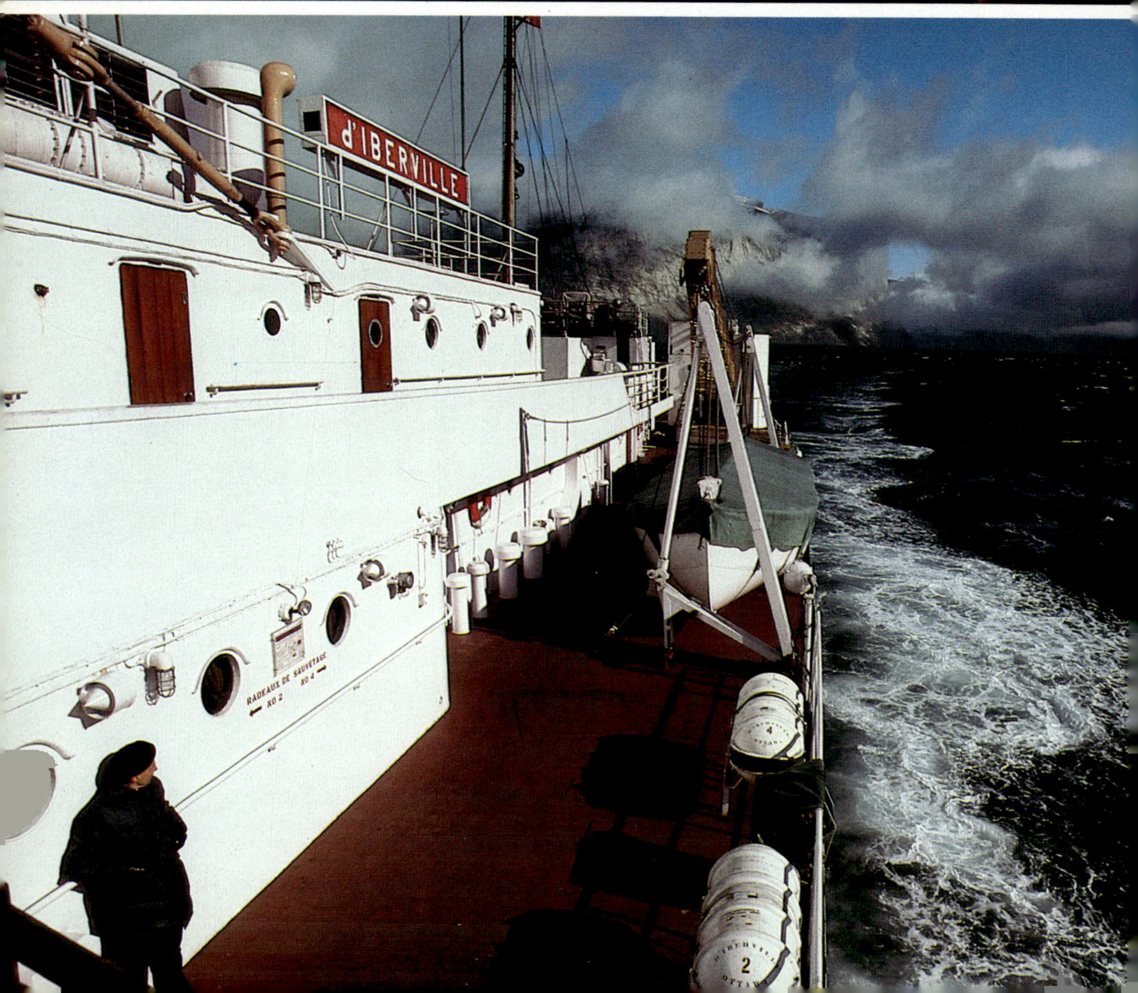
d'IBERVILLE
RADEAUX DE SAUVETAGE
NO 2 NO 4

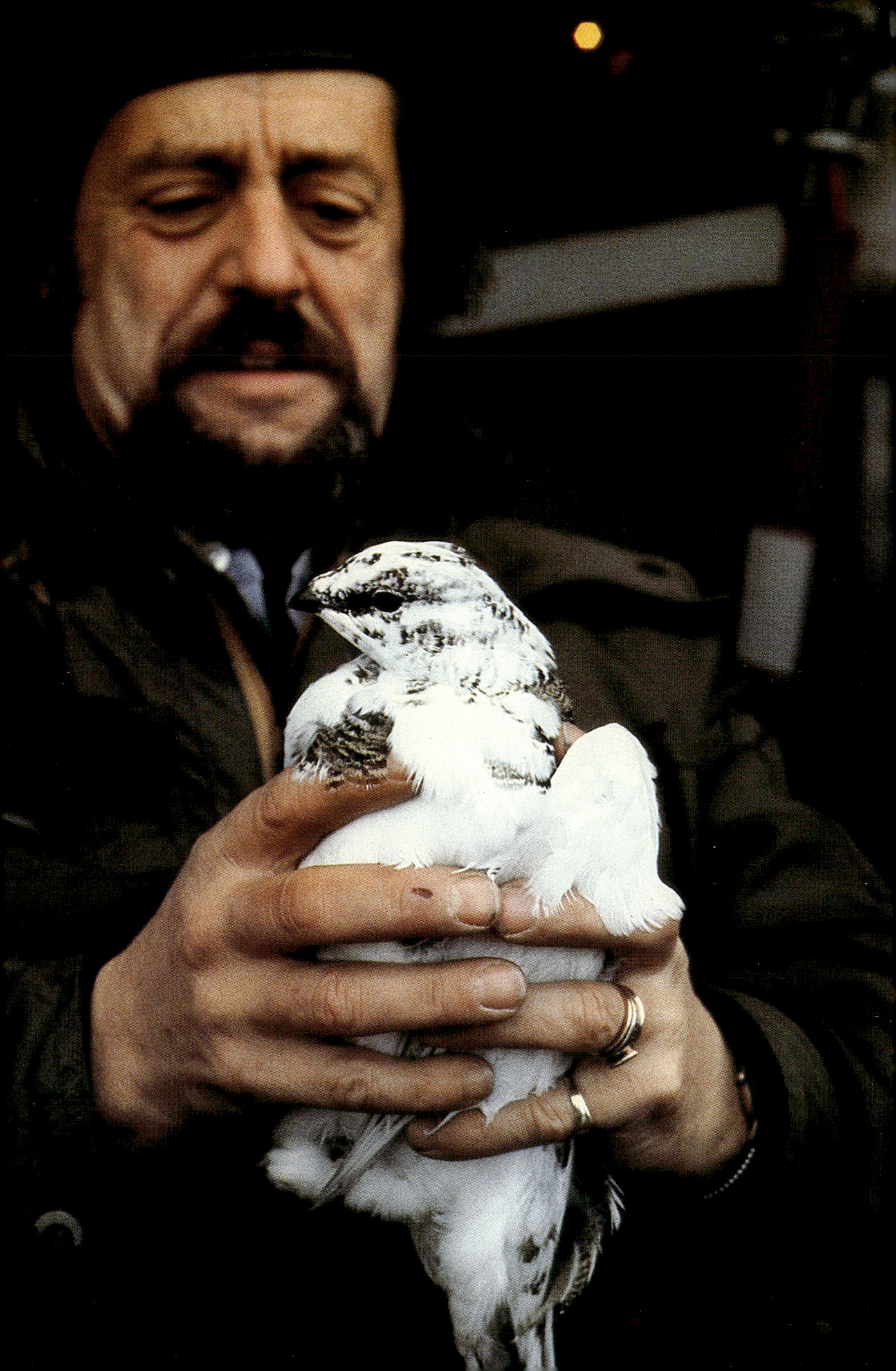

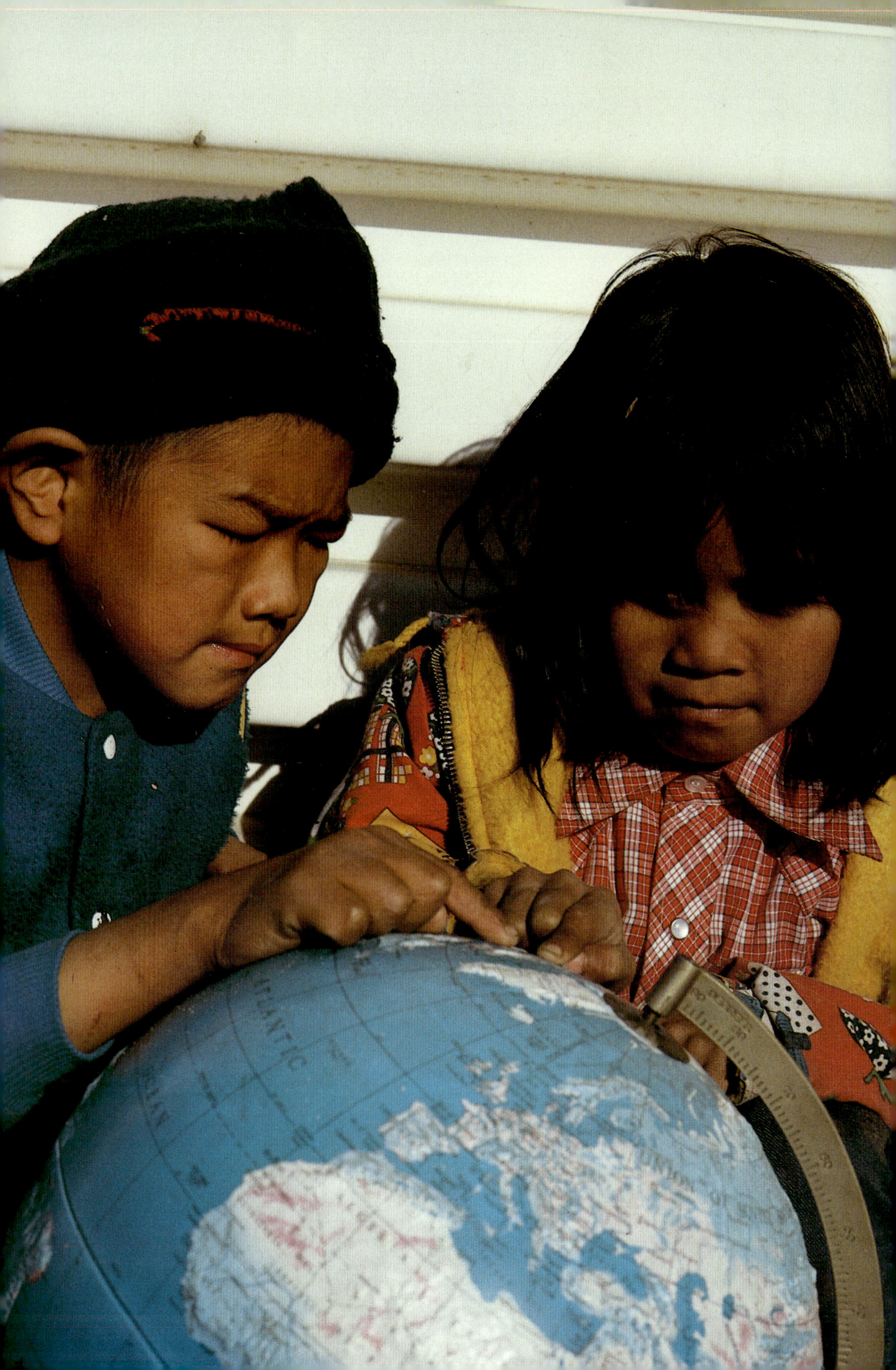
ATLANTIC

Partout, des peaux de phoque, tantôt tendues sur des cadres en bois, tantôt suspendues à une simple corde à linge par des pincettes. Les chiens font une telle sérénade qu'ils réveillent les Inuit sur mon passage. Que penser des maisons que les Blancs vendent ou louent aux Inuit? Le modèle courant (No 370) a été baptisé «boîte d'allumettes» — c'est tout dire! Ces habitations, mal adaptées aux latitudes nordiques, ne sont pourtant pas bon marché. Il est vrai qu'on est encore à la recherche de la maison idéale pour ce climat et qui tienne compte du style de vie de l'Inuk. «Les Blancs ont sorti les Esquimaux de leurs igloos et de leurs tentes de peau temporaires pour leur offrir des maisons... éphémères», relevait une journaliste de la revue *North/Nord*. Les Inuit réclament des maisons disposant de toilettes, d'eau courante et d'égouts, à un coût d'entretien en rapport avec leurs moyens et... qui durent au moins aussi longtemps que l'hypothèque!

Ne sachant au juste combien de temps va prendre le déchargement, je retourne à la barge. Le froid, qui est de moins quinze degrés, augmente avec le vent.

— Monte dans le pick-up, t'auras plus chaud.

La camionnette appartient au surveillant qui travaille pour le compte du gouvernement des Territoires du Nord-Ouest. C'est un Esquimau.

Comme le travail des matelots se prolonge, l'autochtone me propose de revenir au village. Nous croisons en chemin la demoiselle de la poste, une Allemande. Elle nous invite à lui rendre visite, le bâtiment de la poste abritant un très joli petit musée d'objets et d'histoire inuit. Au fond du village se dressent des constructions modernes, de style scandinave.

— C'est un hôtel pour les alpinistes qui viennent visiter le parc national, m'explique-t-elle, mais les visiteurs logent surtout en dehors du village, dans un camp à part.

Près du musée, j'aperçois mon premier inukshuk, sorte de monument fait d'un entassement de pierres qui affecte la forme d'un être humain. L'inukshuk, témoin silencieux d'une culture passée, servait à suppléer, pendant une chasse, le manque de chasseurs — mi-épouvantail, mi-rabatteur — placé stratégiquement pour effrayer les caribous et les faire fuir vers des gorges où les hommes les attendaient. L'inukshuk constituait aussi un point de repère pour les nomades. On dit qu'il aurait pu marquer

Pond Inlet. Quand la barrière de la langue demeure infranchissable, il reste les gestes, le regard et le sourire. Cela suffit souvent...

un lieu saint ou rendre hommage à un défunt. Le Canada a fait don d'un inukshuk au Palais de l'Europe, à Strasbourg.

En retournant à la barge, le surveillant stoppe brusquement son véhicule. Il en descend et s'approche à pas de loup d'une grosse pierre. Il me fait signe de ne pas bouger. Quelques secondes s'écoulent. L'homme est parfaitement immobile. Tout à coup, il plonge et se relève, rayonnant, tenant un oiseau dans les mains. Je me souviens alors d'un paragraphe d'un livre consacré aux Inuit et qui affirmait que ces chasseurs-nés étaient encore capables d'attraper des oiseaux. Chez nous, il n'y a que les chats qui y parviennent.

Le surveillant tenait sans doute à me démontrer de la sorte que son peuple n'avait pas encore perdu tout ce qui avait fait sa valeur et sa fantastique capacité d'adaptation à un milieu hostile à l'homme.

De retour au navire, Bob, le garçon de table, nous signale qu'il a gardé notre petit déjeuner au chaud et se propose de nous le servir. Le navire appareille; il est près de 11 heures. On dirait que ça secoue plus que d'habitude. Est-ce parce qu'il s'est allégé de son carburant et d'un important chargement?

Petites vagues et ciel austère. Si le vent continue à souffler nord-ouest, nous n'aurons bientôt plus de mer. Mais la côte du Labrador n'a pas dit son dernier mot.

En route pour Killinek (Port Burwell). Un message nous ordonne de passer par l'île Résolution pour y ajuster un radiophare qui émet trop faiblement. C'est pratiquement sur notre route; le détour est insignifiant. Vers midi, l'hélico s'envole, emportant l'électronicien. Le *D'Iberville* met en marche l'échosondeur pour l'ancrage.

Le deuxième officier me raconte que, cette nuit, pour la première fois du voyage, il a fait son relevé à l'aide des étoiles. Histoire de garder la main, surtout. Ce sont des étoiles très brillantes comme Jupiter, Bételgeuse, Deneb qui permettent de se guider.

— Monique, prends ton appareil, on a attrapé un oiseau!

Décidément, c'est la journée. Je cours sur le pont arrière. Les gars entourent leur bosco dont les mains soutiennent, plus qu'elles n'emprisonnent, une perdrix épuisée au très doux plumage blanc moucheté de brun. L'oiseau s'est échoué de lui-même sur le pont. Peut-être à cause de la force du vent qui souffle à 40 nœuds. Jean-René le relâche, mais la perdrix ne s'en va pas loin. Elle se perche au sommet de la grue. Les gars resteront là jusqu'à ce qu'elle ait de nouveau la force de reprendre sa route. Nous levons l'ancre, et l'oiseau ne bouge toujours pas.

Peu avant le souper, nous approchons de Port Burwell (60°25′ N, 64°48′ W), dernière halte dans les TNO. L'hélicoptère emporte les batteries qui serviront à renouveler les lumières pour les tout derniers navires de l'automne. Nous devons aussi récupérer du matériel à la station de radio côtière. Le commandant invite l'équipe de la station à bord pour le repas.

Les pauvres ne doivent pas avoir beaucoup de distractions: Port Burwell est l'un des postes les plus isolés. Les Esquimaux eux-mêmes n'y vivent plus depuis plusieurs années. Le site est difficile d'accès, et très brumeux. Situé au carrefour de trois frontières canadiennes: TNO, Québec et Labrador/Terre-Neuve — ce qui fait dire aux gars: «On arrive chez nous!» Les Québécois me font penser aux Suisses, qui sont citoyens de leur canton avant de l'être de leur pays.

En attendant que l'équipe de la station ait terminé son repas, nous entamons une partie de toc au salon. C'est le jeu en vogue ces jours-ci.

La table réunit le chef ingénieur, le commissaire, le chef officier. La quatrième place est tournante. Tantôt c'est l'opérateur radio, tantôt la journaliste, tantôt le troisième officier. Gaston arrive et ouvre son bar. Il est près de 20 heures.

Hier, le salon était morose, ce soir il est très vivant.

— Ouvre la vitre, ton cigare empeste.

Le troisième s'exécute aussitôt pour ne pas gâcher une si bonne atmosphère.

«Le chef officier est demandé pour l'ancre», communique l'interphone à travers tout le navire. Celui-ci cède sa place au jeu à contrecœur. Comme la conclusion de la partie est proche, nous décidons de l'attendre. Le commissaire lui-même s'est tellement pris au jeu qu'il retarde exceptionnellement le début de la projection du film. Mais les perdants exigent une revanche. Rendez-vous est pris pour la fin de soirée, après la séance de cinéma.

Il nous reste 1355 milles à parcourir — la distance qui sépare Port Burwell de notre base. Quatre à cinq jours de mer, pas plus; le premier officier a fait le calcul. A 21 heures, le livre de bord mentionne «Route au 000°». C'est-à-dire franc nord. C'est au moment où nous avons contourné l'île de Killinek, en passant entre celle-ci et les îles Button, que nous avons jeté notre dernier regard aux régions sises au-delà de la *treeline*, la limite des arbres.

Quand j'ouvre mes hublots, ce 26 septembre, la température me paraît si douce que je décide de m'habiller plus légèrement. Je ressors les vêtements que je portais en juillet dernier. C'est une nouvelle adaptation. La température se réchauffe chaque jour. Ceux qui nous ont prédit une bonne tempête au large du Labrador sont presque vexés. Pour un peu, on se croirait en Méditerranée.

Cette nuit, nous avons franchi le 60ᵉ parallèle et nous naviguons, depuis, en liaison avec ECAREG (Eastern Canadian Regulation), organisme qui s'occupe de la gestion du trafic maritime dans l'Est. Au-delà du 60ᵉ parallèle, il porte le nom de NORDREG. De même, depuis Killinek, le *D'Iberville* reçoit ses ordres de Québec et non plus d'Ottawa.

Vers 11 heures, nous sommes au large de Cap Uivak. Les matelots ont entrepris la toilette générale du *D'Iberville* et lavent les ponts et la structure à grande eau. La cheminée y passe aussi. Quant au charpentier, il laque les portes dont la teinte de bois naturel tranche sur le blanc des parois d'acier. Les laitons sont frottés, astiqués, les chiffons s'activent.

Nous pensons arriver dimanche, mais on ralentira probablement pour arriver le lendemain matin, plutôt que de nuit.

— Ce n'est pas drôle pour la femme de réveiller et d'habiller la marmaille au milieu de la nuit, m'explique le commandant. Ça pleure, c'est à moitié endormi. C'est pour ça qu'on s'arrange pour arriver au quai à une heure décente. D'ailleurs, pour les gars non plus, ce n'est pas gai d'arriver sur un quai désert. Et puis mieux vaut qu'ils débarquent reposés — quoique la dernière nuit, personne ne dorme beaucoup. Je sais bien qu'aux machines, les gars, pressés d'arriver, forcent un peu la vapeur, mais... je dois respecter l'heure que j'ai donnée aux douaniers, qui sont les premiers à venir à bord avec l'hélicoptère pour contrôler les marchandises sous douane, comme les alcools et les cigarettes.

Pour l'instant, le commandant retourne à sa paperasse dont il craint de ne pas voir le bout: rapports d'appréciation, rapport du voyage... Il n'a pas l'air d'aimer beaucoup ça. On n'exige pas des bureaucrates qu'ils connaissent la navigation, mais les navigateurs, eux, on les transforme de plus en plus en «paperassiers». C'est une rude épreuve pour les capitaines issus de la vieille école. Mais même les officiers qui ont fait le collège de la GCC trouvent que le travail administratif prend une trop grande importance. Ils n'ont guère envie de devenir des fonctionnaires.

Il fait gris depuis deux jours. On tue le temps. Moi, je le passe à écouter le plus possible ce que les gars ont encore à me dire.

Cet après-midi, par exemple, le capitaine m'a parlé de son père, charron, qui fabriquait traîneaux et charrettes en soignant les enjolivures. Maurice, le chef officier, appartient à l'une de ces nombreuses familles de marins du Saint-Laurent autrefois propriétaires d'un caboteur. Il a d'ailleurs failli naître à bord.

— On était trop individualistes. Nos bateaux, trop petits, n'étaient plus rentables. On aurait dû former des coopératives quand il en était encore temps. Mais nous avions toujours vécu ainsi et nous pensions que ça allait continuer encore longtemps. Des navires plus gros sont apparus qui ont entraîné la disparition des petits. C'est comme ça que j'en suis venu à naviguer d'abord pour des compagnies, puis pour le gouvernement, c'est-à-dire pour la Garde côtière. Je voyais les brise-glace jouer avec aisance dans le fleuve ou le golfe, alors que nous avions toutes les peines du monde à progresser dans la glace. C'est alors que je me suis dit: «Je vais aller sur ces bateaux.» Je ne le regrette pas. J'ai essayé de travailler un certain temps à terre, mais ça n'allait pas et je suis retourné à la vie de marin. Les bateaux, il n'y a que ça... Je connais mieux le Canada par la mer que sur terre.

On dirait que le soleil a été sensible à la mélancolie de notre conversation, car le voici qui réapparaît. On baisse les vitres de la passerelle. Les gars de quart sont en bras de chemise. Du fait de la grève tournante des stations côtières, on ne reçoit guère de nouvelles sur la position des autres navires. Avant, c'était le black-out solaire qui nous en privait.

Dans la matinée du 27 septembre, nous nous trouvons au large de Goose Bay. L'observatrice a annoncé du mauvais temps. Le léger roulis apparu dans la nuit s'amplifie. On prévoit un vent de 40 nœuds en fin de journée. Nous n'échapperons donc pas totalement au mal de mer! D'autant plus que, ce soir, nous devrions pénétrer dans le détroit de Belle-Isle.

Vers 13 heures, nous doublons Roundhill Island. Ça commence à balancer sérieusement. Toute une équipe s'amuse autour de la balance du cuisinier. Quatre-vingts kilos! Aïe, cinq de trop. Et moi? Soixante. C'est à peu près mon poids normal, je n'aurai pas trop d'efforts à faire en rentrant. D'autres, en revanche, vont devoir se serrer la ceinture.

Certains écoutent la radio de Terre-Neuve. Le bruit, la pollution et l'avalanche de mauvaises nouvelles ne vont pas tarder à nous tomber dessus. A 18 h 45, nous entrons dans le détroit.

Ça berce pas mal. A bâbord, les premières lumières s'allument. On aperçoit les premiers goélands terre-neuviens.

On reparle de la séquence du film *A nous deux* que le réalisateur français Claude Lelouch a tournée l'an dernier à bord du *D'Iberville*. Catherine Deneuve et Jacques Dutronc sont venus à bord. Les marins m'avaient prévenue et lorsque le film a été projeté, je suis allée le voir. En fait, on ne voit le bateau que quelques courts instants, à la fin du film, lorsque le couple tente d'échapper à l'Europe et qu'il débarque au Canada. Le commandant m'explique que Lelouch avait choisi le *D'Iberville* parce qu'il est l'un des derniers navires à posséder des hublots ronds, à l'ancienne, et non des vitres carrées.

C'était en hiver, sur le fleuve. Il a gardé une photo de l'actrice.

— Je n'étais pas ébloui du tout, se défend-il. Y a rien là. C'est peut-être une femme simple, avec des sentiments nobles, je ne peux pas dire, je ne la connais pas.

Il fait 12° vers midi, la température augmente graduellement. La dernière fois qu'on a eu 0° en pleine journée, c'était il y a quatre jours.

Mercredi, le navire a couvert 328 milles, jeudi 332 et le record du quart a été de 58 milles. L'officier en était fier. Un peu avant minuit, nous passons au large de Pointe-d'Amour. A l'aube, pluie fine, brume, petites crêtes.

L'officier en face de qui je déjeune n'a pas le cœur à rire.

— T'as pas l'air content!

— Je suis un peu déçu, j'espérais qu'on irait à Eureka (80° N). Je n'y suis jamais allé.

Un geste d'impuissance, et puis, très vite, parce que tout le monde ne pense plus qu'à ça, maintenant, il me parle du retour.

— Les familles attendent sur le quai, et ce sont les retrouvailles de gens qui se sont trop désirés. Chacun a pris d'autres habitudes, a appris à se passer des autres. La réadaptation peut demander deux ou trois semaines. Et alors, il faut repartir...

»Quand on est à terre, on en profite au maximum, surtout les premiers jours. Moi, je fête ça au champagne! Personnellement, j'aimerais bien rester à la maison dans mon fauteuil, mais ma femme, elle, a envie de sortir, d'aller au cinéma, au restaurant, au théâtre et il faut bien que je cède. On évite tous les sujets de dispute. Pendant quelques jours, c'est comme si on était revenus aux premiers temps de notre mariage. Pour moi, ça se passe plutôt bien, mais j'ai un ami dont la femme ne supportait absolument plus ses départs. Il a été forcé de chercher un bateau qui partait moins loin et moins longtemps.

— Et vous, vous n'avez jamais eu à choisir entre la mer et la famille?

— Non, heureusement. Mais je me suis souvent posé la question. Je crois que je choisirais la vie de marin... Ma femme le sait; elle n'oserait pas me demander de rester à terre.

— Vous n'avez pas l'air trop pressé de rentrer. Mais il y en a d'autres qui le sont!

— Oui, je sais. Depuis que le retour est annoncé, et en dépit des restrictions, les machines tournent plus vite. Les gars ne forcent pas la pompe, mais ils ont des trucs pour augmenter la qualité ou la quantité de la vapeur. Habituellement, quand on marche sur quatre chaudières, on fait 12 nœuds et demi. Aujourd'hui, sans que le vent ou le courant y soit pour quelque chose, on fait un demi-nœud de plus...

Les derniers milles...
à la seconde près

Samedi 29 septembre, nous sommes à la veille d'arriver. Plus que 350 milles et nous apercevrons le quai de la Reine. La côte, à tribord, se détache nettement avec ses feuillages roux d'automne qu'éclaire le jaune des mélèzes. Nous étions tellement habitués à la pierre nue, aux montagnes chauves, qu'on est presque surpris de voir tant d'arbres. Des lieux familiers aux marins défilent, Pointe-des-Monts et son phare, pointe Mistassini, pointe Paradis, pointe Mitis, Pointe-au-Père, île Blanche, Cap-au-Saumon, Pointe-au-Pic, Cap-aux-Oies.

Au large de Matane, nous avons croisé des bateaux de pêche à la crevette. La météo s'est totalement trompée dans ses prévisions, mais on ne lui en veut pas, il fait si beau.

Une espèce de fièvre s'est emparée du navire. L'atmosphère n'est plus la même. Les esprits sont déjà à Québec.

A la timonerie, les officiers sont en pleine discussion. Il s'agit de savoir qui va être de service durant les premières heures à quai. Celui qui n'est pas marié, le dernier arrivé, généralement le troisième officier, celui qui n'a pas d'enfants... Si l'on n'arrive pas à se mettre d'accord, on tire au sort. Antoine décide de se dévouer. De toute façon, c'est un homme que la solitude ne dérange guère. Il m'a expliqué un jour qu'après une longue absence, pour se réadapter, il allait d'abord vivre à la campagne, dans son chalet.

Pendant la nuit, le *D'Iberville* ralentit sensiblement sa course. Le commandant tient à arriver à l'heure dite. L'hélicoptère ira chercher le douanier et le courrier vers 6 h 30. La dernière nuit, tout le monde dort mal et peu.

A la veillée, Gaston, l'adjoint au commissaire, récolte des paris.
— Ça t'intéresse, Monique?
— Qu'est-ce que c'est, au juste?
— Une tradition, au retour. Il s'agit de dire à quelle heure on passera sous la ligne à haute tension de l'Hydro — tu sais, la ligne électrique qui vient de la Manic, et qui traverse le fleuve entre Saint-Laurent et Sainte-Pétronille, les deux villages sur la côte sud de l'île d'Orléans, juste avant d'arriver à Québec.

Au moment où le navire passe au-dessous, on regarde l'heure au SAT/NAV, à la seconde près. Le gars qui s'en approche le plus rafle toutes les mises.

Dans un moment de tension comme celui de l'arrivée, à quelques minutes du débarquement, le jeu occupe les esprits et les distrait de l'angoisse, de la nervosité. «La minute d'arrivée» — c'est le nom du jeu — est du reste bien antérieure à l'existence de la ligne à haute tension de l'Hydro-Québec. Avant que celle-ci ne soit installée, on prenait comme référence l'heure exacte de la première amarre lancée au quai. Gaston récolte un dollar par personne, et fait inscrire à chacun son nom dans les cases aménagées à cet effet sur une grande montre dessinée sur un carton. Chaque case représente une des soixante minutes. Le commandant, assisté d'un officier, signale l'instant précis où la timonerie passe sous la fameuse ligne. Simultanément, l'opérateur radio et l'officier de quart stoppent l'heure au SAT/NAV et transmettent le résultat à Gaston, qui décachette alors sa grande montre en carton et annonce par l'interphone le nom du gagnant.

C'est à partir de la dernière veillée qu'on sent que rien n'est plus pareil à bord.

Vers 4 heures, le dimanche 30 septembre, jour de notre arrivée à Québec, la vitesse est réduite à 3 nœuds. Nous sommes au large de Saint-Jean, sur l'île d'Orléans. Comme nous sommes en avance sur l'horaire, le commandant actionne le télégraphe sur *slow*. Hier soir, Pauline, qui était de quart pendant le 8-12, me disait que nous faisions encore 14 nœuds au large de Tadoussac, à l'embouchure du Saguenay. La marée était montante, donc dans le sens de notre marche.

Je me lève vers 6 heures, et presque aussitôt l'interphone annonce que nous allons passer sous la ligne à haute tension. La plupart des gars montent sur le pont. Je grimpe quatre à quatre à la timonerie. Tous les yeux sont braqués sur les fils électriques. Le commandant déclenche le top et l'opérateur note l'heure: 6 h 53′ 45″. Voilà qui est précis. L'heure par satellite, personne ne peut la contester. Il y a deux gagnants, le commissaire et un matelot. Ils vont se partager les 80 dollars.

Au petit déjeuner, on manque plutôt d'appétit. Bob, le garçon, tente d'égayer son monde en mettant la radio, mais on l'écoute d'autant moins que c'est un paquet de mauvaises nouvelles qui jaillit du poste, et qu'on en a perdu l'habitude. Il est question du danger que représentent pour l'environnement les pluies acides. Les pays touchés tentent de réagir. Les rejets d'anhydride sulfureux imputables avant tout à la combustion du charbon et des huiles de chauffage sont l'une des grandes causes de l'acidité des précipitations. Tout aussi fautif est le groupe des oxydes d'azote qui proviennent en majeure partie des véhicules à moteur. Les arbres, les sols, les nappes phréatiques, les lacs et les poissons notamment sont atteints. Et, au bout de la chaîne, nous tous.

— Ferme ça, Bob, c'est insupportable!

Encore quelques précieuses minutes, protégées du monde et de ses émanations nocives...

Nous apercevons Lévis et Lauzon. Chacun parle de ce qu'il va faire dans les heures qui viennent. On se demande quelles familles seront là, à attendre, et lesquelles n'y seront pas. Inquiétude, appréhension, joie contenue.

La journée s'annonce maussade et brumeuse. Tout le contraire d'hier. Les officiers sont en tenue No 1. Le commandant arpente la timonerie. La nervosité est générale. L'hélico est revenu à bord avec le douanier... et le courrier. Certains ont reçu dix lettres!

L'arrivée

Cap Diamant endormi, le château Frontenac, les buildings encore illuminés dans l'aube grise, et le quai, maintenant visible. Tous ceux qui n'ont rien de particulier à faire sont sur le pont à tribord. Chacun scrute le quai en espérant reconnaître les siens. Ça parle fort, plus fort que d'habitude.

Le *D'Iberville* s'approche du quai et vient se ranger à hauteur de la section 97. La première amarre est lancée à 8 h 05.

Le voyage du Nord s'achève: 9970 milles en un peu plus de deux mois. Habituellement, un voyage moyen varie de 10 000 à 15 000 milles. Le *D'Iberville* a accompli une fois 18 000 milles dans un voyage du Nord. Le *Radisson*, qui va passer en tout cinq mois dans l'Arctique cette année, accomplira un périple de 16 500 milles. Parti le 30 juin, il reviendra le 25 novembre. Nous ne sommes cependant pas les premiers à rentrer; le *Bernier* nous a précédés de quelques jours.

Les amarres fixées, la passerelle vient relier le navire au quai. De part et d'autre, on s'interpelle, des plaisanteries fusent. Dans quelques minutes à peine, les premières familles grimperont à bord. Tous les marins ne sont pas attendus.

Certains préfèrent que les retrouvailles se passent ailleurs. Je ne sais pas ce que ressentent les gars, mais moi, j'ai le désagréable sentiment d'être envahie; toute une population se répand dans le brise-glace. Si je le pouvais, je m'enfermerais volontiers dans ma cabine pour ne voir personne.

C'est un moment extrêmement pénible, mais heureusement assez court. Le navire se vide rapidement. Tous sont pressés de rentrer chez eux.

Je me réfugie à la timonerie dans l'espoir de partager ce moment difficile avec d'autres. Le groupe que nous formions jusqu'alors éclate. C'est dans l'ordre des choses.

— Monique, je vous présente ma femme, mes enfants...

Les enfants en question courent en tous sens, plongent la tête dans le radar. Partout, des visages bouleversés par une joie trop grande.

L'officier de service arrête le gyrocompas, coupe le courant électrique. A quai, il ne fonctionne pas, le SAT/NAV non plus. Autre opération d'urgence, on branche le téléphone. Inutile de dire qu'il est pris d'assaut.

J'ai cessé de prendre des photos à l'instant où le *D'Iberville* a touché le quai. C'est fini, je ne peux plus. Pudeur, peut-être. Désir de laisser ces gens à leurs effusions, à leurs sentiments, à leur vie. Je m'en veux parfois de cette sensiblerie.

Cheryl, les timoniers et l'officier de service restent bientôt les seuls sur la passerelle. Je vais leur préparer du café.

Dans le couloir, j'indique à une femme l'emplacement de la cabine de son mari. Ça y est, ça revient lentement. J'arrive à parler normalement à ces Martiens que sont devenus pour moi les Terriens. Après tout, ce n'est pas leur faute si nous avons décroché un peu...

Il n'empêche que cette brusque dépossession du navire — pour ceux qui restent à bord — est assez désagréable, dérangeante en tout cas. Ça monte et ça descend sur la passerelle. On charge les voitures de tous les bagages et elles quittent lentement le quai. Moins de dix personnes demeureront à bord ce premier dimanche, réparties entre la timonerie, les machines et la cuisine. Leurs familles savent à l'avance qu'ils vont être retenus à bord, soit parce que les marins les ont prévenues par lettre, soit parce qu'elles ont elles-mêmes téléphoné au bureau de la Garde côtière pour s'informer. Le téléphone rouge entre les femmes de marins fonctionne, paraît-il, très bien. Ces dames s'organisent...

Au repas de midi, ce sont des étrangers qui occupent la plupart des tables: la famille, les amis des gens qui sont restés à bord. Pour la première fois, je branche mon ventilateur. Il fait si chaud: 17 degrés! Chaud et humide. Je vais dormir en attendant que tout se tasse un peu. J'ai demandé à pouvoir rester une petite semaine encore à bord. Je n'éprouve aucune envie de débarquer. Je voudrais profiter encore quelques heures de cette vie que je vais quitter pour toujours.

Vers le soir, pourtant, je me force à sortir. Une petite balade jusqu'au sommet de la falaise. Marcher sur un sol ferme exige un nouvel équilibre. La circulation, la foule, les lumières, le bruit. Arrivée au château Frontenac, je suis incapable de rester plus de cinq minutes. Dans les salles, des gens chics se croisent, parlent, s'agitent. Vite, de l'air! Comme je redescends vers le navire, je croise des gars de l'équipage.

— Tu rentres déjà?

Décidément, il me faudra pas mal de temps pour me réadapter et de toute façon je ne pourrai plus empêcher que des images captées dans l'Arctique et en mer ne viennent se surimpressionner de temps en temps sur ma rétine — et c'est tant mieux. La nuit, je suis obligée d'ouvrir plusieurs hublots pour rafraîchir la cabine. La lune brille sur le fleuve et sur le *D'Iberville* silencieux et désert. Seul l'homme de vigie veille en haut de la passerelle. C'est presque réconfortant de le savoir là. Je me suis réconciliée avec M^r· CIA.

Certes, je pourrais aller à l'hôtel; c'est même ce que tout le monde s'attendait à me voir faire, mais j'ai tellement pris l'habitude du navire que j'ai l'impression d'y être chez moi.

Après plus de cent jours au large, quelques jours de transition me sont absolument nécessaires. Les marins, dont c'est pourtant le métier, ne m'ont-ils pas confié qu'ils ne s'habituaient ni aux départs ni aux arrivées!

Le deuxième jour, la vie se réorganise à bord. Ceux qui étaient retournés chez eux sont là à l'heure du petit déjeuner, en civil.

— On n'est pas encore tout à fait à terre, me dit un gars.

Le cul entre deux chaises, sans doute, comme moi. Le commandant est plongé dans sa paperasse, il reçoit ses patrons qui descendent du bureau de la Garde côtière, situé en ville, pour lui rendre visite à bord. Il doit rendre des comptes. Le chef officier, lui aussi, est pris par les papiers, les réparations à effectuer, le personnel. Nous sommes passés du régime des quarts aux journées de huit heures continues. Le soir, les gars rentrent chez eux. Pour les timoniers aussi, le système change.

— Le quart de jour est épuisant, me dit l'un d'eux. On passe son temps à répondre au téléphone. La nuit c'est plus tranquille. Certains gars ont quitté le navire.

Aujourd'hui, j'arrive à rester en ville plus longtemps. Le soleil est revenu. Je suis invitée à souper chez l'un des marins qui veut me présenter sa famille. De retour au bateau, je contemple le fleuve. Des navires battant pavillon du monde entier glissent sur l'eau silencieuse et noire.

De nouveaux matelots ont embarqué. J'en reconnais quelques-uns.

— Alors, vous avez fait le voyage?
— Oui, et entier cette fois-ci!
— Et comment avez-vous trouvé ça?
— Il me faudrait tout un livre pour vous répondre...

ANNEXE 1

Historique des brise-glace de la Garde côtière canadienne

Le premier brise-glace canadien, le *Northern-Light*, a été mis en service en 1876 à l'Ile-du-Prince-Edouard, qui venait d'entrer dans la Confédération. Ce navire en bois, doté d'une machine *compound* à vapeur d'une puissance de 120 CV, avait pour mission de relier l'île au continent dont elle était coupée au plus fort de l'hiver par les glaces. Le *Northern-Light* fut remplacé en 1888 par le *Stanley* (coque en acier, vapeur, à triple détente, 2300 CVI) et, douze ans plus tard, par le *Minto* (2900 CVI), et enfin, en 1909, par l'*Earl-Grey*, à deux hélices, d'une puissance de 6500 CVI. Ce n'est qu'en 1904 qu'on passa commande de deux brise-glace destinés au Saint-Laurent: le *Champlain* (compound, 840 CVI) et le *Montcalm I* (vapeur, à triple détente, 3600 CVI).

Le *Lady-Grey* (1906), le *Mikula* (1916), le *Saurel* (1929), le *N.-B.-McLean* (1930) et enfin l'*Ernest-Lapointe* (1940) sont venus relayer ces pionniers. Après la Deuxième Guerre mondiale, l'intérêt accru pour l'Arctique, pour des raisons stratégiques (ligne DEW) et économiques (richesses minières) auxquelles s'ajoutent aujourd'hui des raisons écologiques, a fait naître une nouvelle catégorie de brise-glace polaires, inaugurée en 1950 avec le *C.-D.-Howe* (vapeur, type *uniflow*, 400 CVI). En 1953, enfin, la GCC pouvait se flatter d'avoir mis à l'eau l'un des plus gros brise-glace du monde, le *D'Iberville* (deux hélices, à vapeur, type *uniflow*, 10 800 CVI), dont la carrière allait durer vingt-neuf ans. Equipé pour transformer l'eau de mer en eau douce, le *D'Iberville* mesure 94,64 m de long sur 20,27 de large avec un tirant d'eau de 7,92 m et une puissance de 10 800 CV. Autonomie: 15 000 milles. Tonnage: 10 089 tonnes métriques.

Le «roi des mers du Nord», comme on l'appelait alors, fut envoyé en Grande-Bretagne dès sa mise à l'eau pour assister au couronnement de la reine Elisabeth II. Il y représentait le Canada maritime. Six ans plus tard, en 1959, le *D'Iberville* était le premier navire à pénétrer dans la Voie maritime du Saint-Laurent par l'écluse de Saint-Lambert. Cette année-là, c'est la reine qui traversa l'Atlantique pour venir inaugurer la Voie en compagnie du président des Etats-Unis de l'époque, Dwight D. Eisenhower.

En 1957, le *Montcalm II* (deux hélices, vapeur, type *uniflow*, 4000 CVI) vient renforcer l'effectif, de même que le *J.-E.-Bernier* (deux hélices, diesel-électrique, 4250 CVI) en 1967. Deux ans plus tard, c'est au tour du *Norman-McLeod-Rogers* (deux hélices, diesel-électrique, 12 000 CVI). Cela pour ne citer que les brise-glace basés à Québec.

A Vancouver, deux brise-glace jumeaux sont en construction, le *Pierre-Radisson* et le *Franklin*, en tout point identiques, et l'on prévoit déjà le remplacement du *D'Iberville* par le *Des-Groseilliers*, semblable au *Radisson* et au *Franklin*. Ce sont des navires de 98 m sur 19, avec un tirant d'eau de 7,6 m et une puissance de 13 600 CV, capables de traverser une glace non recouverte de neige d'un mètre d'épaisseur, jaugeant 6600 tonnes et disposant d'une autonomie de 15 000 milles nautiques. Leur équipage n'excédera pas 55 personnes et leur vitesse 16 nœuds.

Contrairement aux Russes et aux Américains, le Canada ne possède pas de brise-glace à propulsion nucléaire, bien que des plans pour un brise-glace atomique aient été étudiés.

La Garde côtière canadienne dispose actuellement de navires lourds, comme le *Louis-S.-Saint-Laurent* (24 000 CV) basé à Halifax, le *John-A.-MacDonald* (15 000 CV) et le *Labrador* (10 000 CV). Québec possède dans cette même catégorie le *D'Iberville* (10 800 CV), le *Norman-McLeod-Rogers* (12 000 CV), et le *N.-B.-McLean* (6500 CV), ce vétéran des glaces qui, avec ses cinquante ans d'âge, est arrivé en fin de parcours. Il s'agit là d'un record de longévité pour un brise-glace, dont la vie moyenne est de vingt à vingt-cinq ans.

Viennent ensuite les brise-glace moyens comme le *J.-E.-Bernier* (4250 CV) — du nom de ce capitaine canadien français qui a glorieusement patrouillé dans l'Arctique au début du siècle, ou le *Montcalm II* (4000 CV), basés à Québec, le *Camsell* (4250 CV) basé à Victoria, sur la côte ouest, ou le *Sir-A.-Gilbert* (4250 CV) basé à Saint-Jean de Terre-Neuve. Il existe enfin des brise-glace légers, comme le *Simon-Fraser* (2900 CV), le *Tracy* (2000 CV), le *Montmagny* (1050 CV), tous à Québec, sans oublier les griffons, en service sur les Grands-Lacs.

Deux brise-glace sont actuellement en construction à Vancouver. Québec héritera de l'un d'eux, le *Pierre-Radisson* (deux hélices, diesel-électrique, 13 600 CV). Son jumeau, le *Franklin*, sera affecté à Terre-Neuve.

Toujours plus perfectionnés, ces navires coûtent aussi toujours plus cher. Ceux qui sont en cours de construction sur la côte ouest reviendront à 47 millions de dollars canadiens chacun, soit le triple de ce qu'avait coûté le *Rogers*, il y a dix ans, à sa sortie du chantier de la Canadian Vickers, à Montréal.

Alors qu'à l'Ile-du-Prince-Edouard, au siècle dernier, il s'agissait d'assurer le transport des passagers et des marchandises, sur le fleuve, les brise-glace allaient s'attacher avant tout à rompre la glace pour permettre le libre écoulement des eaux. On espérait éviter ainsi les inondations catastrophiques du printemps. En dégageant le chenal, les brise-glace facilitaient du même coup le passage des autres navires.

Les brise-glace travaillent seuls ou en couple, en fonction des difficultés. Par exemple, lorsqu'un embâcle s'étend sur plusieurs kilomètres. Dans les cas exceptionnels, il arrive même qu'on fasse appel aux brise-glace basés dans les Provinces Maritimes.

Conçu pour affronter la glace, un brise-glace peut néanmoins y rester coincé lui aussi. C'est pourquoi il est équipé de réservoirs de bande et d'assiette. Des pompes puissantes transfèrent l'eau d'un côté à l'autre, ou bien de l'avant vers l'arrière, selon qu'on désire provoquer un mouvement de roulis ou corriger l'assiette du navire, qui peut ainsi se dégager par ses propres moyens.

Le *Norman-McLeod-Rogers*, du nom d'un ministre canadien en fonctions durant la Deuxième Guerre mondiale, mesure 90 m (295 pieds) de long sur 19 (62,50 pieds) de large. Son tirant d'eau est de 6 m (20 pieds).

Il est mû par propulsion diesel-électrique et turbines à gaz, et ses huit génératrices actionnent deux moteurs qui font tourner les hélices. Sa puissance de 12 000 CV lui permet de passer sans s'arrêter à travers une glace de 60 cm d'épaisseur. Sa vitesse maximale est de 15 nœuds. A pleine charge, le *Rogers* déplace 6500 tonnes métriques. Il faut habituellement deux heures au *Rogers* pour quitter le quai. En cas d'urgence, on peut réduire les préparatifs à vingt minutes. Mais le système de démarrage des turbines étant électronique, il y a néanmoins des séquences à respecter.

Lancé en 1969, le *Rogers* a coûté la bagatelle de 17 millions de dollars canadiens. Sa construction a duré deux ans. Opérationnel douze mois par an, sauf en cas de réparations, son budget annuel est estimé à 2 300 000 dollars. Le fonctionnement de tels navires en divers points du Canada (côte ouest, Grands-Lacs, Saint-Laurent, Terre-Neuve et Provinces Maritimes) aboutit à des coûts assez élevés, mais néanmoins très inférieurs à ceux des dommages qu'ils permettent d'éviter.

Extérieurement, un brise-glace ne se distingue en rien d'un autre navire. Les caractéristiques qui font son efficacité dans la glace sont internes: renforcement de la coque à l'avant (fer plus épais à l'étrave, poutres de la membrure très rapprochées) et une machinerie plus puissante que celle d'un navire ordinaire de même tonnage. C'est avec son poids et sa puissance qu'il fait céder la glace lorsqu'il monte sur elle pour l'écraser. Ses deux hélices broient ensuite les morceaux. Il va sans dire que le gouvernail est spécialement protégé. Arbres et hélices, pour leur part, ont été conçus pour résister aux formidables chocs produits par des arrêts brusques dans la glace.

Il y a quatre stades de formation de la glace. La glace dite nouvelle (frasil, glace pelliculaire, slush et shuga), la jeune glace, couche de couleur grise ou blanchâtre de 30 cm d'épaisseur maximum, la glace de l'année qui n'a pas plus d'un hiver, plus épaisse que la jeune glace, et la vieille glace qui, elle, a résisté à la fonte d'au moins un été et peut atteindre deux mètres et plus.

L'*ice blink*, ou lueur des glaces, phénomène courant sous ces latitudes, est produite par l'éclairement des nuages qui se trouvent juste au-dessus d'une zone étendue de glace. Cette réflexion lumineuse particulièrement intense prévient les navigateurs de ce qui les attend. La luminosité augmente encore s'il a neigé.

En août-septembre, l'Arctique est praticable, mais les derniers navires à quitter cette région, l'automne, ont fait l'expérience du givre. La superstructure peut givrer terriblement selon les vents, et la stabilité du navire peut s'en trouver affectée. Toutes sortes de phénomènes atmosphériques sont en rapport avec la présence des glaces et fournissent de précieuses indications au navigateur qui sait les décoder. Certes, les navires sont équipés d'instruments ultraperfectionnés, mais la glace constitue une mauvaise cible radar au-delà de trois ou quatre milles. En outre, l'image radar demande à être correctement interprétée, car les zones d'eau libre et les floes au relief doux forment des traces similaires sur l'écran et l'opérateur peut les confondre.

Un *bergy-bit*, par exemple, avec sa surface rendue lisse par l'érosion de l'eau, n'offre qu'une cible médiocre au radar. S'il y a en plus un peu de vague, on peut ne pas soupçonner la présence de ces blocs qui sont capables d'endommager sérieusement la coque ou l'appareil à gouverner.

Quant à la couleur des glaces, elle varie suivant leur âge. La «première année» est grisâtre et celle de plusieurs années est bleue, presque turquoise. Les bourguignons (blocs de glace) sont de couleur verte, presque noire. Tout comme les *bergy-bits*, ils se sont détachés d'un glacier.

En 1962, la flotte du Ministère des transports, appelée pendant longtemps Service maritime du Canada, change de nom pour devenir la Garde côtière canadienne (GCC). Depuis 1880, date à laquelle les Anglais cédèrent aux Canadiens tout l'archipel arctique contenu entre le Grœnland (danois) et l'Alaska (américain), le Canada a mis sur pied des patrouilles pour le Grand-Nord, chargées de missions qui se sont multipliées avec les années: ravitaillement des collectivités civiles et militaires, escorte de navires, qu'il s'agisse des pétroliers ou des cargos qui apportent des marchandises et repartent avec du minerai, soutien aux missions scientifiques, travaux d'hydrographie, sondage des côtes, observations météorologiques, installation et entretien des aides à la navigation, surveillance de la pollution... En même temps, les brise-glace assurent la souveraineté canadienne sur cette partie du pays.

Pour venir à bout d'un aussi vaste territoire, la Garde côtière l'a scindé en cinq régions: l'Ouest (Vancouver), le Centre (Toronto, les Grands-Lacs), les Laurentides (Québec) — chargée en été de toute la côte est de l'Arctique, y compris le détroit et la baie d'Hudson — Terre-Neuve (Saint-Jean) et les Maritimes (Dartmouth).

Les brise-glace ne constituent qu'une unité de la GCC, mais ils en sont à la fois l'orgueil et le fer de lance.

De tout temps, en effet, le passage du Nord-Ouest — cette voie maritime encombrée de glaces qui relie la mer de Baffin à celle de Beaufort — a défié les navigateurs. Le premier à l'avoir franchi d'est en ouest dans sa totalité est un jeune Norvégien, Roald Amundsen, entre 1903 et 1905, à bord du *Gjöa*, un cotre (ancien harenguier) de 47 tonnes, doté d'un moteur auxiliaire à pétrole. D'autres après lui ont affronté le Nord, son climat, ses glaces. En 1942, le sergent Henry Larsen (Norvégien d'origine) est le premier à avoir franchi le passage d'ouest en est à bord de la goélette *Saint-Roch* de la Gendarmerie royale du Canada. Après avoir accompli le trajet Vancouver-Halifax (Nouvelle-Ecosse), il a refait le trajet inverse en 1944, et cette fois en quelques semaines. Nous ne retiendrons ici que quelques dates essentielles, car le passage du Nord-Ouest a déjà fait l'objet de nombreux ouvrages. En 1954, le brise-glace *Labrador*, 6500 tonnes, a passé en soixante-huit jours. Armé par la marine royale du Canada, il était commandé par le capitaine O.C.S. Robertson. Enfin, en 1969, le superpétrolier brise-glace américain *Manhattan*, 150 000 tonnes, muni d'une étrave spéciale et escorté par le brise-glace canadien *John-A.-MacDonald*, de la GCC, a fait l'aller et retour en une saison par le détroit du Prince-de-Galles, après avoir vainement tenté de passer par celui de McClure. Dans les parages, envahis de vieilles glaces, il gèle dès la fin août. Depuis, pratiquement tous les brise-glace lourds de la GCC ont franchi au moins une fois ce passage.

Jusqu'ici, quatre voies différentes ont été utilisées. Néanmoins, certains détroits sont gelés presque toute l'année et par conséquent non navigables, même pour des brise-glace. Le dégel ne dépend pas seulement de la température, mais plus encore de la force et de la direction des vents. A l'ouest de Resolute, l'état des glaces, la mauvaise visibilité et l'absence de cartes détaillées rendent la navigation périlleuse. Encore aujourd'hui, rares sont les navires qui franchissent le passage du Nord-Ouest dans sa totalité. Ce n'est pas encore la Manche!

ANNEXE 2

Les métiers du bord

En cet été de 1978, le commandant du *D'Iberville* accomplit son vingt-troisième voyage.

— Jamais le même, précise Paul. A commencer par la durée qui peut varier entre deux et quatre mois et demi. Il y a toujours quelque chose de différent, la course, les tâches à remplir, les lieux qu'on visite... Et puis les conditions de glace non plus ne sont jamais les mêmes. En 1977, c'était idéal, il n'y en avait presque pas, excepté à l'ouest des côtes de Baffin. Cet été, au contraire, elle ne fondra pas toute, et l'an prochain ce sera pour nous de la glace de deuxième année.

»C'est par le QG d'Ottawa que nous parviennent les cartes que l'observateur de glace analyse avant de les soumettre au navigateur qui les utilise pour tracer sa course. L'épaisseur de la glace, la quantité, les vents, tout entre en ligne de compte. On est dans la glace sept à huit mois par an, finalement.»

Le commandant du D'Iberville

— Qu'est-ce que c'est, être commandant, aujourd'hui?
— Je ne suis qu'un pion sur l'échiquier. Je dois à la fois entretenir de bonnes relations avec l'équipage et plaire à mes patrons. J'ai un devoir à accomplir, mais je m'efforce de rendre la vie à bord aussi attrayante que possible.
— Et la hiérarchie à bord?
— Je n'emploierais pas ce mot-là. Nous formons un groupe; un groupe avec un leader peut-être — et c'est ma fonction. J'ai commencé au bas de l'échelle, comme matelot. Puis on m'a offert un poste d'apprenti mécanicien, pendant quatre mois. Je n'ai pas aimé ça. Pas de lumière, toujours enfermé, on ne voit pas ce qui se passe dehors. Je suis revenu sur le pont et j'ai gravi un à un les échelons. J'ai pris des cours pour devenir officier et ainsi de suite.
— Mais comment devient-on commandant?
— Il faut un brevet. Mais ce n'est pas suffisant; reste à obtenir un poste. Entre-temps, on acquiert de l'expérience, et si un commandant part, on postule. On commence sur un petit navire, et puis il faut attendre les déplacements, les promotions, les mutations, qui dépendent du comité de sélection.
»Quand un poste se libère, on analyse vos appréciations annuelles, on vous questionne et vous devez atteindre un certain nombre de points. Si vous êtes le meilleur des candidats, c'est vous qui avez le poste. Actuellement, la plupart des commandants ont environ la quarantaine. Ils se retireront vers 55-60 ans. Ceux qui attendent vont avoir quinze années à passer, à désirer, à jalouser, à apprendre à aimer.»

— Vous avez attendu combien de temps?
— J'ai eu de la chance. Mais plus jeune, je me demande si j'aurais eu suffisamment de maturité.
— Vous êtes né sur le bord du fleuve, comme beaucoup, vous aimez la mer, les navires. Mais qu'est-ce qui vous retient dans la Garde côtière?
— Le service à la communauté, je crois. J'aime cette idée. Ici, je me sens utile. Et puis, j'ai vu un peu de tout. J'ai vu des navires pris dans la glace, avariés par la glace, couler dans l'Arctique. C'est une terre aride, déserte, réfrigérante. Si vous avez l'occasion de la survoler, vous verrez, on se sent pris, isolé. C'est pire que sur l'eau.
— Vous êtes aussi responsable du carburant du navire?
— Oui, ça entre dans mes fonctions. Le *D'Iberville* a huit bouilloires. Chacune contient six feux qui consomment, au total, 156 tonnes de mazout par jour. Dans l'Arctique, les brise-glace sont ravitaillés par un pétrolier après quelques semaines.
— Il y a huit cadets à bord. Leur comportement vous rappelle-t-il le vôtre à leur âge?
— C'est leur première année, il est donc trop tôt pour porter un jugement. Mais à les voir, on sait déjà ceux qui sont intéressés et ceux qui le sont moins.
— Maintenant qu'il y a un collège officiel, la formation sur le tas est-elle encore possible?
— Depuis 1980, seuls ceux qui sortiront de Sydney pourront devenir officiers. Ça n'empêche pas ceux qui naviguent pour nous en ce moment de fréquenter d'autres écoles comme Québec, Rimouski, Montréal. Et puis, il y a beaucoup de travail dans le secteur commercial, la Garde côtière n'est pas tout. Il y a tellement de beaux navires partout. Moi, j'ai commencé ici et j'y suis resté. C'est une place sûre. Mais si c'était à recommencer...
— Vous opteriez pour la marine marchande?
— Peut-être. Elle offre plus de diversité dans les navires. Ils renouvellent sans cesse leur flotte.
— A l'heure actuelle, quel est le pays qui possède les brise-glace les plus perfectionnés?
— La Finlande, sans aucun doute. Ce sont eux qui construisent pour les Russes.
— Que pensez-vous de la division à bord entre les gradés et l'équipage? Ces cabines et ces salles à manger séparées?
— Ça changera peut-être un jour, mais les deux niveaux d'un navire sont imposés par sa structure même. La timonerie au-dessus de l'eau et les machines à l'intérieur de la coque. Mais pour la salle à manger... Ceux qui

dessinent les navires ne viennent pas réellement voir ce dont on aurait besoin. Il faudrait qu'ils viennent faire un stage à bord.
— Ils ne viennent pas?
— Deux ou trois jours et ils s'empressent de débarquer! Nous, nous ne pouvons qu'émettre des opinions. C'est certain que ça impliquerait des dépenses, mais il faudra bien qu'un jour quelqu'un nous écoute. Les gars se plaignent que les officiers aient trop de confort, mais ce n'est pas voulu de notre part. Ni par nos supérieurs non plus. Ce sont les dessinateurs qui voient toujours le tuyau à la même place, cinq ou six ponts. Pourquoi ne pas mettre la salle à manger au-dessus des machines et monter les gars des machines, les matelots, d'un étage ou deux? Ils auraient la vue sur l'eau, ils auraient accès à la lumière du jour, à l'air. On pourrait mettre en commun tous les services, douches, salons, etc.

Le commissaire frappe. Il a des papiers à faire signer. Et la conversation s'oriente inévitablement vers l'aspect administratif du travail.
— Ça nous prend les deux tiers de notre temps. Depuis qu'on a quitté Québec, c'est le 138e formulaire différent que j'ai sous les yeux. Lire, signer, dicter...
— Je vous ai tout de même vu un sextant à la main! dis-je en riant.
— Il faut savoir retourner aux sources. L'équipement actuel est surtout électronique, très sophistiqué, mais ça tombe parfois en panne. Il faut rester capable d'identifier notre position.

Des chocs brutaux contre la coque indiquent que nous sommes à nouveau dans la glace. Inutile de retenir le commandant.
— Tenez, me dit-il en partant, lisez ça. C'est un règlement de 35 pages... rien que pour nos vêtements!

Les ingénieurs mécaniciens du Radisson

Marcel, l'ingénieur mécanicien senior, m'entraîne à travers les trois salles des machines. Le *Radisson* est un brise-glace de «cote Arctique 3», c'est-à-dire qu'il est capable d'effectuer une traversée continue dans une glace pouvant atteindre jusqu'à 90 cm d'épaisseur. Ici, fuel et électricité se partagent le travail. Six diesels de propulsion développant 2300 kW

(3000 CV) turbo-alimentés entraînent six alternateurs AC. Ce courant, transformé en DC par des redresseurs de courant, est transmis à deux moteurs électriques de propulsion de 5100 kW (6800 CV) chacun, qui font tourner les deux hélices situées à l'arrière — une à tribord, l'autre à bâbord.

Le fonctionnement de la machinerie est dirigé depuis la salle de contrôle des machines, avec un poste de contrôle à la passerelle de navigation. Cette dernière est dotée de trois hélices.

Le système des arbres de propulsion et les hélices ont été conçus pour résister aux chocs produits par l'arrêt brusque dans les glaces, soit l'équivalent d'une immobilisation soudaine à partir d'une vitesse libre de 181 révolutions par minute.

Quant à la puissance électrique du navire, elle est fournie par trois génératrices de 750 kW chacune.

Conçu par la firme montréalaise German & Milne et construit au chantier Burrard Dry Dock à Vancouver, le *Radisson* a franchi, durant l'été 1978, le passage du Nord-Ouest pour rejoindre Québec en suivant l'itinéraire: détroit du Prince-de-Galles — détroit du Vicomte-Melville — détroit de Barrow. Quatre variantes ont été empruntées jusque-là, trois par des bâtiments de surface et un (détroit de McClure) par un sous-marin américain. La route du détroit de Dolphin — golfe du Couronnement — golfe de la Reine-Maud — détroit de Rae — détroit de James-Ross — détroit de Franklin — détroit de Bellot et Prince Regent Inlet est identique, à un détroit près, à celle qui emprunte tout le détroit de Franklin pour rejoindre le détroit de Barrow par le détroit de Peel. Ce sont les trois possibilités offertes aux quelques rares navires qui croisent à ces latitudes.

D'origine belge, l'ingénieur mécanicien en chef du *Radisson*, André, a quitté son pays à l'âge de 3 ans et n'y est jamais retourné. Ce navire est son préféré. Il ouvre un album et me tend des images qui retracent toute la naissance du brise-glace. Quand on utilise six moteurs, c'est-à-dire toute la puissance, m'explique-t-il, ce n'est pas pour faire de la vitesse, mais pour être pleinement opérationnel dans la glace. A l'eau libre, quatre moteurs suffisent (14-15 nœuds, selon les courants). Avec six moteurs, on obtiendrait 17 nœuds. En un jour, sur quatre moteurs, le brise-glace consomme 35 tonnes de mazout. Sur six moteurs dans la glace, environ 50 tonnes. La mise en route prend une demi-heure. Une préparation minimale sur deux engins seulement en cas d'urgence (de dérive par exemple) ne demande que cinq minutes. Les autres sont enclenchés après.

— Les machines sont prêtes avant que l'ancre ne soit entièrement relevée, lance fièrement mon interlocuteur avant de poursuivre: ce qu'il y a de réellement bien dans ce nouveau navire, c'est la standardisation de sa machinerie. La machinerie de propulsion et les groupes électrogènes sont de même fabrication, et les pièces sont interchangeables. La centralisation dans la salle de contrôle, plus spacieuse, plus agréable, est très appréciable aussi. Il existe des alarmes pour tout. Priorité a été donnée à la mécanique américaine et canadienne, ce qui fait moins de pièces différentes et donc un approvisionnement plus facile — sauf pour les chaudières. Le matériel vient de Chicago et les délais de livraison ont été très longs, mais c'est l'exception. Marcel et moi avons passé un an à Vancouver avant l'achèvement du navire afin d'apporter le plus de conseils possible sur place, mais de toute façon, ce n'est qu'une fois dans la glace qu'on peut vraiment juger de l'efficacité d'un brise-glace.

— Combien de milles un tel navire parcourt-il en moyenne tout au long de l'année?

— 20 000 à 25 000 milles pour les deux saisons, été et hiver.

Dernier-né de la flotte, le *Radisson* s'enorgueillit de quelques perfectionnements, comme la TV en circuit fermé. Aux machines, désormais, les hommes voient où se dirige le navire. Ça fait beaucoup pour le moral en bas. Ils distinguent la proue et le paysage à l'avant du bateau. Un atelier de mécanique permet aux gars de faire leurs pièces eux-mêmes en cas de besoin.

Autre nouveauté: l'incinérateur qui élimine déchets et ordures. Le navire mesure 98,17 m par 19,51. Tirant d'eau: 7,16 m. Autonomie: 15 000 milles. Tonnage: 8311. Un beau poisson, dont la coque a été façonnée dans un acier extrêmement solide. Le revêtement en tôle de la coque, formant le bordage du navire, présente une épaisseur de cinq à six centimètres. Entièrement fabriqué en acier soudé, le navire a en outre bénéficié des toutes dernières conceptions en matière de poupe de croiseur et de courbe de proue, de manière à obtenir un maximum d'efficacité dans la glace. Il arrive néanmoins que des brise-glace laissent des plumes dans l'Arctique: bris d'hélice, dommages à la coque... A leur retour dans le Sud, ils vont se refaire une santé dans les chantiers: tôles à défroisser, inspection de coque, modifications. Pour pallier l'inconfort du roulis, que les lignes de la coque du brise-glace accentuent généralement, le *Radisson* a été équipé d'un système de stabilisation à réservoirs jumeaux de type «chambre d'eau», avec télécommande de phase manœuvrable à partir de la timonerie. On utilise normalement le combustible diesel comme véhicule de stabilisation. En cas de besoin, on peut aussi employer de l'eau de mer. Des réservoirs de gîte et d'assiette, également commandés à partir de la passerelle de navigation, servent à dégager le navire pris dans la glace. Un propulseur d'étrave, de type «jet d'eau», situé à l'avant, ajoute encore à la manœuvrabilité de celui-ci. Tous les postes de travail, les salles communes et les cabines ont l'air climatisé.

Les hommes des machines sont moins enclins que certains officiers de pont ou du secteur des vivres à confier leurs états d'âme.

— Hiérarchiquement parlant, me dit Marcel, il y a d'abord les huileurs, le technicien senior, le technicien junior, les trois mécaniciens de quart, l'ingénieur mécanicien senior et enfin l'ingénieur en chef. C'est lui qui gère le budget et contrôle tout pour en rendre compte au capitaine. Les mécaniciens aiment la mer autant si ce n'est plus que les officiers de pont. Et il le faut, parce que la plupart du temps, on navigue sans la voir! On est dans le trou, comme on dit. Moi, j'ai eu le choix entre les deux, et j'ai opté pour la mécanique qui offre plus de débouchés, à terre. Même à bord, la promotion est plus rapide aux machines qu'en haut. Il y a plus de mouvement. Les salaires sont les mêmes à degrés égaux dans la classification des officiers. Seul le capitaine touche plus que le chef ingénieur. Cette différence n'existe pas dans le privé. Notre travail est peut-être plus salissant. On doit se doucher et se changer plus fréquemment. Nos taches ne sont pas d'encre mais de cambouis. J'ai fait ma formation au collège à Sydney, qui est théoriquement bilingue. En première année, nous étions six à parler français, en troisième j'étais seul et j'ai préféré terminer mes classes en anglais. Toute la mécanique est en anglais. Pour gravir les échelons après, seul compte le temps passé en mer. Ça peut prendre dix ans pour arriver à la première classe. J'ai commencé comme mécanicien junior sur le *Louis-S.-Saint-Laurent*. La position peut varier selon l'importance du navire. On peut avoir tel titre sur l'un et tel autre, inférieur ou supérieur, sur un autre.

»Chaque navire a son atmosphère propre, créée tant par le commandant que par l'équipe de base du bateau. Ici, j'admire beaucoup l'équipe de huileurs du vieux *McLean*, qui a dû s'adapter au diesel-électrique. Eux qui devaient tout faire à la main, se promener entre les pistons en mouvement, ont appris à appuyer sur les boutons. Il a fallu qu'ils se recyclent complètement.»

Le cuisinier du D'Iberville

Avant d'embarquer sur le *D'Iberville*, Yvon était cuisinier dans un hôpital. Il a suivi un cours spécial de cuisine marine avant d'embarquer.

— Ce que les gars aiment le plus à bord des navires, m'explique-t-il, c'est des repas comme au restaurant: patates frites, hamburgers. Comme ça, ils se figurent qu'ils sont à terre. Des légumes frais, il y en a pour tout le voyage, excepté la salade et les tomates. Ça devient mou, on en perd. Les cerises étaient superbes au départ. Mais à force de se faire brasser dans le frigidaire, elles pourrissent.

»Les quantités à prévoir sont énormes: 3000 livres de bœuf, en plus du veau, du poisson, des pains, des œufs, des conserves. La pâtisserie est faite à bord. Le budget de la cuisine pour quatre mois est de 100 000 dollars. Quand un marin embarque, la première chose dont il s'inquiète est de savoir qui est le commandant et, tout de suite après, qui est le cuisinier!»

— Vous n'êtes que trois pour nourrir 88 personnes, c'est peu!

— C'est trop peu, oui. Moi, je prépare les viandes, j'ai un gars qui s'occupe des légumes et un pâtissier. On fait énormément d'heures, on n'a jamais le temps d'aller veiller. L'ennui fait manger, c'est bien connu. Il n'est pas rare que des gars prennent jusqu'à douze ou treize kilos pendant le voyage.

Aujourd'hui donc, les marins mangent trop. Jadis, les navigateurs qui s'aventuraient dans le Grand-Nord mouraient souvent du scorbut, par manque de nourriture fraîche. Pour survivre, il leur arrivait même de manger de la bouillie d'os mélangée à de la semelle de chaussure!

— Ils n'en mangent plus, par exemple, de la bouillie d'os, dit Yvon. Je trouve même qu'ils en laissent pas mal autour!

Yvon ajoute qu'il aimerait bien avoir un gril pour faire des steaks au charbon de bois.

— Et un four à pâtisserie! ajoutai-je en riant. L'autre jour, je vous ai vu donner de grands coups de pied dedans.

— C'est vrai, il date de 1953, année de mise à l'eau du *D'Iberville*. Il aurait bien besoin d'être changé.

Le maître d'équipage du D'Iberville

Jean-René, le maître d'équipage, a la responsabilité des matelots. Sa longue expérience lui a appris que le sourire, la souplesse et la bonne humeur étaient les meilleurs atouts pour mener ses hommes, et il sait manier son équipe.

— Parfois, le samedi soir, on rêve, me dit-il en me tendant un siège.

— C'est bien ce qui m'épate. En plein Arctique, vous vivez comme à terre. Samedi, les couloirs étaient parfumés à vous donner le vertige!

— C'est qu'il y avait une soirée de loto. Il fallait monter au bar des officiers. Et puis, maintenant que nous avons des femmes à bord, on s'habille; il faut être un peu plus chic que lorsque nous étions entre hommes.

— Quel genre d'homme faut-il être pour naviguer?

— Ça a bien changé. Avant, l'ordre et la discipline étaient très stricts, aujourd'hui c'est beaucoup plus relâché. On s'adapte au caractère de chacun.

— La drogue pose-t-elle des problèmes?

— Assez peu. C'est plutôt des fumeurs de «pot» comme on dit, et encore, ça a beaucoup diminué. Et depuis qu'il y a à boire en permanence à bord, on est plus tranquilles. Avant, la première préoccupation des gars était d'aller chercher une caisse de gin et vingt-cinq caisses de bière et ils comptaient les jours pour savoir s'ils en auraient assez pour tout le voyage. Aujourd'hui, ce n'est plus nécessaire et les gens boivent moitié moins.

— Et l'homosexualité?

— Très rare. Et très mal acceptée.

— Quelle influence a sur les hommes l'absence de leur femme, de leur amie?

— Personnellement, après un certain temps d'abstinence, je deviens un peu plus brusque avec les hommes. Forcément, ça agit sur le caractère. On est moins patient. On pense à toutes sortes de choses et au bout de deux mois et demi, trois mois, juste avant le retour, c'est dur, c'est vraiment dur.

— Et les salaires?

— Ça marche par échelons, de 1 à 6. Un garçon de table gagne 950 dollars par mois et un matelot 40 de plus. Moi, je touche 1190 dollars.

Dans les autres secteurs, je ne sais pas. Les conditions de travail, elles, se sont beaucoup améliorées depuis quelques années. On n'a plus de travaux durs à faire, sauf peut-être le nettoyage des réservoirs au printemps. Ça, c'est le cauchemar de l'équipage. Quatorze ou quinze heures par jour, et les traces ne partent pas toutes à la douche!

— Et la mauvaise réputation des marins?

— C'est vrai qu'on avait mauvaise réputation, surtout nos grands-pères et arrière-grands-pères. On nous traitait de coureurs de jupons. Maintenant, on est reçu à bras ouverts partout. Les femmes apprécient les marins parce qu'elles savent qu'un gars qui revient d'un voyage de trois mois a beaucoup d'argent dans les poches...

L'électronicien du Radisson

La chambre d'équipements électroniques du *Radisson* avec ses hautes armoires métalliques, ses tableaux d'interconnexions, ses milliers de petits fils multicolores qui s'entrecroisent vous en impose d'entrée. Par chance, Jean-Guy et son sourire moustachu humanisent ces lieux.

L'électronique est apparue à bord des navires avec la radio. Il est indispensable d'avoir au moins deux récepteurs et transmetteurs, dont un branché sur la génératrice de secours. Le *Radisson* est particulièrement bien équipé avec ses trois récepteurs-transmetteurs, auxquels viennent s'ajouter quatre récepteurs et deux autres spécialement pour la réception des cartes de glace.

En matière de transmission radio, on utilise le VHF-AM pour les communications entre le navire et l'hélicoptère quand celui-ci quitte le bord. Avec les autres navires, on emploie les VHF-FM. Pour de grandes distances, il faut des équipements en télégraphie HF ou MF. La température, la glace, le temps, les montagnes peuvent perturber les transmissions. Le morse reste en vigueur, car c'est le moyen le moins susceptible d'être affecté.

Pour téléphoner à terre, la communication doit obligatoirement passer par la station côtière la plus proche, qui joint l'abonné à terre et rappelle le navire. On parle avec la personne désirée sur une certaine fréquence et on la reçoit sur une autre. Aujourd'hui, on peut prendre ce genre d'appel dans une cabine, et non plus dans le local radio. C'est plus discret. Il n'en reste pas moins que toutes les demandes d'appel doivent être soumises au commandant. Au cours du voyage du Nord, il arrive qu'à certains endroits, les marins puissent joindre leur famille grâce à la collaboration des radioamateurs, mais ça ne marche pas toujours et la conversation est souvent inaudible.

Jean-Guy passe en revue tous les équipements de la timonerie. Le *Radisson* est équipé de deux compas gyroscopiques, d'un compas magnétique, d'un système de pilotage automatique, d'une roue conventionnelle et de deux autres systèmes de barre ainsi que d'un loch de vitesse et de distance.

Le brise-glace est doté par ailleurs de deux radars marins de haute puissance (Sperry 16 A) chargés de détecter tout ce qui se trouve à la surface de l'eau, les côtes, les icebergs, les navires. Pour déterminer la profondeur d'eau sous la coque, il possède deux sondeurs acoustiques spécialement adaptés à la ligne de la coque. Pour le calcul de la position, les navigateurs disposent de tout un éventail de systèmes qui va du sextant, qu'ils ressortent de temps en temps pour garder la main, au SAT/NAV (navigation par satellite) dernier cri.

L'avènement des radars date de la Deuxième Guerre mondiale. Ils ont ensuite été commercialisés vers la fin des années quarante. C'était une grande découverte qui permettait de voir plus loin que l'œil. Il existe plusieurs systèmes. Le Decca est surtout utilisé pour la navigation côtière et le Loran pour la navigation hauturière. Le système Omega fonctionne, lui, à peu près sur le même principe que le Decca, mais pour la haute mer.

Aujourd'hui, avec l'introduction du SAT/NAV, tout est encore plus simple et plus rapide... quand ça marche! Il s'agit d'un satellite spécialement conçu à l'usage des navires et des avions. Le navire qui désire connaître sa position interroge le satellite en indiquant préalablement sa vitesse et sa direction. Le satellite lui indique alors sa position (latitude, longitude ainsi que l'heure de Greenwich).

ANNEXE 3

Des femmes sur les brise-glace

Sans me compter, puisque je suis là à titre tout à fait exceptionnel, on trouve à bord du *D'Iberville* trois femmes — Hélène, l'infirmière, Pauline et Jackie, deux élèves officiers — pour 84 marins. Ces chiffres disent assez tout ce que cette situation peut avoir d'incongru et de délicat à la fois.

Les premières filles graduées sont sorties du collège de la GCC en 1977. A bord, on ne les accepte pas encore sans un mélange d'ironie et de scepticisme. Même parmi les cadets, certains pensent qu'elles n'ont rien à faire sur un tel navire.

— J'avais une amie mordue de la voile, me dit Pauline. C'est elle qui m'a entraînée dans un stage d'une semaine sur un voilier entre Québec et

Rimouski. On était matelots. Ça m'a plu. Peu après, la Garde côtière a fait savoir qu'elle recrutait des femmes et je me suis inscrite.

A en croire Pauline, le collège de la GCC, installé à Sydney, en Nouvelle-Ecosse, est véritablement un trou perdu:

— Il n'y fait jamais assez beau pour faire quelque chose; jamais assez froid pour faire autre chose. Les bâtiments datent de la dernière guerre mondiale. C'est l'armée qui les occupait. Par la suite, on y a logé les futurs officiers de la marine, répartis en deux secteurs: navigation et mécanique. Les études durent trois ans. En première année, il y a dix examens à passer en cinq jours. Quatre seulement en mécanique. Au départ, on était quatre-vingts; à la fin, on ne sera plus que trente à trente-cinq. Le collège est gratuit. On reçoit même 25 dollars d'argent de poche par semaine et on est nourri, logé, blanchi. Il est d'ailleurs de moins en moins facile d'y entrer. Cette année, on a enregistré mille cinq cents candidatures pour quatre-vingts places! Il y a des tests écrits à passer, une entrevue pour ceux qui les réussissent et un examen médical. En navigation, on reçoit un cours de mécanique, puisqu'on est appelé à être un jour responsable du navire. C'est pour ça que je suis aux machines cette semaine, en godasses et en bleu de travail. Sur trois sessions par an, on en fait deux en classe et la troisième en mer.

— Que deviennent les cadettes une fois graduées?

— Certaines se dirigent vers les bureaux. Mais moi, j'ai choisi ce métier pour naviguer. L'été dernier, deux filles de troisième année ont effectué à bord exactement les mêmes travaux physiques que les gars. Elles étaient peut-être un peu plus fatiguées, mais elles l'ont fait.

Je retrouve Pauline lors de mon second voyage sur le *D'Iberville* et nous reprenons la conversation entamée l'été précédent.

— Un an après, me dit-elle, je pense toujours la même chose. Les femmes ont leur place à bord.

Marie, aux machines, s'en est remarquablement bien tirée, semble-t-il. Gilles, le chef mécanicien, qui est venu nous rejoindre, pense que la réussite de son intégration tient à sa personnalité. Marie travaillait bien et n'éprouvait aucun problème dans la salle des machines.

— Mais s'il vient toujours plus de femmes à bord, ne vont-elles pas poser des problèmes aux familles restées à terre? Aux épouses, je veux dire.

— Les mêmes tentations existent à terre, observe Gilles. C'est une question de discipline personnelle. Les réticences qu'on peut constater tiennent surtout à la nouveauté de la présence de femmes à bord.

Cet été, pourtant, bien des barrières ont été franchies. Une femme aux machines, deux autres à la timonerie comme cadettes, une femme observatrice de glace, sans compter l'infirmière et la journaliste. Et aucune n'a passé par-dessus bord.

Finalement, Pauline est contente de son été.

— Comme on n'avait pas de professeur cette année, on s'est senties moins couvées. Mais j'aurais bien aimé aller sur un baliseur, car j'avais déjà fait l'expérience du brise-glace l'an dernier.

Apparemment, il n'y avait pas de place...

Dans huit mois, elle aura un galon sur chaque épaule.

— Comment vois-tu ton avenir?

— Je vais tâcher de m'insérer dans la flotte au mieux de mes possibilités. Soit en «recherche et sauvetage», soit sur un baliseur. J'aimerais essayer un peu tout avant de me décider pour un secteur précis.

— Je t'ai observée à la timonerie. Tu ne parles pas souvent.

— Quand je dis mon mot, c'est que je suis sûre de moi. Quand il s'agit de navigation, j'écoute surtout.

— Debbie est très différente de toi, elle fait sans arrêt des farces, des plaisanteries...

— Oui, elle est très gaie, toujours d'humeur égale, et elle sait réconforter ceux qui n'ont pas le moral.

— Est-ce que tu t'es sentie en sécurité au milieu de cet équipage masculin à 95%?

— Oui, tout à fait. Le capitaine nous a dit d'entrée: «Si vous avez des problèmes, dites-le-moi. L'important est que vous vous comportiez normalement, et tout ira bien.»

— Quand même, conclut Pauline, il y a des jours où, si on était capables, on leur mettrait bien notre poing dans la figure. Mais on sourit, et ça les désarme.

— Et les hommes, qu'en pensent-ils?

— On ne peut pas faire autrement, soupire cet officier du *D'Iberville*. Elles nous sont imposées. Mais ça crée des tensions entre nous, de petites jalousies. Celles qu'on a à bord cet été sont tout à fait réservées, et ça se passe plutôt bien. Mais si un gars s'occupe plus, d'autres vont exploiter ça, il y a toujours ce risque de tensions dans les relations de travail et c'est pénible à vivre.

— Est-ce que ça peut provoquer des problèmes familiaux?

— Oui, bien sûr. Ma femme, par exemple, n'aime pas ça. Sans en être malade, elle est jalouse.

— Avez-vous protesté lorsqu'on vous a imposé des présences féminines?

— Sûrement que les vieux capitaines ont protesté. Nous, on a seulement chialé un bon coup. Elles ont de petits avantages qu'on n'a pas: de meilleures cabines, les meilleurs bateaux, parce qu'ils n'osent quand même pas les envoyer sur des rafiots. Si on veut parler d'égalité, alors à travail égal, même merde, mêmes avantages. De toute façon, j'imagine qu'il n'y a pas beaucoup de femmes qui seront capables de faire ce boulot dans les conditions actuelles. Plusieurs ont déjà abandonné. Je vois mal comment, une fois mariées — la plupart du temps avec un marin, parce qu'elles travaillent dans ce milieu-là — elles pourraient continuer à naviguer. Déjà, un marin dans le couple, ça fait des absences de trois-quatre mois ou plus chaque année, alors les deux! Ils se verraient passer avec des jumelles! Et puis, si une femme est enceinte, si elle abandonne la navigation, on lui offre un travail à terre, dans les bureaux. Encore un petit avantage...

Eureka
ÎLE ELLESM
ALASKA
PÔLE NORD GÉOGRAPHIQUE
CERCLE ARCTIQUE (66° 33' N)
MER DE BEAUFORT
DÉTROIT DE Mc CLURE
ÎLE MELVILLE
PÔLE NORD MAGNÉTIQUE
GRISE FIO
DÉTROIT DE JO
ÎLE BATHURST
ÎLE CORNWALLIS
ÎLE DEVO
Resolute
DÉTROIT
DÉTROIT DE BARROW
ÎLE DE BANKS
DÉTROIT DU PRINCE-DE-GALLES
DÉTROIT DE MELVILLE
Tuktoyaktuk
ÎLE SOMERSET
Arctic Bay
Nanisivik
ÎLE DU PRINCE-DE-GALLES
PRESQU'ÎLE BRODEUR
DÉTROIT DU DOLPHIN
ÎLE VICTORIA
PRESQU'ÎLE DE BOOTHIA
Cambridge Bay
ÎLE DU ROI-GUILLAUME
GOLFE DU COURONNEMENT
GOLFE DE LA REINE-MAUD
TERRITOIRES DU NORD-OUEST
Churchill
C A N A D A
MANITOBA
OCÉAN PACIFIQUE
Vancouver
Victoria
Calgary
ONTARIO
URSS
PÔLE NORD
80°
75°
60°
45°
30°
GROENLAND
EUROPE
CANADA
OCÉAN PACIFIQUE
AFRIQUE
ÉTATS-UNIS
OCÉAN ATLANTIQUE
É T A T S - U N I

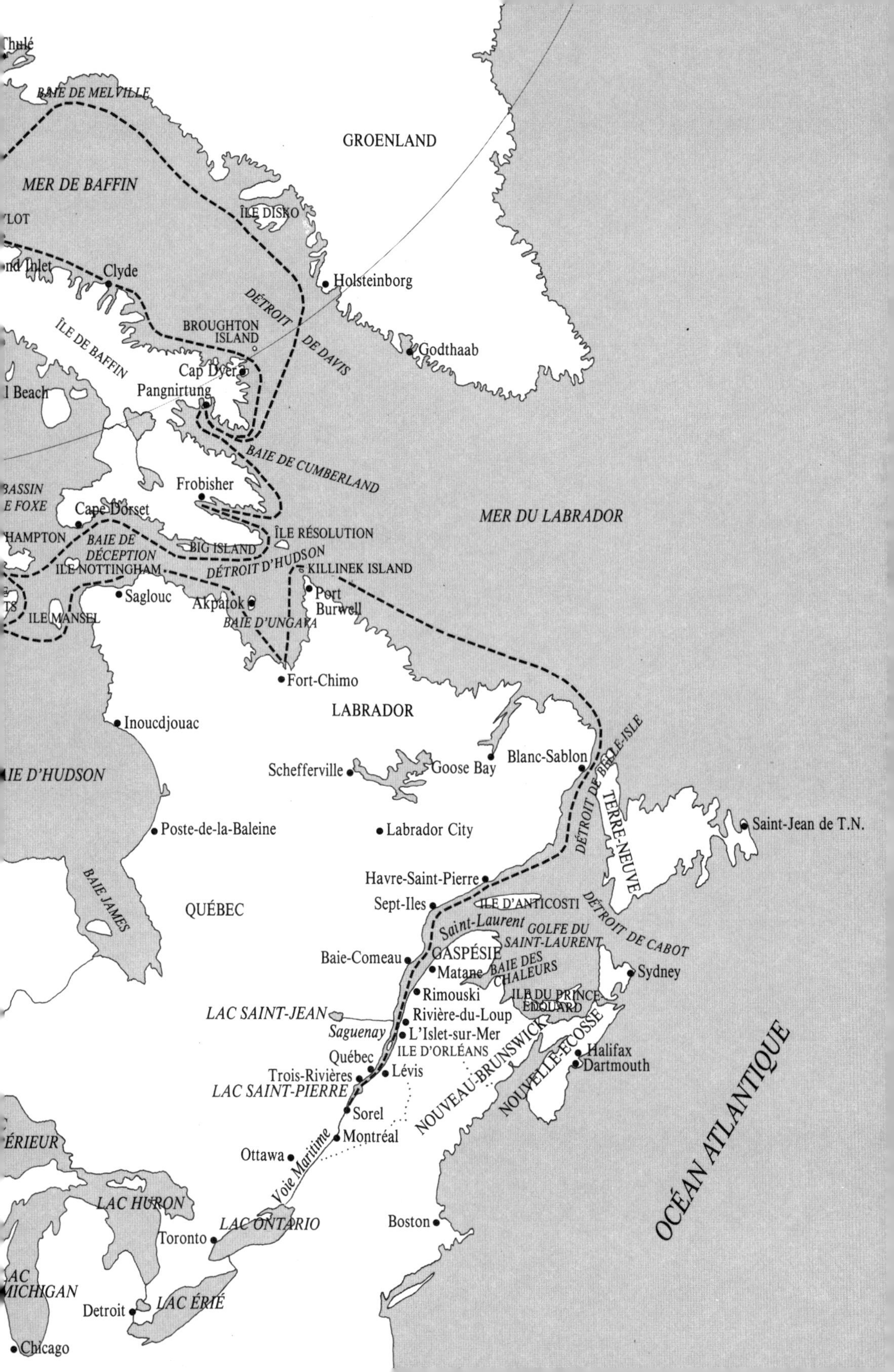

Thulé
BAIE DE MELVILLE
GROENLAND
MER DE BAFFIN
ÎLE DISKO
Clyde
Holsteinborg
DÉTROIT DE DAVIS
BROUGHTON ISLAND
ÎLE DE BAFFIN
Godthaab
Cap Dyer
Pangnirtung
BAIE DE CUMBERLAND
Frobisher
Cape Dorset
MER DU LABRADOR
ÎLE RÉSOLUTION
BAIE DE DÉCEPTION
BIG ISLAND
DÉTROIT D'HUDSON
ILE NOTTINGHAM
KILLINEK ISLAND
Saglouc
Akpatok
Port Burwell
ILE MANSEL
BAIE D'UNGAVA
Fort-Chimo
LABRADOR
Inoucdjouac
Blanc-Sablon
Goose Bay
Schefferville
DÉTROIT DE BELLE-ISLE
TERRE-NEUVE
Saint-Jean de T.N.
Poste-de-la-Baleine
Labrador City
BAIE JAMES
Havre-Saint-Pierre
Sept-Iles
ILE D'ANTICOSTI
DÉTROIT DE CABOT
QUÉBEC
Saint-Laurent
GOLFE DU SAINT-LAURENT
GASPÉSIE
Baie-Comeau
Matane
BAIE DES CHALEURS
Sydney
Rimouski
ILE DU PRINCE-ÉDOUARD
LAC SAINT-JEAN
Rivière-du-Loup
Saguenay
L'Islet-sur-Mer
ILE D'ORLÉANS
Halifax
Dartmouth
Québec
Lévis
Trois-Rivières
NOUVEAU-BRUNSWICK
NOUVELLE-ÉCOSSE
OCÉAN ATLANTIQUE
LAC SAINT-PIERRE
Sorel
Montréal
Voie Maritime
Ottawa
LAC HURON
LAC ONTARIO
Boston
Toronto
LAC MICHIGAN
LAC ÉRIÉ
Detroit
Chicago

Table des matières

AVANT-PROPOS	5
PREMIER VOYAGE Un hiver sur le Saint-Laurent à bord du *Rogers*	7
DEUXIÈME VOYAGE Un été dans l'Arctique à bord du *D'Iberville*	21
Larguez les amarres!	*22*
La descente du Saint-Laurent	*24*
La pleine mer	*31*
Sauna dans la salle des machines	*34*
Passage du cercle	*36*
Baptême de mer	*39*
Escorte dans la glace	*44*
Les fleurs de Nanisivik	*49*
Le passage du Nord-Ouest	*53*
Terminus à Resolute	*55*
Retour à Québec	*60*
TROISIÈME VOYAGE Retour au pays des ours blancs	63
L'attente au quai	*65*
Départ... pour l'hôpital	*69*
Retrouvailles avec le continent blanc	*79*
Ici avant Jésus-Christ!	*82*
Débarquement à Frobisher	*85*
Un gars manque à l'appel	*90*

Les Inuit montent à bord	*93*
Les dernières lumières	*97*
La science embarque	*100*
Une pour tous, tous pour une!	*102*
La nuit des ancres	*105*
Inconscients ou intrépides	*107*
Rencontres dans les glaces	*110*
Un équipage sur le qui-vive	*113*
L'eau solide	*117*
Transfert sur le D'Iberville	*123*
Maître après Dieu	*128*
Il y a pôle et pôle	*130*
N'abîmez pas le gazon!	*132*
Au pays du pergélisol	*137*
Les enfants de Pond Inlet	*140*
Les successeurs de la Police montée	*142*
Cimetière esquimau et funérailles anglaises	*145*
Orgueil de marin	*148*
Cap au nord pour la dernière fois	*152*
Naufragé avant de naître	*154*
Une sacrée frayeur	*156*
Plus rapide que l'oiseau	*160*
Les derniers milles... à la seconde près	*167*
L'arrivée	*169*

ANNEXE 1
Historique des brise-glace de la Garde côtière canadienne ... 173

ANNEXE 2
Les métiers du bord ... 179

Le commandant du D'Iberville	*180*
Les ingénieurs mécaniciens du Radisson	*182*
Le cuisinier du D'Iberville	*186*
Le maître d'équipage du D'Iberville	*187*
L'électronicien du Radisson	*188*

ANNEXE 3
Des femmes sur les brise-glace ... *191*

Visages sans frontières

Cette collection, dirigée par Bertil Galland, est ouverte aux écrivains, aux historiens, aux ethnologues, aux reporters, aux voyageurs enfin qui décrivent des groupes humains proches ou lointains. Le grand public est invité à participer à la vie quotidienne du Gros-de-Vaud médiéval ou de la Chine, du grand Nord européen ou canadien, des vieilles provinces françaises, des hautes terres d'Asie centrale ou des pâturages valaisans ou jurassiens. Derrière les études des savants ou les récits des journalistes, c'est la famille de l'homme qu'on tente de décrire, sans frontières.

Georges Borgeaud
LE SOLEIL SUR AUBIAC
Récit
Prix Médicis de l'essai
Photographies de Marcel Imsand

Maurice Chappaz, Corinna,
René-Pierre et Edmond Bille
L'AVENTURE DE CHANDOLIN
(épuisé)

Maurice Chappaz
LÖTSCHENTAL SECRET
•
LA HAUTE ROUTE DU JURA
(épuisé)

Laurence Déonna
LE YÉMEN QUE J'AI VU
(épuisé)

Georges Duplain
L'HOMME AUX MAINS D'OR
Werner Reinhart, Rilke et les créateurs
de Suisse romande
•
**LE GOUVERNEUR DU MILIEU
DU MONDE**
Photographies de Marcel Imsand

Gilberte Favre
CORINNA BILLE
Le vrai conte de sa vie

Bertil Galland
LE NORD EN HIVER
Parcours du haut de l'Europe
de Reykjavik à Moscou
•
LES YEUX SUR LA CHINE
(épuisé)

Paul Hugger
**REBELLES
ET HORS-LA-LOI EN SUISSE**
•
LE JURA VAUDOIS
La vie à l'alpage

Jost Krippendorf
LES DÉVOREURS DE PAYSAGES

Henri-Charles Tauxe
LE TOUR DU MONDE EN 80 JOURS
(épuisé)

Jean-Pierre Vulliomenet
L'AMAZONIE QUE J'OSE AIMER
(épuisé)

Ella Maillart
LA VOIE CRUELLE
Deux femmes, une Ford
vers l'Afghanistan
Postface de Roger Perret:
Annemarie Schwarzenbach

•

**DES MONTS CÉLESTES
AUX SABLES ROUGES**
Turkestan Solo

•

CROISIÈRES ET CARAVANES

•

OASIS INTERDITES
De Pékin au Cachemire, une femme
à travers l'Asie centrale en 1935

Richard Paquier
BERCHER
Histoire d'un village vaudois
(épuisé)

Vincent Philippe
LE JURA RÉPUBLIQUE
23ᵉ canton suisse
Photographies de Simone Oppliger
(épuisé)

Monique Pieri
LA ROUTE DES ICEBERGS
Cent jours en brise-glace
dans l'Archipel arctique canadien

Claude Quartier
LE PAYS-D'ENHAUT
La vie à l'alpage
(épuisé)

Michael Stettler
À LA RENCONTRE DE BERNE
Photographies de Claude Huber

Alain Pichard
LA SUISSE DANS TOUS SES ÉTATS
Portraits des 26 cantons
*Photographies
de Walter et Peter Studer*
Nouvelle édition entièrement remise
à jour des deux livres suivants:

•

LA ROMANDIE N'EXISTE PAS
Photographies de Jean Mohr

•

VINGT SUISSES À DÉCOUVRIR
*Portraits des cantons alémaniques
et du Tessin*
(épuisé)

CE VOLUME A ÉTÉ ACHEVÉ D'IMPRIMER
LE PREMIER SEPTEMBRE 1988
SUR LES PRESSES DES
IRL IMPRIMERIES RÉUNIES LAUSANNE S.A.